INTERFACE

1

ELEKTRONISCHE MEDIEN
UND
KÜNSTLERISCHE KREATIVITÄT

Im Auftrag der Kulturbehörde Hamburg
herausgegeben von Klaus Peter Dencker
Redaktion: Ute Hagel

Impressum:

Hans-Bredow-Institut, 1992
ISBN 3-8729-6077-6

Verlag Hans-Bredow-Institut
für Rundfunk und Fernsehen
Heimhuder Str. 21, 2000 Hamburg 13

Druck: Krause Druck, Stade

Gefördert durch die Kulturbehörde Hamburg

Inhaltsverzeichnis

Strukturwandel der ästhetischen Produktion und Neuverkörperung der elektronischen Kommunikation

Nachwort des Herausgebers

Anhang

Vorwort

Das internationale Symposium INTERFACE fand 1990 zum ersten Mal statt. Die Kulturbehörde Hamburg verband mit diesem Symposium die Absicht, einen Dialog zwischen Künstlern, Wissenschaftlern, Technikern und Unternehmern zu beginnen, um gemeinsam über die elektronische Mediengegenwart zu diskutieren und über die möglichen Technologiefolgen, die unsere Zukunft bestimmen werden, nachzudenken.

Die Resonanz bei Referenten und Zuhörern war so groß, daß sich die Kulturbehörde entschloß, INTERFACE nun alle zwei Jahre zu veranstalten, um damit ein wiederkehrendes Forum einzurichten, das mit Ausstellungen, Vorträgen und Diskussionen Beiträge über die Verbindung von künstlerischer Kreativität und Medientechnologie anbietet.

INTERFACE 1 stand noch unter dem allgemeinen Thema „Elektronische Medien und künstlerische Kreativität" und versuchte – ohne den Zwang zu vorschnellen Antworten –, zunächst Fragen zu stellen.

INTERFACE 2, das im Februar 1993 parallel zur MEDIALE in Hamburg veranstaltet wird, grenzt das Diskussionsfeld thematisch ein: "Weltbilder/Bildwelten. Computergestützte Visionen".

Die Bedeutung des elektronischen Eingriffs in unser tägliches Leben, in die Wissenschaft, die Ausbildung, in den Alltag der Unternehmen, in die Kunst und Kultur ganz allgemein, ist wohl jedem bewußt.

Die Medien, insbesondere die elektronischen Medien, haben unsere Informations- und Kommunikationsgesellschaft bereits erheblich verändert und werden dies auf dem Weg ins 21. Jahrhundert noch gründlicher und folgenreicher tun.

Die technischen Medien, das Aufkommen der Massenmedien um die letzte Jahrhundertwende beeinflußten entscheidend das Selbstverständnis von Produzent, Werk und dessen Rezeption. Ebenso wird die elektronische Medienentwicklung die Kommunikationsstrukturen, unsere Kommunikationsfähigkeit und die geistigen und künstlerischen Möglichkeiten des Menschen stark verändern.

Ich würde mich freuen, wenn INTERFACE dazu beitragen könnte, Fragen und Antwortversuche über Chancen und Risiken der zugrunde liegenden sehr raschen Technologieentwicklung zu formulieren, die uns bewußt machen, wo der Mensch zum Objekt der Maschine wird oder wo er handelndes Subjekt bleibt, wo wir zwar künstliche Intelligenzen und künstliche ästhetische Welten mit größter Perfektion herstellen können, wo wir aber auch im Sinne einer humanen Gesellschaft letzte Entscheidungen als Menschen zu treffen und zu verantworten haben.

Ich danke allen, die an dem Symposium INTERFACE mitgewirkt haben, insbesondere der AG KUNST UND TECHNOLOGIE, die INTERFACE auch weiterhin betreut, und dem Hans-Bredow-Institut in Hamburg, das, beginnend mit diesem Band, in Zukunft die INTERFACE-Dokumentationen in seinem Verlag veröffentlicht.

Dr. Christina Weiss
Senatorin
Kulturbehörde der Freien und Hansestadt Hamburg

Einleitung

Peter Zec

Interface
Kunst und Technik im Zeitalter der elektronischen Kommunikation

‚Interface‘ bezeichnet im Englischen ganz allgemein eine Grenzfläche, eine Grenzschicht. Angewandt auf den Computer und andere Informationstechnologien wird damit die Berührungsfläche zwischen Mensch und Maschine eher allgemein thematisiert als konkret definiert. Wo diese Fläche beginnt, wie sie sich erstreckt und welcher Art ihre Grenzen sind, bleibt weitgehend der Interpretation überlassen. Unabhängig davon wird das Leben in der Informationsgesellschaft zunehmend durch Interfaces bestimmt.

Die im Deutschen üblichen Analogien wie etwa ‚Schnittstelle‘ oder ‚Benutzeroberfläche‘ vermögen die volle Konnotation des englischen Begriffs nicht zu erfassen. In der Vorstellung hat sich das Interface nämlich längst von der Oberfläche in den Raum ausgedehnt. Es handelt sich dabei um einen virtuellen Raum der Begegnung von maschineller und menschlicher Intelligenz sowie künstlicher und künstlerischer Kreativität. Im Englischen wird der Begriff häufig auch zusammen mit dem Adjektiv ‚human‘ gebraucht. Sogar eine neue Wissenschaft wurde danach benannt. Als ‚human interface‘ bezeichnet Nicholas Negroponte in diesem Zusammenhang den physikalischen, sensorischen und intellektuellen Raum, der sich zwischen Computern und uns selbst befindet. Wie jeder andere kann auch dieser Raum kalt und ausladend oder aber vertraut und einladend sein. Vor allem aber, so Negroponte, soll er über eine persönliche Atmosphäre verfügen. Dies zu ermöglichen ist nicht zuletzt die Aufgabe der Forschung im Bereich des ‚human interface‘. Es geht dabei um die Gewinnung und Realisierung von Erkenntnissen wie der Raum zwischen Mensch und Maschine und damit zugleich die dadurch beeinflußten Produktions- und Lebensverhältnisse menschlicher zu gestalten sind. Gemeint ist damit der gleiche Raum, in dem sich auch die Begegnung von neuen Medien und künstlerischer Kreativität ereignet. Ein Raum, der ebenso wie seine Bezeichnung in seinen Ausmaßen und Dimensionen noch auszuloten ist. Kaum ein anderer Begriff als ‚Interface‘ scheint geeigneter zu sein, um als programmatischer Titel über einem Symposium zu stehen, dessen Anliegen es ist, das Verhältnis von elektronischen Medien und künstlerischer Kreativität zu thematisieren.

Paradigmawechsel

Ausgangspunkt ist die Frage nach der Kunst und dem Künstler im Zeichen von Wissenschaft und Technik. Schon anläßlich der Ausstellung „Les Immatriaux" im Jahre 1985 hatte Jean François Lyotard diese Frage thematisiert, indem er sagte: „Es muß uns heute zu denken gelingen, was der Einsatz der Kunst ist, was in ihr auf dem Spiel steht, wo sie eigentlich ihren Platz hat und was Kunst ist".

Die Fragestellung gibt bereits eine grobe Richtung ihrer Behandlung vor, indem sie eine so traditionsreiche Einrichtung wie die Kunst aus der Gegenwart heraus in ihrer Bedeutung hinterfragt. Eine mögliche Antwort setzt zunächst einen Prozeß des Umdenkens und der Neuorientierung voraus. Für den Künstler bedeutet dies, daß er bereit ist, darüber nachzudenken und zu begreifen, woher er kommt, wo er steht und wohin er gehen kann. In ähnlicher Weise haben sich auch insbesondere Naturwissenschaftler um eine Klärung der Situation bemüht, als sie erkennen mußten, daß sich die Welt nicht – wie lange angenommen – nach einer determinierten linearen Ordnung verhält und daß selbst im Chaos keine totale Unordnung herrscht. Diese Erkenntnis nötigt uns, die gesamte Evolutionsgeschichte wie auch unser Menschsein von neuem zu überdenken. Doch wo bleibt dabei die Kunst? Ist sie, der man bis heute immer wieder ein sensibles Empfinden und Aufspüren von Entwicklungslinien der Geschichte nachsagt, auch gegenwärtig noch in der Lage, diese Aufgabe zu übernehmen oder verhält es sich tatsächlich so, daß wir die Kunst im Zeichen von Wissenschaft und Technik – wie Karl Clausberg behauptet – an einer völlig falschen Stelle, nämlich im Bereich der Ornamentik und des Ästhetizismus der schönen Computerbilder suchen? Wenn dem so ist, an welchen richtigen Orten müssen wir dann nach der Kunst schauen? Und falls wir diese Orte ausfindig machen, werden wir dann dort tatsächlich eine andere Kunst finden?

Eines scheint jedenfalls festzustehen, die Kunst, von der wir annehmen müssen, daß sie aktiv an der Lösung unserer vielfältigen Probleme mitwirkt, ist derzeit weder in Museen oder Galerien noch unter den Preisträgern der Medienwettbewerbe zu finden. Clausberg geht sogar so weit, daß diese Kunst heute nicht mehr unter den klassischen Gattungen der Künste, sondern eher in marginalen Bereichen, in denen etwa der „Chaos Computer Club" oder andere Hacker und Usergroups mit den Möglichkeiten der neuen Technologien operieren, aufzuspüren ist. Anders als die Künstler traditioneller Herkunft greifen die User direkt in die Realität der Informationssysteme und Netzwerke ein und zeigen dadurch die Empfindlichkeit und die Schwachstellen der Systeme in aller Deutlichkeit auf. Jedoch welchem Hacker wurde dafür schon einmal eine Anerkennung oder Auszeichnung verliehen?

Eines der größten Probleme des Denkens in unserer Zeit besteht darin, daß wir trotz des Paradigmawechsels in der Naturwissenschaft und des Strukturwandels in der Welt, das gegenwärtige Geschehen noch immer aus einem historischen Verständnis heraus erklären, begreifen und mitbestimmen wollen. Dabei ist ein Paradigmawechsel wie wir ihn vom Mittelalter zur Neuzeit und heute wieder erleben, gerade dadurch bestimmt, daß er mit kontinuierlichen Verläufen bricht und das Neue entstehen läßt. Geschichte als Instrument der Erkenntnis ist, wie gerade eine unvoreingenommene Betrachtung ihrer selbst zeigt, eben nicht in determinierten Zügen zu denken, selbst wenn sich derartiges im nachhinein immer konstruieren läßt. Es ist jedoch an der Zeit, die Geschichte unter dem Aspekt der Chaostheorie neu zu reflektieren.

Zugegeben, für die Kunst steht dabei einiges auf dem Spiel. Schließlich könnte man einige in der Vergangenheit erworbene Privilegien, wie etwa den Anspruch der Autonomie und Zweckfreiheit, durch eine neue Einbeziehung in die gesellschaftliche Verantwortung verlieren. So ist es kein Zufall, sondern eine Notwendigkeit, wenn eben genau diese Forderung von Heinz-Otto Peitgen erhoben wird. Sofern die Kunst einer gesellschaftlichen Bedeutungslosigkeit jenseits der rein kommerziellen Interessen des Marktes entgehen will, wird ihr kein anderer Ausweg bleiben, als diese Forderung anzunehmen. Solange die Kunst aber nicht endlich auch anfängt, sich kritischer mit ihrer Vergangenheit auseinanderzusetzen, ist sie noch weit von der Lösung irgendeines gesellschaftlich relevanten Problems entfernt. Denn es besteht heute kein Zweifel mehr daran, daß die Kunst unter dem Einfluß der Mikroelektronik und Informatik weiter an gesellschaftlichem Einfluß verloren hat. Eingeleitet wurde dieser Prozeß bereits mit dem Aufkommen der Fotografie und des Films.

Medienwerk

Mit dem Eintritt in das Informationszeitalter ist die ästhetische Produktion, zumindest in den Bereichen, wo sie direkt mit den neuen Techniken in Berührung kommt, einem einschneidenden Wandel unterworfen. Durch den Einfluß, den die besonderen Funktionsweisen des Computers und der Medien auf die Schaffung von ästhetischen Produkten nehmen, macht es keinen Sinn mehr, diese Erzeugnisse noch als Kunstwerke zu bezeichnen. Konsequent vertritt dann auch Friedrich Kittler die These, daß es keine Medienkunst, sondern nur eine Kunst der Medien gibt, die darauf drängt, die Welt mit Normen zu überziehen. Das Kunstwerk im traditionellen Sinne wird dabei abgelöst durch ein neuartiges ästhetisches Produkt, das aufgrund seiner besonderen Beschaffenheit und Wirkungsweise geeignet ist, als Medienwerk bezeichnet zu werden. Wie es sich bereits mit der Fotografie und dem Film ankündigte, ist es beim computererzeugten oder mikroprozessorgesteuerten Medienwerk letztendlich die Apparatur, die über die ästhetische Produktion bestimmt. Genaugenommen sind es eigentlich die besonderen Funktionsweisen und Normen der Medientechniken, die diesen Einfluß ausüben. „Dem Normengeflecht gegenüber", so sagt Kittler, „kommen aber auch jene selbsternannten Künstler, die im Radio Radiokunst oder auf dem Computer Computerkunst versprechen, immer schon zu spät. Das Medium als durchstandardisiertes Interface hat, lange vor jeder Einzelproduktion, nicht bloß diejenigen Entscheidungen bereits getroffen, die einstmals im freien ästhetischen Ermessen von Künstlern und Handwerkern lagen, sondern eben auch Entscheidungen, deren Effekte die Wahrnehmung gar nicht mehr kontrollieren kann. Und solange die selbsternannten Medienkünstler, statt die Normungsausschüsse zu besetzen und das heißt an den elementaren, aber nicht selten unmöglichen Voraussetzungen ihrer Produkte zu rütteln, diese Voraussetzungen einfach hinnehmen, liefern sie auch nur Eigenreklamen der jeweils herrschenden Norm."
Folgt man Kittlers Argumentation, so ergibt sich daraus, daß die (Medien-)Kunst – sofern man hier überhaupt noch davon sprechen kann – sich zunächst erst einmal mit Fragen von Normen und Standards und mit der Gestaltung von Software zu beschäftigen hat. Holger van den Boom erkennt darin aber wohl eher eine Aufgabe des Designs als der (Medien-)Kunst, wenn er die These vertritt, daß im heraufziehenden Zeitalter der Informationstechnik sich unter unseren Augen alle Künste in Design verwandeln.

Identitätskonflikt

Für den Künstler, der sich dazu entschließt, mit den neuen Produktionsmitteln der Informationstechnologie in dem von Kittler und van den Boom aufgezeigten Sinne zu arbeiten, eröffnet sich damit zugleich eine Möglichkeit, traditionelle Positionen zu verlassen und sich anderen, bislang für die Kunst unüblichen Anwendungen und Gebrauchsanweisungen der neuen Techniken zuzuwenden. Die Grenze zum Design kann hierbei als ein fließender Übergang betrachtet werden. Ein anschauliches Beispiel hierfür liefert Vito Orażem mit seiner Charakterisierung des Holografen. Der praktizierende Holograf kann sich heute nicht mehr mit der Rolle eines traditionellen Künstlers identifizieren, vielmehr ist er Generalist und Nomade in einer Person. Ganz allgemein spricht Roy Ascott von einem neuen Kreativitätsfeld, das durch den elektronischen Raum der Telekommunikation definiert wird, wobei eines der hervorstechendsten Merkmale in der veränderten Identität des dort arbeitenden Künstlers zu erkennen ist. Es handelt sich hierbei um eine neue Identität des Kunstproduzenten, „die sich verschoben hat von der eines begabten, einmaligen und inspirierten menschlichen Individuums zu der eines extrem vielfältigen, komplexen, örtlich nicht gebundenen, verzweigten und erweiterten bionischen Systems, dessen Mittelpunkt unzweifelhaft aus einer Gemeinschaft menschlicher Köpfe besteht, das aber mehr und mehr künstliche Intelligenz, neue Formen des Wahrnehmens und Fühlens sowie Prothesen von beachtlicher Vielfalt und Komplexität enthält." Gemeint ist damit eine Gemeinschaft von Produzenten, die sich innerhalb des Mediums der über den Globus entstehenden telematischen Netze bildet.

Es ist allerdings zu bezweifeln, ob die in diesem Kreativitätsfeld Tätigen tatsächlich eine völlig neue Identität erlangen oder ob sie nicht doch eher in einen Identitätskonflikt verwickelt werden. Denn die Erlangung einer neuen Identität wird nur gelingen, wenn man auch bereit ist, den Bereich der bislang institutionalisierten Kunstformen zu verlassen und dabei die neuen Rahmenbedingungen der Medienproduktion anerkennt. Diese bestehen im wesentlichen darin, daß ein Medienwerk weder ein Original sein kann noch durch ein Urheberrecht oder Copyright wirksam zu schützen ist.

Neu-Verkörperung

„Was machen wir eigentlich", so fragt Rolf Kreibich, „wenn wir den genetischen Code mit Hilfe dieser Maschinen lückenlos entschlüsselt haben?" Eine schreckliche Vision, die hoffentlich niemals eintreten wird, von der wir andererseits aber auch nicht mehr weit entfernt sind. Informations- und Gentechnologie machen gemeinsame Sache, wenn es darum geht, die perfekte Menschenmaschine zu bauen. Selbst wenn sich dahinter ein lange gehegter, scheinbar unerfüllbarer Menschheitstraum verbirgt, würde doch seine Erfüllung das Ende der Menschheit bedeuten. Inzwischen ist die technische Innovationskraft derartig beschleunigt worden, daß sie sich um ein Vielfaches schneller bewegt als die natürliche Evolution. Diesbezüglich stellt sich die Frage, wie weit wir noch von der Tragfähigkeitsgrenze der Natur entfernt sind. Längst haben technische Normen und Standards – und die damit verbundenen kommerziellen Weltmarktinteressen der Großindustrie – den Menschen als das Maß aller Dinge verdrängt. In einigen Bereichen scheint der Mensch sogar selbst Teil der Automationsmaschinerie zu werden. Voraussetzung hierfür ist die Anpassung des Menschen an die Apparatur. Wie Kittler zeigt, wurde das Verhältnis von Mensch und Maschine erstmals im

ersten Weltkrieg radikal verkehrt. Zur Steigerung der Effektivität der Kriegsma-
schinen wurden damals nicht mehr Waffen den Soldaten, sondern Soldaten den
neuen Massenvernichtungssystemen untergeordnet.
Verwaltungsangestellten, Ingenieuren und Künstlern geht es heute nicht anders.
Auch sie müssen sich den Computern an ihrem Arbeitsplatz bedingungslos
unterordnen. Der Anpassungsprozeß des Menschen an den Computer findet
dabei in zahlreichen Schulungsveranstaltungen statt und wird als Weiterqualifizie-
rung empfunden.
Wenn es wirklich stimmt, daß Menschenwürde – wie Flusser sagt – aus dem
Automatismus emportaucht als das, was anti-natürlich, nicht automatisierbar ist,
dann läuft der Mensch als Appendix einer gigantischen Informationsmaschine
Gefahr, seine Würde zu verlieren. Und auch die Kunst, die Flusser als Menschenwürde bezeichnet, wird uns dabei nicht helfen können, solange sie selbst in einen
Automatismus der Medien- und Informationstechnologie hineinfällt.

Resümee

Ziel des Symposiums sollte sein, Erkenntnisse über den gegenwärtigen Stand und
die zukünftigen Entwicklungsmöglichkeiten einer Symbiose von Kunst und Technologie zu gewinnen. Dies ist gewiß auch gelungen, wobei allerdings deutlich
geworden ist, daß es wohl nicht um eine Symbiose von traditioneller Kunst und
Technologie gehen kann. Vielmehr ist es nach wie vor notwendig, den Kunstbe-
griff vor dem Hintergrund des sich noch immer vollziehenden Paradigmenwechsels in Wissenschaft und Gesellschaft neu zu denken, sofern man nicht bloß in die
Diskussion um eine neue Ornamentik oder einen technoiden Ästhetizismus verfal-
len will. Dabei sind marginale Bereiche, wie die Kultur der User-groups, die auf
den ersten Blick vielleicht nicht sehr künstlerisch erscheinen, besonders zu
berücksichtigen.
Ob die Kunst aber tatsächlich in der Lage sein wird, die Aufgaben zu erfüllen, die
ihr zur Zeit mit euphorischer Erwartungshaltung zugesprochen werden, wird sich
zeigen. Auf jeden Fall ist dies nur möglich, wenn es gelingt, die Kunst wieder mit in
die gesellschaftliche Verantwortung zu nehmen. Dieser besonderen Verantwortung müssen natürlich auch die Institutionen und Projekte genügen, die sich die
Förderung der Symbiose von Kunst und Technik zum Ziel gesetzt haben. Eines
hat sich dabei aber schon in der Zwischenzeit gezeigt, nämlich daß das politische
Interesse, welches sich ja immer auch in der finanziellen Förderung derartiger
Unternehmen artikuliert, schon wieder ein wenig nachgelassen hat. Offensichtlich
haben hierbei die außen- und innenpolitischen Ereignisse der Vergangenheit eine
partielle Umorientierung bei Politikern bewirkt.

Paradigmawechsel
in Kunst und Gesellschaft

Derrick de Kerckhove

Masse, Geschwindigkeit und Tiefe

1. Technisch-magnetische Felder

In derselben Weise wie sie die individuelle Psyche beeinflussen, nehmen Veränderungen im Bereich der informationsverarbeitenden Medien auch einen starken Einfluß auf die psychologische Struktur der gesamten Kultur. In den letzten dreißig Jahren haben die heute vorherrschenden Informationstechnologien, Fernsehen, Computer und Hypermedia, drei Variationen des elektro-magnetischen Themas hervorgebracht: Massenkultur, Geschwindigkeitskultur und Tiefenkultur. Jede von ihnen mit ihrer eigenen Psychologie, ihrer eigenen Sensibilität und ihren eigenen Geschmäckern, Wünschen und mentalen Optionen. Sie haben jedoch auch die Fabrik, das Büro und den Markt verändert. Genauso wie sie sich auf Hardware- und Software-Netze ausdehnen, erzeugen Technologien ihre eigenen spezialisierten Aktivitätsfelder. Die von ihnen beeinflußten Kulturen, verhalten sich ganz ähnlich wie elektromagnetische Felder, jede von ihnen mit ihren eigenen Charakteristika und ihren eigenen konsequenten und eventuell voraussagbaren Regeln. Veränderungen in der kulturellen Umwelt treten gleichzeitig auf, nicht als Reaktion auf irgendeine gegebene Beziehung von Ursache und Wirkung, sondern als Reaktion auf eine Art umfassender Umgestaltung aller zusammengenommenen Variablen.

Obwohl der Physiker David Bohm nicht über kulturelle Phänomene theoretisiert, ist er der Ansicht, daß selbst Materie sich manchmal wie der Verstand verhält, wenn sein Verhalten von Informationsmustern abhängt. Bohms Theorie basiert auf seinem Konzept der ‚aktiven Informationen': „Die gesamte Theorie der aktiven Informationen vergleicht den elementaren Verstand mit dem Verhalten von Materie. Dies ist deutlich sichtbar auf dem Quantenniveau, zeigt sich aber wenig auf dem klassischen Niveau. Auf der mentalen Seite können bestimmte Gedanken physische Reaktionen auslösen, z. B. Kampf-/Fluchtreaktionen begleitet von bewußten oder unbewußten Veränderungen des Herzschlags, des Hormonhaushalts, der physischen Anspannung und Motorik. In Bezug auf den Verstand sind Informationen somit physisch, chemisch, elektrisch usw. aktiv."(1)

Das Medium ist der Magnet

Er vergleicht solche umfassenden strukturellen Veränderungen mit den Bewegungen von Tänzern, die auf dieselbe Musik reagieren, aber nicht auf individuelle Gesten. Es ist natürlich offensichtlich, daß mentale Entscheidungen normalerweise zu physischem Output führen, aber die Theorie der ‚aktiven Informationen' findet noch mehr Anwendung auf kulturelle Phänomene als auf biologische oder physische. Diese Theorie ist sehr nützlich, besonders wenn die Aktivität der Informationen von bestimmten Medien, wie z. B. Radio, Fernsehen oder Computern, unterstützt wird, die einige Charakteristika der Technologien in die Kultur tragen und projizieren. Daraus resultiert die weitergehende Vorstellung, kulturelle Umwelten als ‚technisch-magnetische Felder' zu betrachten. Genau wie ein elektromagnetisches Feld wird ein technisch-magnetisches Feld bestimmt von seinen Polaritäten oder Kraftlinien, die bestimmte Muster erzeugen. Im Falle der von Menschen gemachten Informationstechnologie ist das Medium der Magnet.

Mehr noch als alle vorangegangenen Medien demonstrieren Computer den mit elektronischen Technologien verbundenen Vorteil der Geschwindigkeit. In derselben Weise wie sie weltweit vernetzt werden, erzeugen sie die Vorstellung von einer universellen Synergie. Unmittelbare Kommunikation ist eine Art ‚Verbindung auf Entfernung'. Wenn man per Telefon und/oder Computer mit einem entfernten Teil der Welt kommuniziert, ist man mehr als nur im übertragenen Sinne mit diesem Teil der Welt ‚verbunden'. Obwohl wir uns Elektrizität noch immer als einen ‚Strom' vorstellen, der durch Raum und Zeit ‚fließt', als ob die Elektronen ein reißender Fluß wären, so ist dies nicht das richtige Bild, um sie zu verstehen. Wenn wir uns etwas mehr mit Physik beschäftigen, erfahren wir, daß sich die einzelnen Elektronen tatsächlich überraschend langsam, mit einer Geschwindigkeit von wenigen Zentimetern pro Stunde in einem normalen Leiter, bewegen. Wir neigen dazu, Elektrizität nach dem Maßstab eines überholten territorialen Verständnisses von Raum zu beurteilen, und wir nehmen fälschlicherweise an, daß unmittelbares Handeln gleichbedeutend mit Lichtgeschwindigkeit ist. Die Wirklichkeit ist wesentlich faszinierender: Die Elektronen befinden sich in eng geknüpften magnetischen Feldern, die unmittelbar von einem Ende der Welt zum anderen aufeinander reagieren.

Das gesamte Feld, das von einer bestimmten Technologie erzeugt wird, beinhaltet sowohl das Netz als auch seine Teilnehmer. Eine Metapher wie 'technischer Magnetismus' trägt auch dazu bei, das Verhalten von Hardware-Netzen verstehen zu lernen, wie z. B. das der Automobilindustrie mit ihrer dazugehörigen Ölproduktion, dem Transport und der Auslieferung sowie ihren vielen Dienstleistungsindustrien, dem Straßenbau und der Instandhaltung. Sie trifft jedoch noch stärker auf vom Elektrizitätsfluß getragene Software-Netze zu, die aktive Informationen transportieren und formen. Die Polaritäten von elektronischen Medien werden bestimmt von den Beziehungen, die die Hardware-Endgeräte – sei es nun ein Telefonhörer, eine Computertastatur oder sogar ein Toaster – mit ihren Benutzern eingehen. Es gibt eine Art biotechnischer Kontinuität zwischen dem menschlichen Nervensystem und den elektronischen Schnellstraßen unseres Planeten, die uns besonders empfänglich für aktive Informationsmuster macht.

Psychotechnologien

Die Informationsverarbeitung hat sich langsam entfernt von dem inneren und privaten Universum unseres Verstandes und hingewandt zu der äußeren, öffentlichen Welt der Elektronenstrahlröhre. Aufgrund der Tatsache, daß der Videobildschirm beim Ersetzen des Verstandes als dem Ort, wo Bild- und Informationsverarbeitung stattfindet, eine privilegierte Rolle spielt, entspricht jedes wichtige technisch-magnetische Zeitalter den Positionswechseln in unserer Beziehung zum Videobildschirm. Unsere einseitige, frontale Beziehung zum Fernsehbildschirm war der Auftakt zur Massenkultur, während der Computerbildschirm durch die Einführung von zweiseitigen, interaktiven Anwendungen Geschwindigkeit hinzufügte. Integrierte Hypermedia führen zu vollständigem Eintauchen in die Medien:

Wir nehmen teil an einer neuen Tiefenkultur, die jetzt in den neunziger Jahren Gestalt annimmt. Immer wenn die Konzentration auf ein bestimmtes Medium sich verschiebt, bewegt sich die gesamte Kultur von einem technisch-magnetischen Feld zu einem anderen.

Masse

Um eine Vorstellung von dem gesamten durch das Fernsehen erzeugten Feld zu bekommen, stellen Sie sich vor, daß die ganze Nation während der besten Sendezeit vor dem Fernseher sitzt und Informationen erhält, ohne darauf zu reagieren. Die einzige Möglichkeit für die Zuschauer, Einfluß auf das Medium zu nehmen, besteht in Verbraucherbefragungen und ihrem Kaufverhalten, die später in Marktuntersuchungen analysiert werden. In diesem Falle ist das Energiemuster einseitig und endet beim Empfänger, wo es mit minimalem Widerstand konsumiert wird. Es könnte als ein riesiges Gehirn betrachtet werden, das ganze konische Bereiche mit einseitigen synaptischen Verbindungen ohne sofortiges Feedback erleuchtet. Dies ist eine sehr günstige Position für den Vertrieb von Waren. Der Schwerpunkt wird auf Überzeugung und Verpackung liegen. Tatsächlich war die Blütezeit des Fernsehzeitalters auch die Zeit der ‚unbegrenzten Werbung'. Der Inhalt der Werbung war auch der Inhalt einer neuen Art kollektiven Bewußtseins, der aktiven Information, die die breite Masse nordamerikanischer und später europäischer Kulturen formte und informierte.

Daher wurde die Zeit von Anfang der sechziger bis Mitte der siebziger Jahre durch die ‚Massenkultur' bestimmt, die damit begann, daß die Elektronenstrahlröhre Licht in unser Nervensystem brachte, indem sie unsere Gefühlswelt mit inflationärer Ausdehnung und agressivem Marketing überschwemmte. Werbung und Fernsehwiederholungen wurden zum Wesen unseres kollektiven Bewußtseins. Das Fernsehzeitalter war Zeuge einer Vervielfältigung der Filialen und Niederlassungen von eingeführten und ganz neuen Industrien. Uneingeschränktes Reisen für Universitätsabsolventen, psychedelische Reisen ins Innere für diejenigen, die zu Hause blieben, Schulen, in denen über Nacht Sensibilität gelehrt wurde, makrobiotische und psychotherapeutische Methoden, Osten-trifft-Westen-Phantasien, Bildungsurlaub für Manager und sogar eine neue Freiheit für sprachliche und mystische Schöpfungen waren Zeichen dieser außergewöhnlich aufregenden und idealistischen Zeit.

Geschwindigkeit

Dieser doch sehr großzügige und ausgedehnte mentale Rahmen wurde schließlich eingeschränkt durch die ‚Wachstumsgrenzen', die Anfang der siebziger Jahre durch die Vergegenwärtigung der erschöpfbaren Ressourcen unseres Planeten mittels Computer von der Psychologie gesetzt wurden. Der neue Trend, der die Veränderung des technisch-magnetischen Feldes in den siebziger Jahren veranlaßte, scheint vom Hudson Institut mit Herman Kahns düsteren Voraussagen bezüglich der natürlichen Energiereserven der Erde ausgegangen zu sein. Das war das Werk von ziemlich schwerfälligen Großcomputern. Als jedoch Ende der siebziger Jahre Personalcomputer und sogar tragbare Mikrocomputer eingeführt wurden, die Anfang der achtziger Jahre bereits weit verbreitet waren auf dem amerikanischen Markt, wurden die Verbraucher von der neuen Technik zu Produzenten gemacht. Die Beziehung zur Technik hatte sich verändert: Von der einseitigen Versorgung durch das Fernsehen zur zweiseitigen Interaktion mit dem Personalcomputer. Das technisch-magnetische Feld wurde noch wirksamer, da die Computerbildschirme zu einer Art synaptischer Schnittstelle zwischen biologischer und technischer Elektrizität, zwischen dem Benutzer und den Netzen wurden.

Das Fernsehen machte einen Großteil von Amerikas Jugend zu sorglosen Hippies, indem es Photonen in ihre aufnahmebereiten Hirne schoß. Der Drogenmißbrauch war die unvermeidliche Folge des ‚Trips ins Innere‘, zu dem das Fernsehen seine Zuschauer einlud, ohne ihnen die Möglichkeit zu geben, darauf zu reagieren oder gar darüber nachzudenken. Als sie jedoch lernten, ihren Bildschirmen mit Computern, Fernbedienungen, Videorecordern und Camcordern zu ‚antworten‘, erlangten sehr junge Männer und Frauen genügend Autonomie wieder, um das automatische, nur vom Reflex gesteuerte Konsumverhalten aufzugeben und sehr schnell zu erfolgreichen Unternehmern zu werden. In den achtziger Jahren erlebten wir den Aufstieg der ’Geschwindigkeitskultur‘ und der Vernetzung. Bereits Ende der siebziger Jahre beeinflußte die herkömmliche Diskothekenmusik den Zeitrhythmus mit der Hertz-Uhr ihrer Synthesizer, der ‚Seele‘ der neuen Maschinen. Diese Geschwindigkeitskultur, die in der allgemeinen Verbreitung des Faxgerätes gipfelte, brachte uns in Form, indem sie Geschäftsvorgänge vereinfachte und High-Tech für Form und Inhalt bot. Hippies waren out und Yuppies waren in.

‚Massen‘-Mensch versus ‚Geschwindigkeits‘-Mensch

Das Fernsehen kreierte die Vorstellung vom ‚Massenmenschen‘ und den Begriff der ‚Massenmedien‘. Wir hatten keine Ahnung, daß es so etwas wie ’Massenkonsum‘ und ‚Massenpsychologie‘ gibt, bevor das Fernsehen es uns enthüllte. Die Computer jedoch brachten uns die ‚Geschwindigkeitskultur‘. Der Computer ist kein Massenmedium, sondern ein persönliches, wie der Name ’PC‘ (Personalcomputer) besagt. Wir wurden getrieben von der Notwendigkeit, die Interaktion zwischen uns selbst und unseren Maschinen gleichzeitig zu beschleunigen und zu humanisieren. Beispiele dafür sind der Versuch, sprachgesteuerte Systeme zu entwickeln, oder das Bemühen um ’Benutzerfreundlichkeit‘. Die besten Software-Entwickler werden beauftragt, Programme auszuarbeiten, die menschliche Sprachen mit so vielen Kombinationen wie nur möglich verstehen. Der Traum vom perfekten Übersetzungscomputer, von effizienten ‚fuzzy functions‘ und simultaner multipler Verarbeitung wird von den ständig wachsenden technischen Möglichkeiten gespeist.

Der Massenmensch war homogenisiert und ziemlich entpersonalisiert. Der Geschwindigkeitsmann oder die Geschwindigkeitsfrau aus dem Computerland reagieren auf Menschen und unterstreichen die Unterschiede. Und der Grund dafür ist klar: Während der Massenmensch des Fernsehens von TV-Mediennetzen umgeben war, gefangen in einer Welt, die die verschiedenen ’Bewußtseins-Industrien' für ihn gemacht hatten, steht der Geschwindigkeitsmensch des Computerzeitalters immer und überall im Zentrum der Dinge. Selbst ein Dorfpolizist, der in einer abgelegenen Gegend einen Schnellfahrer erwischt, hat Zugang zu dessen Akten durch einen Anruf bei der Polizeidatenbank mit seinem drahtlosen Telefon. Die neue Situation ist ziemlich paradox: Während alles um ihn herum schneller wird, kann der Geschwindigkeitsmensch es sich leisten, langsamer zu werden. Da sie sich im Zentrum der Dinge befinden, bewegen sich Geschwindigkeitsmann und -frau nicht. Ihre Geschwindigkeit besteht in ihrem sofortigen Zugriff auf Dinge und Informationen. Geschwindigkeitsmenschen sind nicht in erster Linie Konsumenten, sondern Produzenten und Handelnde. Ihre Produktionen und ihr Handeln werden geprägt von ihrem persönlichen Charakter.

2. Tiefenkultur in den neunziger Jahren

In „Total Recall", einem Hollywood-Film, der Kapital schlägt aus dem wachsenden Interesse an virtueller Realität und unserer sich rasant entwickelnden Science-fiction-Technik, wacht Arnold Schwarzenegger schweißgebadet auf, nicht wissend, ob er aus einer totalen Phantasie, die ein Drogen-Reisebüro für ihn arrangiert hat, erwacht oder sie tatsächlich erlebt (2). Was er erlebt, ist so wirklich, seine wiederhergestellte Erinnerung so intensiv und präzise, daß er nicht weiß, ob er sich an Fakten oder Fiktion erinnert. Früher oder später könnte dies auch Ihnen passieren, nur daß Sie nicht schweißgebadet aufwachen müßten; Sie würden den Unterschied zwischen Fakten und Fiktion kennen, und um das Abenteuer zu beenden, müßten Sie nur ihre Eye-Phones abnehmen und den Computer ausschalten.

Diejenigen Realitäten, die man für Geld kaufen kann, werden nicht in Hollywood, sondern in Redwood City, Kalifornien von den VPL-Laboratorien gemacht. Mit Virtuelle-Realität-Maschinen, wie z. B. Jaron Laniers RB2 (Realität für zwei), sieht man nicht nur dabei zu, wie der Traum sich vor einem entfaltet, sondern man geht direkt hinein und trifft dort sogar andere Leute. Das ist noch ein Stück besser als das futuristische 'Mitmach'-Videospiel aus Ray Bradburys Ur-Science-Fiction-Roman „Fahrenheit 451". Und wenn Sie die wirkliche Arbeitswelt der Traumwelt des Spiels vorziehen, dann gibt es für Sie eine wachsende Zahl von beruflichen Anwendungen: „Mit Hilfe einer Tretmühle und einer Lenkstange können sich Architekten und Ingenieure in einem virtuellen Gebäude bewegen; dabei sehen sie es in einem an ihrem Kopf befestigten Display" (3). Durch einen technischen Trick verwirklichen Virtuelle-Realität-Maschinen die Vorstellung einiger Kulturen, daß Gehen nicht das Überqueren von Raum ist, sondern das Bewegen von Raum unter den Füßen (4).

Wir betreten eine Welt, in der Metaphern zu mächtigen Handlungswerkzeugen werden können, ganz so als ob sie Wünsche wären. Mit einem Fingerschnippen, so als ob man in einem sofort gehorchenden Hubschrauber säße, kann man sich in einer Umgebung hinauf oder hinunter oder zur Seite bewegen oder umdrehen, die in jeder Hinsicht die Proportionen, Blickwinkel, Geräusche und das Gefühl dessen wiedergibt, was wir aufgrund unserer Erfahrung von der wirklichen Welt erwarten dürfen. Die Augapfel-Metapher kann sogar mehr als die Standardrealität bieten, da man mehr als nur ein Augenpaar zur Zeit haben kann und weil man seinen Blickwinkel an jeden beliebigen Ort transportieren kann. Das ist praktisch Zauberei.

In Wirklichkeit ist der jetzige Stand der Technik im Bereich der virtuellen Realität jedoch noch weit von dem Ersatzuniversum aus „Total Recall" entfernt. Das Haupthindernis besteht in der fehlenden Rechenkapazität und der ungenügenden Integrationsgeschwindigkeit, die dazu führen, daß keine hochaufgelösten Echtzeit-Videobildwechsel möglich sind. Das wichtigste ist jedoch, daß die primitiven VR-Versionen bereits erkennen lassen, daß in der Computertechnik konvergierende Entwicklungen im Gange sind und daß jede zweite konvergierende Technik mit etwas wie den Virtuelle-Realität-Maschinen zu konvergieren scheint. Elektrizität ruft nach Elektrizität.

Jetzt da wir mit Eye-Phones, Datenhandschuhen und Datenanzügen in die virtuelle Realität des Fernseh- und Computerbildschirms eindringen, betreten wir das dritte technisch-magnetische Feld, die ‚Tiefenkultur'. Tiefenkultur ist das Produkt aus der Multiplikation von Masse und Geschwindigkeit, genauso wie die Videotechnik von der Computertechnik vervielfältigt und komplexer gemacht wird. Hochauflösendes Fernsehen (HDTV) ist ein typisches Beispiel für diese Art von Vervielfältigung. Die 'Tiefenbotschaft' von HDTV lautet nicht höhere Bildauflösung oder bessere Wiedergabeschärfe, sondern mehr Leistungsvermögen für das Bild. HDTV entspricht Fernsehen mit Computerkenntnissen. Das Bildgehirn von HDTV besteht aus Millionen von interaktiven Pixeln. Jeder Pixel kann einzeln auf bestimmte Befehle reagieren. Das HDTV-Bild ist eine Art elektronisches dendritisches System, das aus Millionen von parallelen Prozessoren besteht. Noch vor Ende der neunziger Jahre wird es Experimente mit einer Kombination aus HDTV und neuralen Netzen für unglaublich komplexe, lernfähige Betriebssysteme geben.

Wir sind dabei zu entdecken, daß in der inneren Welt genauso viel Platz ist wie im Weltraum. Wir untersuchen, industrialisieren und vermarkten bereits die winzig kleinen Reiche der genetischen, atomaren und molekularen Felder. Yuppies sind out, ‚Cyberpunks' sind in. Im Cyberspace wird hauptsächlich Online-Kommunikation mit Hilfe von Zahlen fressenden, neuralen Netzen und spezialisierten Systemen stattfinden. Dennoch wird es auch eine sehr persönliche Kommunikation sein, da die neuen elektronischen Nomaden lernen müssen, mit den komplexen Sensibilitäten anderer Kulturen umzugehen. Die Tiefenkultur wird in anderen Gesellschaften wertvolle Informationen suchen und auch finden. Die Ausdehnung der westlichen Technologie auf den Rest der Welt trifft auf die speziellen Mischungen verschiedener geographischer und kultureller Grundlagen. Die Elektrizität steht, obwohl sie von den technologischen Fortschritten des Westens gefördert wird, im geistigen und tatsächlichen Sinne den östlichen psychologischen Modalitäten näher als den westlichen. Deshalb ist es nützlich, die ganzheitlichen psychologischen Grundlagen von Ländern wie z. B. Japan, Indien oder China zu untersuchen.

Globale Transparenz

Als Marshall McLuhan den Ausdruck „globales Dorf" Anfang der sechziger Jahre zum ersten Mal gebrauchte, nahm niemand so richtig Notiz davon. Japan produzierte noch billige Kameras und kleine Autos, die Berliner Mauer war gerade erst errichtet worden und China hatte noch nicht einmal begonnen aufzuwachen. Fernmeldeverbindungen waren noch sehr teuer und nur für wenige Privilegierte erschwinglich. Man machte Witze über den berühmten ‚heißen Draht' zwischen Moskau und Washington, das rote Telefon, ein exotisches Gerät mit der verhängnisvollen Aufgabe, die atomare Vernichtung zu verkünden. Ich erinnere mich daran, daß ich mich gefragt habe, ob Nikita Chruschtschow sich wohl über die Telefongebühren für ein Ferngespräch Gedanken gemacht hat, bevor er John F. Kennedy wegen des Zwischenfalls in der Schweinebucht anrief (5).

Aber die Demokratisierung und Vervielfältigung von unmittelbaren Kommunikationsverbindungen hat das frühere Gefühl von ‚Unklarheit' und Entfernung bezüglich unseres Planeten ersetzt durch ein neues Gefühl der Unmittelbarkeit und Transparenz. Welche Grenzen gibt es für die Elektrizität? Die weltweiten Telefonverbindungen stehen offen: Und zwar, wie wir 1989 während der Studentenprotestes in China sehen konnten, als die Berichterstattung über Telefax stattfand, trotz verstärkter Überwachung durch die Regierung. In 32.000 km Höhe stehen 3.000 Kommunikationssatelliten zur Verfügung, die ununterbrochen wertvolle Informationen senden, welche überall auf der Welt mit Satellitenschüsseln empfangen werden können. Man hat offenen Zugang zu Kabel-Nachrichten-Netzen, die man innerhalb oder außerhalb einer Presseagentur per Antenne, on-line und auf Papier empfangen kann. Und selbst Datenbanken stehen – jedem cleveren Hacker, der weiß, wie man in das System eindringt – offen. Niemand kann ein Geheimnis beliebig lange bewahren.

Heutzutage kann nur strikte militärische Kontrolle die Berichterstattung durch die Medien, wie sie aus strategischen Gründen von den Alliierten im Golfkrieg praktiziert wurde, die Überwachung von allem und jedem durch jeden wirklich verhindern. Die Öffnung der osteuropäischen Länder zusammen mit dem Niedergang der kommunistischen Regime ist eines der deutlichsten und beeindruckendsten Beispiele dafür, was die elektronischen Technologien für eine weltweite ‚Glasnost' oder ‚Transparenz' bewirken können.

‚Echtzeit'

Ein weiterer Beitrag zur internationalen Transparenz ist die Tatsache, daß sich die Zeit zwischen Kommunikationsstimulationen und -reaktionen dramatisch verkürzt, was die Anzahl der Transaktionen proportional steigert. Es gab einmal eine Zeit, da dauerte es länger, Informationen zu senden als sie zusammenzustellen. Heute ist das anders: In einigen Firmen sind die Neuigkeiten vom Morgen gleich nach dem Mittagessen schon überholt. Deshalb versuchen wir ständig, noch schneller und genauer für häusliche, berufliche und internationale Kontakte persönlich erreichbar zu sein. Telefaxe und drahtlose Telefone befinden sich heute bei uns im Auto und selbst im Flugzeug zusammen mit Laptop-Computern auf unserem Schoß. Immer mehr Leute haben einen ‚Buzzer' bei sich, sei es nun, um sie an das nächste Fläschchen für das Baby oder daran zu erinnern, in die nächste Telefonzelle zu gehen und das Büro oder Krankenhaus anzurufen. Die sich schließende Kluft zwischen Handlung und Reaktion schafft eine Art Kontinuität zwischen der ‚Echtzeit'-Planung und -Ausführung.

Andererseits verringert die Vervielfältigung der Kontakte den lokalen Widerstand gegenüber Veränderungen und eröffnet durch eine überall erfolgende Steigerung der Geschwindigkeit von Handlung und Reaktion die Möglichkeit, alle Reaktionen überall auf der Welt schnell zu vereinen. Heutzutage werden ganze Gesellschaften, große Volkswirtschaften unter dem Dach von einzelnen Holdinggesellschaften, gleichzeitig verarbeitet, so als ob sie einzelne Benutzer der elektronischen Umwelt wären. Elektrizität verbindet die Erde von einem Ende zum anderen mit einem einzigen Netz. Die Medien weben eine einzige greifbare Decke elektrostatischer Aktivität rund um den Globus. Jede Bewegung am Aktienmarkt hat Auswirkungen auf das feine und empfindliche weltweite Investmentgleichgewicht; Computer reagieren sofort, während die Investoren ihre Augen nicht von ihren Terminals losreißen können. Für einige kann es eine Sache auf Leben und Tod sein. So hallte die Nachricht, daß die New Yorker Börse am 19. Oktober 1987 zusammengebrochen war, sofort rund um die Welt wider wie ein Peitschenknall.

Es ist paradox, daß die Hardware, die materielle Realität der Erde, sich zusammenzieht und implodiert, weil unsere Technik die zeitlichen und räumlichen Intervalle zwischen den Operationen ständig verringert, während sich unsere Software, unsere psychologische und technische Realität, ununterbrochen ausdehnt. Der Zugriff auf die winzig kleinen Reiche atomarer und subatomarer Strukturen sowie die riesig großen Reiche planetarischer und galaktischer Informationsstrukturen vergrößern ebenfalls die Reichweite der sich entwickelnden ,Tiefenkultur'.

Was ist ,Tiefenkultur'?

Tiefe ist auch das Resultat der Erforschung von Masse durch Geschwindigkeit. Genauso wie das Fernsehen und Radio uns massenhaft Nachrichten und andere Informationen von überall auf der Welt bringen, erlauben uns alles durchdringende Technologien, wie z.B. das Telefon und Computernetze, sofort zu jedem Punkt zu gelangen und mit ihm in wechselseitige Beziehung zu treten. Das ist es, was ,Tiefe' bedeutet, die Möglichkeit diesen Punkt mit unseren elektronischen Verlängerungen zu 'berühren' und einen sichtbaren Einfluß auf ihn zu nehmen. Wir können das jetzt in jedem Zusammenhang auf der Welt tun, und nicht nur dort, da wir viele Raumsonden in die Weiten des Weltraums geschickt haben. Heute können wir von der viele Millionen Kilometer entfernten Pioneer-Raumsonde ein zweidimensionales Bild der Oberfläche von Miranda, einem der Uranusmonde, empfangen und es mit Hilfe computergestützter Reliefverstärkung dreidimensional wiedergeben. Der Drei-D-Effekt ist nur ein Ausdruck von Tiefe, ein anderer ist das tatsächliche Vordringen in den Raum an sich. Wir geben uns nicht länger mit Flächen zufrieden. Wir versuchen sogar, das Undurchdringliche zu durchdringen, den Videobildschirm: Eine buchstäbliche Verkörperung der Tiefenkultur ist die wachsende 'Virtuelle-Realität'-Maschinenindustrie. Diese Geräte ermöglichen es uns, in die Welt des Video- und Computerbildschirms einzudringen und die unendlichen Tiefen der wissenschaftlichen, künstlerischen und technischen Kreativität des Menschen zu erforschen.

Ein anderer Ausdruck von Tiefe ist das Eindringen in die winzig kleinen Reiche molekularer, genetischer und atomarer Strukturen mit Hilfe von Elektronenmikroskopen und kernmagnetischer Resonanz (NMR). Viele Technologien fordern dazu auf, unter der Oberfläche des Sichtbaren zu forschen oder durch Simulation oder Vergrößerung Welten sichtbar zu machen, die nie zuvor zugänglich waren. Diese Welten werden zu den unerschöpflichen Vorräten der Hersteller, so konstruiert man z. B. Mikrostrukturen und 'Atommotoren'.

Tiefenkultur bedeutet, ‚hindurchsehen' zu können. Mit unseren Techniken zur Informationswiedergewinnung sehen wir durch Materie, Raum und Zeit hindurch. Und als Folge der Technologien, die uns sowohl auf der Erdoberfläche als auch in den Tiefen des Weltraums mentalen und physischen Zugang gewähren, vergrößert sich, jedesmal wenn eine unserer Technologien unsere Reichweite über die vorherige äußere Grenze hinaus ausdehnt, auch unsere Vorstellungswelt, d.h. unsere sich entwickelnde psychologische Struktur. Wenn wir physische Geschäfts- oder Urlaubsreisen unternehmen, sind wir auf der Welt gefangen; aber wenn wir global denken und sofort nutzbare Informationen in unserem Büro senden oder empfangen, ist die Welt in unserer Vorstellung und in unseren elektronischen Netzen gefangen. Die Informationen, die wir für diese innere Struktur verwenden, sind Teil eines 'globalen' Gedankens und einer globalen Aktivität. Als eine Art Ausdehnung der Vorstellungswelt und ihres Bezugsrahmens ist die Globalisierung eine der psychologischen Voraussetzungen der Tiefenkultur.

Anmerkungen

(1) David Bohm, „Towards a New Theory of the Relationship of Mind and Matter", Frontier Perspectives, Bd. 1, N2, S. 10.

(2) Genauso wie AI immer ‚Artificial Intelligence' (Künstliche Intelligenz) bedeutet, ist auch ‚Virtual Reality' (virtuelle Realität) genügend gebräuchlich, um mit VR abgekürzt zu werden. Aber virtuelle Realität hätte genauso gut ‚künstliche Phantasie' (artificial imagination) oder ‚künstliches Bewußtsein' (artificial consciousness) genannt werden können. Da es uns jetzt möglich ist, solche sensorischen Wahrnehmungen wie künstliches Sehen, Hören und Fühlen in unseren vergrößerten Sinnesapparat miteinzubeziehen, können wir wirklich von der Möglichkeit eines ‚künstlichen Bewußtseins' sprechen. Künstliche Intelligenz ist eigentlich künstliches Bewußtsein minus dem Wechselspiel der Sinne. Nur durch das Hinzufügen des Wechselspiels der Sinne können wir außerhalb unseres Körpers die Art von Innerlichkeit rekonstruieren, die typisch ist für das menschliche Bewußtsein.

(3) Laura Carabine, „Plugging into the Computer to Sense Virtual Reality", Computer-Aided Engineering, Juni 1990, S. 23.

(4) Steve Ditlea schreibt: „Die Begehung von Gebäuden zu verwirklichen, war schon lange ein Ziel der Forscher im Bereich künstlicher Realität. Die fortschrittlichste Arbeit wird von Fred Brooks' Team an der Universität von North Carolina geleistet. Dort bietet ein Luxussystem hochaufgelöste Darstellungen von Grundrissen und vielfarbige dreidimensionale Inneneinrichtungen sowie Echtzeitanpassung an den Stand der Sonne und den Anteil von direktem Umlicht. Um sich in einer virtuellen Struktur zu bewegen, kann man geschwin-

digkeitsregulierende Joysticks benutzen (das nennt man die Hubschrauber-Metapher), ein am Kopf befestigtes Display bewegen (die Augapfel-Metapher) oder auf einer per Lenkstange gesteuerten Tretmühle laufen (die Einkaufswagen-Metapher)." „Inside Artificial Reality", PC Computing, November 1989, S. 99.

(5) Roger B. Porter sagte: „Im Jahre 1989 kostete ein zehnminütiger Anruf von den USA nach Großbritannien $ 9,90. Im Jahre 1950 kostete dasselbe Gespräch $ 209,30, berechnet in 1989er Dollars. Es ist kein Zufall, daß die Zahl der Anrufe von den USA nach Großbritannien von 110.300 im Jahre 1950 auf fast 85 Mio. im Jahre 1989 anstieg", „Conflict and Cooperation in the Global Marketplace", Vital Speeches of the Day, Bd. 57, Nr. 6, S. 163, 1.1.1991.

Übersetzung: M. B. Wille

Rolf Kreibich

Das Wissenschafts-Technik-Industrialismus-Paradigma

Ich bin sehr gern der Einladung gefolgt und freue mich, mit Ihnen auf die Brücke zwischen Technologie und Kunst zu steigen und hoffe auch, daß das zu einer interessanten Kommunikation führen wird, die ja schon begonnen hat. Suchen wir nach den Gründen, warum in den Industrieländern eine so hohe ökonomische Produktivität herrscht, dann stoßen wir unweigerlich auf die moderne Naturwissenschaft und Technik. Fragen wir, was vor allem die politische und militärische Stärke eines Landes ausmacht, dann läßt sich zeigen, daß es vor allem sein wissenschaftliches und technisches Potential ist, das Einfluß und Macht garantiert. Untersuchen wir, wodurch unsere heutigen kulturellen Veränderungen hauptsächlich geprägt werden, dann läßt sich der Zusammenhang mit der Technik oder mit der Arbeitswelt ganz unmittelbar oder auch mittelbar nachweisen. Die Rückführung der sozialen und ökologischen Folgen von Technik und Industrie auf wissenschaftliche Innovationen ist im allgemeinen nur eine Frage analytischer Genauigkeit. Zentrale philosophische Kategorien der Industriegesellschaft wie Rationalität, Vernunft oder Fortschritt werden weitgehend synonym mit dem methodischen Denk- und Handlungsansatz der modernen abendländischen Wissenschaft und Technik bzw. deren Weiterentwicklung und Verfeinerung gebraucht.

Aus alledem folgt meine zentrale These, daß heute Wissenschaft und Technologie alle Bereiche unseres Lebens durchdringen und dominieren. Das Tandem ‚Wissenschaft und Technologie' bildet nicht nur die entscheidende ökonomische Produktivkraft der fortgeschrittenen Industriegesellschaften, sondern auch deren zentrale Innovationskraft. Die Industriegesellschaften sind somit auf Wissenschaft und wissenschaftlicher Technik basierende Gesellschaften.

Im folgenden möchte ich zeigen, daß es die spezifische Methode der vor allem von Galilei ausgehenden Naturwissenschaft ist, die die Chance eines Lebens ohne materielle Not eröffnete, gleichzeitig aber auch das Risiko der technischen Selbstvernichtung der Menschheit schuf. Insofern hoffe ich, den Rahmen abstecken zu können, in dem auch die Diskussion zwischen Technik und Kultur, Technik und Kunst, verlaufen sollte, notwendigerweise auch verlaufen muß.
Es ist das Grundphänomen unserer Zivilisation, daß alle modernen Produktionsgesellschaften, unabhängig von ihren ideologischen und weltanschaulichen Rückbindungen – ob konservativer, liberaler, sozialistischer oder kommunistischer Provenienz – auf der modernen abendländischen Wissenschaft basieren und wissenschaftlich-technischer Fortschritt zum Fortschritt schlechthin avancierte: Im Sinne von Naturerkenntnis, Naturbeherrschung und Konstituierung militärisch-ökonomischer Macht, ist die Erfindung der Methode des naturwissenschaftlichen Erfindens die größte Entdeckung der Menschheit.

Hierzu vorab zwei Stimmen zum gleichen Tatbestand: „Eine Maschine kann also das menschliche Gehirn ersetzen und somit auch dessen Steuerungsleistungen übernehmen. Mir scheint das als eine größere Bedrohung als ein dritter Weltkrieg."

Die andere Meinung: „Ich sehe keine Bedrohung durch die Intelligenztechnologie, aber eine völlig neue Aufteilung der Welt, wenn die Japaner allein so weiter voranschreiten" – gemeint war die Mikroelektronik und Computerentwicklung - „deshalb kann die einzige Entscheidung für Europa nur sein, so schnell wie möglich auf diesem Gebiet vorwärtszugehen. Wir müssen mit den Japanern mitziehen."

Bei den hier zitierten Äußerungen eines Finnen und eines Italieners handelt es sich um die letzten beiden Diskussionsbeiträge auf einer Tagung der OECD in der Arbeitsgruppe „Künstliche Intelligenz". Die Tagung fand 1984 unter dem Titel „Die gesellschaftliche Herausforderung der Informationstechnik" in Berlin statt. Sie vereinigte damals die Exponenten der High-Tech-Welt und sollte Standortbestimmung und Risikoanalyse zugleich liefern. Das Ergebnis der Tagung war im Prinzip eindeutig: die große Mehrheit der Wissenschaftler, Wirtschaftsmanager, Politiker, sowie Vertreter staatlicher Ministerialbürokratien und von Verbänden und Organisationen teilte im Grundsatz die zweite Auffassung, die Auffassung des Italieners – allen voran die Amerikaner und die Deutschen. Gleichwohl dürfte die Zahl derjenigen, die nach dem Informationsaustausch über Intelligenzmaschinen, fünfte Computergeneration, Expertensysteme, Telematik, kreative Mensch-Maschine-Kommunikation, Robotik und so weiter, und beim Überdenken der Folgen Unbehagen und sogar Ängste verspürten, größer gewesen sein, als es die vordergründige Meinungsverteilung auswies. Aber das konnte man nur in den Foyers feststellen.

Halten wir zunächst einmal fest, daß wir mit der fünften Computergeneration über eine Computerverarbeitungskapazität verfügen werden, die 100 000 mal größer ist als bisher. Ein fast unvorstellbarer quantitativer Sprung, aber ein völlig unbekannter qualitativer.

Fügen wir noch die im Aufbau befindlichen Breitband-Kommunikationsnetze, also das sogenannte ISDN-B und das IBFN, die integrierten breitbandigen digitalen Netze hinzu, so nimmt die verfügbare Übertragungskapazität um den Faktor 10.000 zu und der Transport der Ressource ‚Information' wird keiner erkennbaren Grenze mehr unterliegen.

Was aber soll mit diesen Kapazitäten geschehen? Heute wissen wir nur, daß damit Roboter noch besser gesteuert, künstliche Expertensysteme auf ein noch höheres Niveau, oder sagen wir besser künstliches Intelligenz-Niveau gebracht werden können. Sprachen wird man alsbald ohne menschliche Zwischenglieder künstlich maschinell übersetzen können. Aber ist das alles? Ganz sicher nicht.

Wir wissen nämlich nicht, was diese Leistungssteigerung weiterhin bringt, welche Bewußtseins- und Intelligenzprozesse künftig technisch abgebildet, verlängert und manipuliert werden. Welche Wirkungen und Folgen werden etwa assoziativ denkende Maschinen auf unser Verhalten und das Zusammenleben haben?

Oder eine andere Frage: Was machen wir eigentlich, wenn wir den genetischen Code mit Hilfe dieser Maschinen lückenlos entschlüsselt haben?

Es ist für die Wissenschaft und die Hochtechnologiegesellschaft charakteristisch, daß das Drehbuch der weiteren Entwicklung, Anwendung und Verwertung für diese Computer- und Breitbandtechnologie im Prinzip schon weitgehend, wie in vielen anderen Fällen, etwa der Kernenergie, der Kunststoffchemie, der Biotechnologie, oder weniger beachtet, der Werkstofftechnologie, vorgezeichnet ist. Nur wissen wir eben nicht mit welchen Zielen. Wir wissen nur, daß der Film abläuft, weil wir das alte industrialistische Leistungs- und Wettbewerbsstreben des Größer, Weiter, Schneller tief verinnerlicht haben und das gesamte gesellschaftliche Leben darauf ausgerichtet ist. Der norwegische Zukunftsforscher Johan Galtung hat den bekannten, sich hier am Beispiel der Telematik und der künstlichen Intelligenztechnologie wiederholenden Entwicklungswettlauf einmal mit Ichibanismus bezeichnet. Ichi-ban heißt im Japanischen ‚Nummer eins sein‘, ’Weltmeister sein‘.

In den letzten drei Jahren sind in der Bundesrepublik Deutschland Institute für Künstliche Intelligenz (KI) wie Pilze aus der Erde geschossen. Und aus dem Bundesministerium für Forschung und Technologie verlautet, daß die KI riesige Chancen im internationalen Wettbewerb eröffnet.
Der bekannte KI-Forscher, Jörg Siekmann von der Universität Kaiserslautern vertritt die Meinung: „Die Informatik, und darin besonders die künstliche Intelligenztechnologie, ist zur kriegsentscheidenden Grundlagenwissenschaft geworden so, wie es die Physik zur Zeit der ersten A- und H-Bomben war." An anderer Stelle sagt Siekmann zur Bedeutung der KI: „Die zu erwartende Entwicklung neuer Wissensverarbeitung bringt eine qualitative Neuerung, die jenseits unserer derzeitigen Vorstellungen liegt und die nur mit den Denk- und Handlungsalternativen und Veränderungen durch Galilei und Darwin vergleichbar ist."
Das ist die eine Seite der Medaille, die andere Seite ist die folgende: Auf einer Tagung im Juni 1988 in Düsseldorf zur Zukunft der Technik- und Risikogesellschaft wurde Professor Siekmann gefragt, was er meine, welche uns heute auf den Nägeln brennenden aktuellen Probleme mit Hilfe der KI lösbar seien. Professor Siekmann, bekannt als kritischer Denker, gab die freimütige Antwort: „Keine".

Wir betreiben also die Entwicklung nicht, weil wir damit dringende Lebens- oder Überlebensprobleme zu lösen haben, sondern weil wir wie die Amerikaner, Japaner und andere Nummer 1 im gigantischen High-Tech-Wettlauf sein wollen.
Nun sind aber heute neben den Chancen die Risiko- und Zerstörungspotentiale wissenschaftlicher Hochtechnologien nicht mehr zu übersehen. Von dem Schock der Atombombe bis zu den täglichen Meldungen der Tagesschau über Zerstörungen unserer natürlichen und sozialen Lebensbedingungen, überflutet uns mittlerweile eine Welle von wissenschaftlich-technisch verursachten Katastrophen. Die Wettlaufmentalität, im militärischen Bereich als Rüstungsspirale bekannt, ist angesichts der dramatischen sozialen und ökologischen Folgen im Bereich der sogenannten friedlichen, wissenschaftlichen und technisch-ökonomischen Wettbewerbe gleichermaßen riskant.

Ich vertrete die Auffassung, daß die ökonomische Hochrüstungsspirale sogar noch gefährlicher ist, eben weil sie scheinbar ‚friedlich‘ ist. Robert Jungk vertrat schon vor Jahren die Auffassung: „Ich meine, daß unsere Existenz bis hinein in unsere Denkstrukturen mehr und mehr von der Industrialisierung beeinflußt ist, daß wir mit offenen Augen miterleben, wie unsere Welt zugrunde gerichtet wird durch die hemmungslose Entwicklung von Wissenschaft und Technik. Wissenschaft und Technik sind aber Widerspiegelung einer zeitbedingten Ideologie. Sie dienen ganz bestimmten Interessen."

Warum, so müssen wir doch wohl fragen, sind die Kritiker des wissenschaftlich-hochtechnologischen Weges nach wie vor Außenseiter der Industriegesellschaft? Wir kennen ja Kritiker mit großen Namen, Ganzheitsdenker wie Goethe, Schelling, Dilthey, von Hartmann, die Gebrüder Uexküll oder Spengler, Walter Benjamin und Ernst Jünger, die vor der Einseitigkeit und den folgenreichen Wirkungen der abendländischen wissenschaftlich-technischen Rationalität gewarnt haben. Warum verbreitet sich Unbehagen nur dann, wenn Katastrophen die Grenzen signalisieren? Was sind die tieferen Gründe, warum die meisten von uns die auf wissenschaftlichem Wissen basierende Förderung der High-Tech-Entwicklung für den Königsweg nicht nur zu ökonomischer Leistungsfähigkeit, sondern auch zu sozialem und kulturellem Fortschritt moderner Gesellschaften schlechthin halten?

Der amerikanische Biochemiker Erwin Chargaff hält den tief verwurzelten Glauben an den Fortschritt durch Wissenschaft und Technologie für das Schlüsselproblem unserer Zivilisation und meint: „Es gibt aber Leute, die inniger an den wissenschaftlich-technischen Fortschritt glauben, als je ein Heiliger an Gott . . ."

Für die meisten Experten, Politiker und Bürger gilt tatsächlich nach wie vor, und dies in allen entwickelten Gesellschaften des Westens wie des Ostens, daß es gerade die auf dem wissenschaftlich-hochtechnologischen Fortschritt basierende Industrie ist, die permanentes Wirtschaftswachstum, Produktivitätssteigerungen und ein ‚süßes Leben' für alle verheißt. Nur über diesen Pfad läßt sich auch die wirtschaftliche und militärische Macht der Industrieländer und ihre Überlegenheit gegenüber den Ländern der Zweiten, Dritten und Vierten Welt erhalten.

Aber ist dieses aus dem letzten Jahrhundert stammende Muster von Rationalität und Fortschritt und ist diese aus den letzten Jahrzehnten stammende Vorstellung von Lebensqualität angesichts der ökologisch und sozial bedrohten Welt noch haltbar?

Bevor ich auf diese Frage eine Antwort versuche, möchte ich den Blick auf jene Entwicklung werfen, die uns verinnerlicht hat, daß es angeblich nur eine Rationalität, nur einen Fortschritt, nur eine Zukunft gibt. Warum hat eigentlich unsere Sprache hierfür keinen Plural?

Zur Charakterisierung der entwickelten Industriegesellschaft wurden schon zahlreiche Bezeichnungen verwandt. Begriffe wie ‚postmaterielle Gesellschaft', ‚Informationsgesellschaft', ‚Wissensgesellschaft' oder neuerdings auch ‚Risikogesellschaft' sollen den Wandel kennzeichnen, der sich in den letzten Jahrzehnten in den hochindustrialisierten Ländern vollzogen hat und der sich mit rasanter Geschwindigkeit in die Zukunft fortsetzt. Allen diesen Begriffen liegt der Befund zugrunde, daß der Umsatz der Ressource 'Information' relativ zum Umsatz materieller und energetischer Ressourcen stark zugenommen hat.

Diese Feststellung läßt sich hinreichend belegen und ich möchte dies mit einigen Zahlen tun: So wurden allein im 20. Jahrhundert über 80% aller bisher durch Menschen erzeugten wissenschaftlichen und technischen Erkenntnisse hervorgebracht. Zwei Drittel davon sogar erst nach dem Zweiten Weltkrieg. Heute leben noch etwa 70% aller Wissenschaftler, die je auf dieser Erde gelebt haben.

Im Jahre 1750 gab es auf der Welt zehn wissenschaftliche Zeitschriften. Diese Zahl hat sich seither mit großer Genauigkeit alle 50 Jahre verzehnfacht! Seit der Wende vom 19. zum 20. Jahrhundert steigt die Menge der wissenschaftlichen und technischen Informationen jährlich um etwa 13% an. Das bedeutet eine Verdoppelung nach jeweils fünfeinhalb Jahren. Neuere Einschätzungen tendieren sogar zu noch größeren Wachstumsraten, wobei die von John Naisbitt in seinem Buch „Megatrends" angegebene zu erwartende Vermehrungsrate von jährlich etwa 40% zu einer Verdoppelung bereits nach 20 Monaten führen würde.

Ich habe einmal ausgerechnet, was die Informationslawine für eine Universität ganz praktisch bedeutet: Allein die Bücherregale der Freien Universität Berlin mußten zur Aufbewahrung der angeschafften Bücher von 1955 mit einem Bestand von 560.000 und etwa 10 km Länge Bücherregal bis 1988 mit einem Bestand von 7,4 Millionen Büchern auf 140 km Länge erweitert werden.

Diese wissenschaftlich-technische Informationsexplosion hat zum Beispiel zur Folge, daß man heute für Such- und Selektionsstrategien die Dokumentation der Dokumentationen der Dokumentationssysteme betreiben muß.

Es läßt sich nun zeigen, daß die aufgewandten Mittel für Forschung und Entwicklung in allen fortgeschrittenen Industrieländern interessanterweise über alle Krisenzeiten hinweg – ob wirtschaftliche Rezessionen, Kriege oder revolutionäre Entwicklungen – die höchsten Zuwachsraten in den Staatshaushalten aufweisen. Das nehmen viele in den Universitäten und Akademien natürlich so nicht wahr. Dieser Indikator gehört aber zu den schlagenden Beweisen für die zentrale Bedeutung der Produktiv- bzw. Innovationskraft ‚Wissenschaft und Technologie' in den entwickelten Industriegesellschaften.

Der rasante Einzug der auf dieser Wissenschaft beruhenden Computer- und Kommunikationstechnik in die Kunst ist ein weiteres Indiz für ihre innovative und folgenreiche Kraft.

Was sind nun die Gründe für diese Entwicklung und warum setzen alle Staaten gerade auf diesen Produktiv- und Innovationsfaktor?

Ich kann das hier nur skizzenhaft darstellen, und meine verkürzt gegebene Antwort lautet etwa folgendermaßen: Es ist der tiefe Glaube an die Macht bzw. Allmacht der abendländischen Wissenschaftsmethode. Sie löste die an der Wende vom 16. zum 17. Jahrhundert noch herrschende philosophische und theologische Spekulation des Mittelalters durch die empirisch-analytische und mathematisch-formalisierende Naturbetrachtung ab. Diese wissenschaftliche Methode ist es, die fortan durch die Entwicklung nutzbringender Techniken im Sinne der kapitalistisch geprägten europäischen Gesellschaften von Erfolg zu Erfolg schritt. Das Aufkommen der neuen Handlungsweise, die die systematische Strukturierung empirischer Daten über die Natur mit der gezielten Durchführung kontrollierter Experimente verband, war der entscheidende innovatorische Vorgang, der das Denk- und Handlungsmuster der Scholastik ablöste und mit der mittelalterlichen Handwerkstechnik und Handwerkskunst verband. Nach den ersten Erfolgen bei der Wahrheitsfindung im Sinne von Erklärbarkeit, Wiederholbarkeit, Richtigkeit und Eindeutigkeit, kam bald die Bewährung dieser Methode durch ihre praktische Nützlichkeit.

Die neue Naturwissenschaft bewährte sich zuerst vor allem in der Schiffahrt bei der Navigation, in der Ballistik im militärischen Bereich und bei der Nutzung optischer Geräte in der Astronomie und bei der Handelsflotte. Ausgangspunkte sind Naturforscher, Experimentatoren und mathematische Modellbildner wie Kepler, Gilbert, Galilei, Newton und Descartes. Es war vor allem Galilei, der den aristotelischen Teleologiegedanken aus der Naturbetrachtung verbannte und die Naturbeschreibung enthistorisierte. Dagegen setzt er die Harmonie der seienden, nicht nur werdenden Natur, die es zu erforschen gilt. Erforschen heißt dabei vor allem genaue Beobachtung, Erdenken und mathematisch-geometrisches Beschreiben der Naturbeziehungen.

Mit dem Harmoniegedanken und der Methode des Experiments durchbrach Galilei den festen Glauben der Kulturen und Gewohnheiten vor ihm, wonach den Dingen eine zielstrebige Kraft innewohnt, die deren Entwicklung bewirkt und steuert. Sein Ansatz war vielmehr das neue heuristische Prinzip, das die Physiker und Naturwissenschaftler später wie selbstverständlich angewandt haben, daß es in der Natur eine ewige innere Ordnung und Gesetzmäßigkeit gibt, die es zu ergründen gilt.

Der Wissenschaftshistoriker Alexandre Koyré führte mit Bezug auf den englischen Philosophen und Mathematiker Alfred North Whitehead folgendes aus: „Die wissenschaftliche Revolution des 17. Jahrhunderts, mit welcher sich Galileis Name unauslöschlich verbindet, ist die vielleicht gründlichste Umwälzung des menschlichen Denkens seit der griechischen Entdeckung des Kosmos: sie bedeutet nichts weniger als eine radikale intellektuelle 'Mutation'."

Die philosophische Bedeutung und die Verankerung der neuen Methode als Machtkalkül erkannte am deutlichsten Francis Bacon. Seine Formel „Wissen ist Macht" – gemeint war natürlich das neue naturwissenschaftliche Wissen – war eben keine Metapher, sondern es war Erkenntnis und Bekenntnis. Bacon war es, der mit dem Wissenschaftler göttliche Qualitäten verband und - „das Forschungsinstitut als edelste Gründung der Menschheit" bezeichnete. Von hier erwartete er die Erfassung der göttlichen Natur und ihrer Gesetze. Als scharfsinnigem Denker und Staatsmann – Bacon war ja auch Staatsmann – wurde ihm klar, daß diese neue wissenschaftliche Methode zur Beherrschung der Natur und zur Erringung irdischer Macht besonders geeignet war.

Hier wäre nicht der Ausgangspunkt aller weiteren Betrachtungen über Wissenschaft und Hochtechnologien, würde nicht dieses Konzept in mehr oder weniger klaren Konturen die Menschheit bis heute an das sich nunmehr entfaltende, allgegenwärtige Wissenschafts-Technologie-Industrialismus-Paradigma und an den Fortschrittsglauben durch Wissenschaft und Technik fesseln.

Immer mehr nehmen nämlich die Naturwissenschaftler im 19. und 20. Jahrhundert die von Bacon apostrophierte Königsrolle an. Ihre Arbeitsergebnisse revolutionieren nicht nur die Technik, sondern über diese auch das Industriesystem, die Gesellschaft und die Kultur. Wissenschaft und wissenschaftliche Technik dringen in alle Lebensbereiche. Studiert man nun die Motive, die Ansichten und Verhaltensweisen der großen Naturwissenschaftler, dann stellt man fest, daß sie sich durchaus dieser Königsrolle immer bewußter werden. Mehr noch, die immer neuen großartigen Entdeckungen und Erfindungen verdrängen letzte Zweifel an der allmächtigen Methode der modernen Wissenschaft, so daß sich verschiedene Forscher sogar in die Rolle von Stellvertretern bei der Lösung göttlicher Aufgaben hineinsteigern. Ein typisches Beispiel ist Ernst Haeckel, der Entdecker des biogenetischen Grundgesetzes. Fasziniert von den Erfolgen der Naturwissenschaft behauptete er die Gültigkeit naturwissenschaftlicher Gesetze auch für die soziale, kulturelle und ethische Welt. So führte Haeckel u.a. aus: „Die Geschicke der Zweige des Menschengeschlechts, die als Rassen und Nationen seit Jahrtausenden um ihre Existenz und ihre Fortbildung gerungen haben, unterliegen genau denselben ewigen, ehernen, großen Gesetzen."

In dem von der unbegrenzten Erkenntnisfähigkeit und Allmacht der Naturwissenschaft und der aus ihr entspringenden Technik geprägten Klima waren Zweifel am Ganzen oder an ihrer Reichweite weder gefragt noch geduldet. Das trifft vor allem auf die deutsche Wissenschaft an den Universitäten und Akademien seit der Mitte des 19. Jahrhunderts zu, nachdem die Wissenschaft ihre politische und ökonomische Nützlichkeit so glänzend unter Beweis gestellt hatte.

Die heute auf diesem wissenschaftlichen Wissen basierende Hochtechnologie-Politik ist die lineare Fortsetzung dieser Entwicklung: Die großen Erfolge von Wissenschaft und Technik bei der Erfüllung der politischen und wirtschaftlichen Ziele der zunächst noch merkantilistischen Gesellschaft führte zur Herausbildung der industriellen Grunddisposition der Produktionsgesellschaft. Das nunmehr wichtigste Ziel, die Steigerung der Produktion, ließ sich durch die Verbesserung und erweiterte Anwendung der wissenschaftlich-technischen Methode wiederum höchst effizient erfüllen, was die materialistisch-produktionsorientierte Ausrichtung der Gesellschaft verstärkte usw.

Abb. 1: *Das Wissenschafts-Industrie-System*

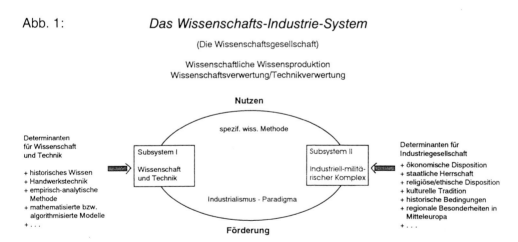

(Die Wissenschaftsgesellschaft)

Wissenschaftliche Wissensproduktion
Wissenschaftsverwertung/Technikverwertung

Nutzen

spezif. wiss. Methode

Determinanten für Wissenschaft und Technik	Subsystem I	Subsystem II	Determinanten für Industriegesellschaft

Die Abbildung 1 enthält eine sehr vereinfachte Darstellung, indem ich die Gesellschaft in zwei Subsysteme unterteilt habe. Aber sie zeigt schematisch den entscheidenden Prozeß: Auf der einen Seite das Wissenschafts- und Techniksystem und auf der anderen das Industrie-System und den militärischen Komplex. Im übrigen stammt der Begriff ‚industriell-militärischer Komplex‘ von General Eisenhower.

Der Witz ist nun, daß gerade die naturwissenschaftliche Methode für diesen industriell-militärischen Komplex einen außerordentlich hohen Nutzen hat. Dieser wird belohnt durch Förderung des Wissenschafts- und Techniksystems. Solche positiv rückgekoppelten Prozesse haben nun die Eigenschaft, exponentiell anzuwachsen und möglicherweise auch zu explodieren.

Vor diesem Hintergrund findet nun weltweit ein gnadenloser Wettlauf um die effizienteste wissenschaftliche Wissensproduktion und Wissensverwertung sowie industriell-militärische Güterproduktion statt. Heute ist es der Kampf um die Spitzenposition bei Hochtechnologien im internationalen ökonomischen und militärischen Konkurrenzkampf. Vorerst letzte Zuspitzungen lassen sich beim internationalen Handel um Patente und Lizenzen beobachten oder bei der modernen High-Tech-Spionage und -kriminalität.

Aus aktuellem Anlaß möchte ich hierzu einen Exkurs einfügen. Die in den letzten Jahren in das Blickfeld der Öffentlichkeit gerückten kriminellen Transfers deutscher und ausländischer Firmen im A-, B- und C-Waffengeschäft sind dramatische Folgen der militärischen und politischen Bedeutung wissenschaftlicher Hochtechnologien im internationalen Machtkampf. Dabei sind die Vorgänge im Prinzip gar nicht neu. Die Begehrlichkeit nach solchen Wissenschaftsprodukten beherrscht schon seit Jahrzehnten die internationale Spionagetätigkeit.

So hat beispielsweise der bekannte Wissenschaftsjournalist Egmont R. Koch schon vor Jahren das ‚Bomben-Geschäft‘ aufgehellt, mit dem sich Pakistan und Indien sowohl über neutrale wie paktgebundene Staaten Atomtechnologien zur Entwicklung und Herstellung von Atombomben und zum Aufbau einer Plutoniumwirtschaft beschafft haben. Beteiligt waren in diesem Fall unter anderem Saudi-Arabien, Österreich, die Schweiz, die Bundesrepublik Deutschland, die Sowjetunion, Dänemark und die Tschechoslowakei.

Im Fall der Uranbombe für Pakistan ging es um einen spezifischen Edelstahl für Urananreicherungsanlagen aus der Bundesrepublik, im Falle der Plutoniumwirtschaft für Indien um Schweres Wasser aus der Sowjetunion. Das auf der Grundlage eines umfangreichen Beweismaterials gezogene Fazit von Koch lautete: „Keine Frage auch, bislang ist allenfalls die Spitze des Eisbergs sichtbar geworden. Pakistan oder Indien, Argentinien oder Brasilien, Südafrika oder Israel, Irak oder Iran – die Beispiele wären austauschbar." ... „Wenn das atomare Pulverfaß dereinst in einem Entwicklungsland gezündet wird, dann auch deswegen, weil ... trotz Atomwaffensperrvertrag und internationaler Zusatzabkommen Bombenhilfe geleistet wird."

Der „Spiegel" hat anläßlich der deutsch-libyschen Giftgasaffäre seine Titelgeschichte vom 23. Januar 1989 ebenfalls den Exportgeschäften im A-, B- und C-Waffenhandel gewidmet. Das traurige Resümee dieses lesenswerten Artikels über die Wissenschaftsgesellschaft Bundesrepublik Deutschland lautet dort wie folgt: „Die Libyen-Affäre ist keine Ausnahme, die deutsche Export-Wut macht vor Waffen und Waffenfabriken nicht halt: Atomtechnik, Maschinengewehre, ‚Tornados‘, U-Boot-Pläne. Womöglich gar biologische Kampfstoffe?" Inzwischen wissen wir, daß für alle todbringenden Waffensysteme alle Kulturnationen die wissenschaftlichen Hochtechnologien geliefert haben - auf offiziellen, halboffiziellen und kriminellen Wegen.

Daß es hier nicht um ein isoliertes deutsches Problem geht, sondern daß hier die Folgen des auf Wissenschaft und Hochtechnologie basierenden Industriesystems zur Rede stehen, geht daraus hervor, daß alle Besitzerstaaten von solchen Produkten in kriminelle Geschäfte und Spionagetätigkeiten verwickelt sind. Hieraus wird auch klar, daß die Ursachen der Golf-Krise viel tiefer liegen als nur in der Verrücktheit eines arabischen Diktators. Seine A-, B und C-Waffen stammen letztlich samt und sonders aus den High-Tech-Schmieden der Industrieländer des Westens wie des Ostens.

Betrachten wir nun die sogenannten friedlichen Folgen unserer industriell organisierten wissenschaftlichen Wissensproduktion und technischen Verwertung: Es läßt sich zeigen, daß alle die Natur und die menschliche Gesellschaft dominieren-

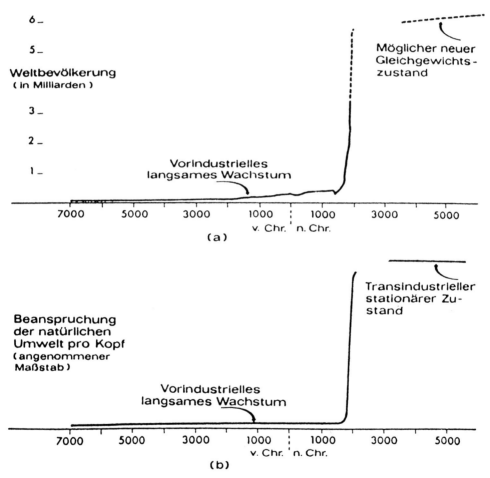

Abb. 2: Entwicklung der Weltbevölkerung und Beanspruchung der natürlichen Ressourcen. (Quelle: Willis W. Harman, An Incomplete Guide to the Future, 1976. Aus der deutschsprachigen Ausgabe: Gangbare Wege in die Zukunft?, Darmstadt 1978, S. 23)

den Größen seit etwa 300 Jahren, also seit der Entwicklung der modernen Wissenschaft, die gleiche Sprungkurvenform zeigen. Trägt man die unsere Zivilisation prägenden Parameter auf einer Zeitachse über 10.000 Jahre Kulturgeschichte der Menschheit auf, dann stellt man fest, daß alle unsere Industriezivilisation prägenden Parameter erst seit 300 Jahren sprunghaft ansteigen.

Die Abbildung 2 zeigt die Entwicklung der Weltbevölkerung und die Beanspruchung der natürlichen Ressourcen. Die obere Kurve zeigt die Entwicklung der Weltbevölkerung mit dem bekannten steilen Anstieg. Das gleiche gilt für die Beanspruchung der natürlichen Bodenschätze, ob Eisen, Mangan, Nickel oder Zink, und für die Ausbeutung der fossilen Energieträger. Das Entscheidende ist aber nun, daß wir Kurven der gleichen Art auch für die Belastung der Luft, der Gewässer und des Bodens mit Schadstoffen, für die Vernichtung von Pflanzen- und Tierarten und das Anwachsen von Gefährdungspotentialen durch moderne Großtechnologien haben. Die folgende Abbildung 3 zeigt die Kurve für das Artensterben, das in seiner ganzen Dramatik erst in diesem Jahrhundert beginnt.

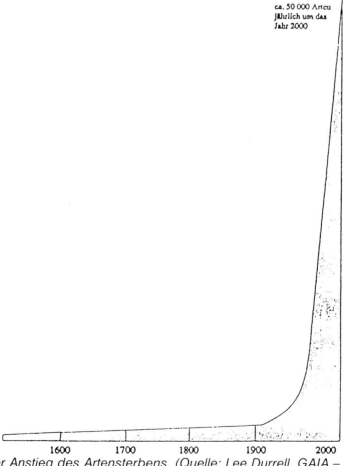

Abb. 3: Der Anstieg des Artensterbens. (Quelle: Lee Durrell, GAIA – Die Zukunft der Arche. Atlas zur Rettung unserer Erde, Frankfurt a. M. 1987)

Wenn man diese Kurve in das gleiche zeitliche Koordinatensystem der Kulturentwicklung der Menschheit projiziert wie in Abbildung 2, dann würde man die
geringe zeitliche Verschiebung kaum wahrnehmen. Ausgangspunkt auch dieser
Kurve ist die abendländische Wissenschafts- und Technikentwicklung.

Das ist ganz entscheidend für unsere Kultur: In keiner anderen menschlichen
Hochkultur – wir unterscheiden ja etwa acht Hochkulturen nach Spengler – haben
sich bisher auch nur annäherungsweise solche Veränderungen vollzogen. Es
handelt sich also um einen singulären Tatbestand der auf Wissenschaft und
Technik – dieser spezifischen Naturwissenschaft und Technik – basierenden
Industriekultur.

Mit der Entwicklung der modernen Naturwissenschaft hat sich der Mensch also
eine höchst effiziente Methode geschaffen, den Prozeß des Innovierens, des
ständig gezielten und planmäßigen Neuerns, zu betreiben. Zunächst war die
Methode nur auf die Natur gerichtet und ihre großen Erfolge im Sinne von
Erkenntnis, Wahrheitsfindung und praktischem Nutzen beflügelten die Naturwissenschaftler und die Menschen gleichermaßen, ebenso die Techniker. Seit der
technisch-industriellen Revolution mehrten sich die Erfolge im Sinne ökonomischer und politischer Macht und Überlegenheit. Die Erfolge haben dazu geführt,
daß diese wissenschaftliche Methode fortan auf alle Bereiche auch des sozialen
Lebens angewandt und stetig verfeinert wurde. Heute reicht sie hinein bis in das
ungeborene Leben, die Fortpflanzung des Menschen, in Bewußtseinsvorgänge
und in die Sphäre von Intelligenzprozessen. Ohne hier auf weitere Begründungs-
zusammenhänge eingehen zu können, läßt sich feststellen, daß die auf dieser
Methode beruhende wissenschaftliche Wissensproduktion und Technikverwer-
tung Ausgangspunkt und Grundlage der totalen Veränderung und Beherrschung
von Natur und Gesellschaft ist.

Die so geprägte Situation und ihre Folgen möchte ich jetzt in einigen Thesen
zusammenfassen:

1. Nicht einzelne Erkenntnisse, Erfindungen oder technische Innovationen sind
   entscheidend für die Mächtigkeit der modernen Wissenschaft und Technologie,
   sondern ihre spezifische Denk- und Handlungsmethode, die wir tief verinnerlicht
   haben. Tief verinnerlicht haben wir auch, daß die geplante und gezielte Produktion wissenschaftlicher Erkenntnisse per se etwas Gutes ist. Das erste Ergebnis
   ist aber nicht nur ein ungebremstes, exponentielles Wachstum von wissenschaftlichen und technischen Innovationen, sondern auch von Ressourcenver-
   brauch, Güterproduktion und Schadstoffausstoß.

2. Wissenschaft und Technologie haben sich zum zentralen Produktionsfaktor
   entfaltet, weil ihre Nutzung das ökonomisch-industrielle Produktivitäts- und
   Wettbewerbspostulat und das politisch-militärische Überlegenheitsparadigma
   der Industriegesellschaft geradezu idealtypisch erfüllt. Anders ausgedrückt: wer
   heute über die fortgeschrittenste wissenschaftliche und technische Innovations-
   produktion verfügt, hat die ökonomische und politische Macht. Das gilt national
   und international.

3. ‚Wissenschaft und Technologie‘ ist auch deshalb der zentrale Produktions- und
   Innovationsfaktor, weil er immer mehr die anderen Produktionsfaktoren – Arbeit

und Kapital – ersetzen kann, was umgekehrt nicht gilt. Diese These stößt im übrigen bei traditionellen Wirtschaftswissenschaftlern auf große Empörung, aber die Tatsachen sprechen eindeutig für diese These.

4. Das Tandem ‚Wissenschaft und Technologie' hat sich über alle ideologischen und weltanschaulichen Grundströmungen und Systeme hinweg als die entscheidende ökonomische Produktivkraft und Innovationskraft erwiesen. Grundstrukturen und Strukturwandel aller fortgeschrittenen Industriesysteme sind durch die enge Vernetzung von industriell-militärischem Komplex und Wissenschafts-Technologie-System geprägt.

5. Wissenschaftliche und technische Informationen sind im Prinzip beliebig vermehrbar. Für sie gilt kein Erhaltungssatz wie für die Grundgrößen Masse und Energie. Das heißt, daß die Produktion von Innovationen beliebig verfügbar bzw. herstellbar und vermehrbar ist. Carl Friedrich von Weizsäcker hat einmal gesagt: „Information ist, was Information schafft."

6. Der Innovationscharakter von Wissenschaft und Technik hat die besondere Eigenschaft, daß kleine wissenschaftliche Entdeckungen und technische Entwicklungen tiefgreifende und sogar globale Wirkungen haben können. Somit zeichnet sich die wissenschaftlich-technische Methode besonders dadurch aus, daß mit kleinen Inputs gigantische Wirkungen erzielt werden können.
Man denke nur an die Entdeckung der Kernspaltung, die Otto Hahn mit einer Laborausrüstung gelang, die weniger als 10.000 Reichsmark kostete. Der Mikrochip verändert das gesamte wirtschaftliche, soziale und kulturelle Leben.

Auf der Grundlage dieser sechs Thesen läßt sich nun eine Analyse der globalen Verteilung von Einfluß und Macht in unserer Welt vornehmen.

Nach einer Untersuchung des Wirtschafts- und sozialwissenschaftlichen Instituts des Deutschen Gewerkschaftsbundes ist die Produktivität in den westlichen Industrieländern im Produktionsbereich von 1910 bis 1980 um über 1.500% gestiegen, also innerhalb von 70 Jahren. Daß der Produktivitätszuwachs zu etwa 80 bis 90% auf den Faktor Wissenschaft und Technik zurückzuführen ist, geht aus einer Reihe amerikanischer und deutscher Untersuchungen hervor, die den Versuch gemacht haben, diesen Faktor zu isolieren und abzuschätzen.

Im Bürobereich verläuft die Produktivitätssteigerung noch rasanter. Wir haben allein innerhalb der letzten 30 Jahre eine Produktivitätssteigerung von fast 800%.

Betrachtet man die Produktivität in den vier Welten der Erde und die Verteilung der Produktionsfaktoren Arbeit, Kapital, Natur sowie Wissenschaft und Technologie, so wird klar, daß die globale Verteilung von wirtschaftlicher und politischer Macht heute in erster Linie von der Entwicklung und Verfügbarkeit über den Produktionsfaktor ‚Wissenschaft und Technologie' abhängt.

Konzentrieren wir uns nun auf die Risiken der Wissenschaftsgesellschaft: Es konnte ja nicht unterbleiben, daß Risiken schon bei den bisherigen Ausführungen immer wieder angesprochen wurden. Ich möchte aber deutlich machen, daß wir jetzt in eine Phase eingetreten sind, in der die technische Entwicklung eine so viel höhere Beschleunigung angenommen hat als die natürliche Evolution, daß wir die

Frage stellen müssen, wie weit wir eigentlich noch von der Tragfähigkeitsgrenze der Natur entfernt sind.

Am kritischsten ist wohl, daß wir durch sie immer mehr Prozesse in Gang setzen, deren Folgen wir nur unzureichend überblicken und dementsprechend auch nur unzureichend beherrschen können. Anders ausgedrückt: solange nur die Folgen erster Ordnung weitgehend als Chancen und Fortschritt wahrgenommmen und die Folgen zweiter Ordnung und ihre Risiken und Zerstörungen verdrängt wurden, war der Risikopfad auch gleichzeitig der Fortschrittspfad. Erst mit der Entwicklung globaler Vernichtungspotentiale traten die schon früher bekannten und durch Wissenschaft und Technik ausgelösten irreversiblen Folgen für Menschen und Natur deutlicher ins Bewußtsein der Öffentlichkeit. Erst dadurch wurden auch für die Politik die Warnsignale für einen behutsamen Umgang mit der Explosivkraft ,Wissenschaft und Technologie' deutlicher. Sie kennen alle die Stichworte: Überproduktion in den Industrieländern bei Hunger in der Dritten Welt, Waldvernichtung, Verseuchung der Meere, Verödung und Versalzung der Böden, Überwucherung der städtischen Ballungsräume mit Autos, Beton und Giftgasen. Mit Ozonloch und Treibhauseffekt sind weitere globale Bedrohungspotentiale dazugekommen.

Aber machen wir uns einmal an einem weniger anonymen Problem klar, was tatsächlich vorgeht. Experten der Abfall- und Abwasserwirtschaft diskutieren heute über den offenbar feststehenden Befund, daß sich in Gewässern wie dem Rhein oder der Elbe etwa eine Million Fremd- und Schadstoffe befinden. Vielleicht könnten wir von diesen mit unseren wissenschaftlichen Präzisionsinstrumenten 60.000 nachweisen. Vielleicht könnten wir auch mit den besten Kläranlagen einige Tausend wieder herausholen. Aber was sonst noch passiert und über die möglichen kumulativen und kombinatorischen Effekte wissen wir schlichtweg nichts. Wir wissen nicht und werden auch niemals genau wissen können, welche Folgen höherer Ordnung mit dieser komplexen Verseuchung der Gewässer verbunden sind. Gewässer sind bekanntermaßen komplizierte Systeme und über zahlreiche ökologische Kreisläufe miteinander vernetzt. Die Fremd- und Schadstoffe landen eben nicht nur in den Meeren, sondern setzen sich im Boden ab und dringen ins Grundwasser, also in unser wichtigstes Trinkwasserreservoir. Im übrigen, auf Brunnenvergiftung stand im Mittelalter die Todesstrafe.

Die schlechte Seite an den zahlreichen wissenschaftlich-technischen Erfolgserwartungen ist eben die, daß die Technik meistens zu einem Zeitpunkt in Gang gesetzt wird – häufig irreversibel –, zu dem wir nur wenig über die Risiken nachgedacht, den Nutzen mit der möglichen Schadensbilanz nicht verglichen, die Ziele und ihre Erfüllbarkeit nicht hinreichend überprüft und die Frage nach risikoloseren Alternativen weder erörtert noch geprüft haben. Kurz gesagt, wir setzen mittels wissenschaftlich-technischer Pioniertaten Prozesse in Gang, bei denen wir, zum großen Teil ohne Not, die Grundsatzfrage ungeprüft lassen, ob wir durch sie mehr oder weniger Zukunftsoptionen und mehr oder weniger Lebensqualität erzielen werden.

Wenn wir jetzt unseren Blick auf die Zukunft richten, dann stehen wir heute vor der Bewältigung eines bisher nicht gekannten Problems, einerseits die Förderung von

Wissenschaft und Technik fortzusetzen, weil ein Leben in unserer Zivilisation ohne diese innovative Denk- und Handlungsmethode schlichtweg nicht vorstellbar und die Weiterentwicklung dieses Weges in vielfältiger Weise bereits über Generationen programmiert ist: Wie sollte man beispielsweise A-, B- und C-Waffen entsorgen? Dies geht eben nicht ohne moderne Techniken.
Andererseits stehen wir vor der unbedingten Notwendigkeit ihrer Beherrschung, weil alle Erkenntnisse und bekannten Wahrscheinlichkeiten dafür sprechen, daß wir ohne Umsteuerung in die Katastrophe marschieren.

Der prinzipiell nicht voll bestimmbare Ausgang von wissenschaftlichem und technischem Handeln muß deshalb den Brennpunkt der Gesellschafts- und Kulturpolitik bilden. Diese wiederum muß der Technikfolgenabschätzung, Technikbewertung und Technikgestaltung eine zentrale Rolle einräumen. Die Frage nach der Förderung und Beherrschung von Wissenschaft und Technik fordert Ethik, Wissenschaft, Technik, Wirtschaft, Politik und Kultur gleichermaßen heraus.

Hier stoßen wir im übrigen auf eine zentrale Unzulänglichkeit unseres traditionellen Wissenschafts-Technik-Verständnisses. Da wir es in vielen Fällen mit äußerst komplexen Systemen zu tun haben, benötigen wir Schärfe in Bezug auf ihre zentralen Funktionsbeziehungen. Wir wissen heute aus der Biologie und aus der Allgemeinen Systemtheorie, daß Schärfe im Verständnis über komplexe dynamische Systeme nur durch eine Gesamtsystembetrachtung, durch eine vernetzte Betrachtung der verschiedenen Faktoren, zu erreichen ist und das heißt, durch Unschärfe in der Betrachtung von Details. Nur dieses Prinzip läßt den Wald bei lauter Bäumen erkennen.
Albert Einstein hat zu diesem Problem im Alter von 70 Jahren in einer autobiographischen Skizze von dem Glück gesprochen, daß er „die wesentlichen Ergebnisse und Methoden der gesamten Naturwissenschaft in einer populären, fast durchweg auf's Qualitative sich beschränkenden Gesamtdarstellung kennengelernt hat."
Ich will das Problem der Ganzheitsbetrachtung an der folgenden Abbildung (Abb. 4) demonstrieren. Wenn Sie die Augen zukneifen oder ihre Brillen abnehmen, dann erzeugen Sie Unschärfe und können dann erkennen, daß dieses Computerbild einen Kopf darstellt, den Kopf von Abraham Lincoln. Sie könnten andererseits noch soviele einzelne Kästchen analysieren wollen, Sie würden nie herausfinden, daß es sich um den Kopf von Lincoln handelt. Aber wenn Sie Unschärfe erzeugen, können Sie zentrale Funktionsbeziehungen wahrnehmen.
Was ist nun im Hinblick auf Zukunftsgestaltung gefragt? Wir brauchen soziale und kulturelle Phantasie und Visionen für neue Ziele und begehbare Wege, um das Dilemma der Moderne aufzulösen. Die wichtigsten Forderungen zielen auf einen neuen Begriff von Fortschritt bzw. Fortschritte, auf eine neue Bestimmung von Rationalitäten, eine neue Bewertung von Lebensqualitäten und Wettbewerbsmustern. Fortschritte dürfen sich nicht mehr gegen die Natur oder durch Überrumpelung der Evolution bestimmen, sondern aus der Eingebundenheit in sie und damit aus der zeiträumlichen natürlichen und sozialen Bindung an sie. Die Einbindung in kosmische Prozesse und ökologische Kreisläufe, nicht das Ausklinken muß das oberste Ziel unseres Handelns sein. Fortschritte bestimmen sich somit nicht nur durch die Förderung einer neuen Technik, sondern auch durch Vermeidung und

Abb. 4: Gesamtsystemerkennung (Quelle: Frederic Vester, Neuland des Denkens – Vom technokratischen zum kybernetischen Zeitalter, Stuttgart 1980, S. 36)

Verhinderung riskanter Techniken bzw. ihrer ökologischen, sozialen, generativen oder friedensgefährdenden Folgen.
Technikbewertung und Technikgestaltung müssen also im Sinne neuer Fortschritte lernen, auch riskanten, spektakulären wissenschaftlich-technischen Pioniertaten zu widerstehen. Nicht alles was machbar ist, darf gemacht werden. Die Orientierung muß sich an einem Lebensprogramm festmachen, das Mensch und Natur als eine vernetzte Einheit begreift.

Zu sichern ist in diesem Kontext die Wahrung der Persönlichkeitsrechte durch Schaffung individueller Freiheitsräume und von Möglichkeiten der Partizipation und zur Selbstorganisation. Zu sichern sind die kulturellen Entwicklungen von Völkern, Gruppen und Lebensgemeinschaften im Rahmen selbstgewählter Lebensmuster.

Was ist nun der Beitrag von Wissenschaft, Technik und Kunst? Meiner Ansicht nach sollte er darin bestehen, die allgemein orientierenden Kriterien der Ökologie-, Sozial- und Generationenverträglichkeit auszudifferenzieren und zusammen mit der künstlerischen Kreativität auf Projekte und Prozesse zu konzentrieren, die neue Zukünfte und neue Fortschritte ermöglichen.
Hierzu einige Beispiele: Ich bin der Auffassung, daß die Nutzung der solaren Energietechnik im Zusammenhang mit neuen, phantasievollen Formen des solaren grünen Bauens viele Möglichkeiten im Rahmen einer ökologisch und sozial verträglichen Baukultur bietet. Das Aufstellen von Öko-Bilanzen, etwa für Kommunen oder Unternehmen, kann ganz neue Perspektiven des ökologischen Wirtschaftens sowie des sozialen und kulturellen Gestaltens eröffnen.
In die Richtung neuer Fortschrittsmuster weisen auch Humanisierungsprojekte bei der Einführung neuer Informations- und Kommunikationstechnologien, ebenso die kulturelle Nutzung von partizipativen Arbeitsorganisationsmodellen. Es geht nicht darum, neue komplexe Werkstoffe, Werkstoffverbindungen, Verklebungen, Verschweißungen, Oberflächenbehandlungen zu nutzen, um unsere Produkte noch etwas gebrauchstauglicher und noch etwas besser zu machen, sondern wir müssen völlig neue Produkte entwickeln, die umweltfreundlich gestaltet und entsorgbar, das heißt auch generativ verträglich sind.

Wir investierten im Jahre 1989 in der Bundesrepublik Deutschland 64 Milliarden DM in den Bereich von Forschung und Entwicklung. Davon fallen 99,8% auf Risikofreudigkeitsforschung und Technikentwicklung und nur 0,2% auf Technologiefolgenforschung, Technikbewertung und Technikkontrolle. Wie wäre es denn, wenn wir wenigstens 5% der Mittel in die Lebensverträglichkeits - und Risikobegrenzungs-Forschung stecken würden?
Der DGB hat errechnet, daß sich von 1982 bis 1988 die Ausgaben für die Wehrforschung um 60% erhöht haben. Weltweit sind über 50% der Wissenschaftler in der militärischen Forschung tätig. Angesichts der zerbrechlichen Welt kann das doch nicht rational sein.
Wenn wir allein die Mittel für den Schnellen Brüter und den Jäger 90 in die Forschungen und Techniken zur ökologischen, sozialen, generativen und kulturellen Verträglichkeit umsetzen würden, dann könnten mit diesen etwa 100 Milliarden DM bis zum Jahre 2000 viele neue Blumen blühen, die neue Fortschritte und neue

Rationalitäten in der Wissenschafts- und Hochtechnologiegesellschaft begreifbar und erfahrbar machen würden.

Zum Schluß noch einige Anmerkungen zum Problem Verantwortung. Angesichts der vielen Risiko-Einfallstore im Entstehungs- und Verwertungsprozeß von Wissenschaft, müssen alle Beteiligten Verantwortung bei der Förderung, Bewertung, Gestaltung, Nutzung und Kontrolle übernehmen. Das gilt für Wissenschaftler, Techniker, Angestellte in den Förderungsinstitutionen, Ministerialbeamte und Vertreter in Wirtschaft und Politik gleichermaßen. Jeder einzelne ist heute im Rahmen seines möglichen Verantwortungsradius herausgefordert und für die Folgen seines Tuns mitverantwortlich. Es hat keinen Sinn, die Verantwortung auf Politiker abschieben zu wollen. Und zwar aus ganz einfachen Gründen. Das ist sachlich und faktisch nicht machbar. Schon aus zeitlichen Gründen laufen die Prozesse an den Wirtschaftsmanagern und an den Politikern meistens vorbei. Was nützt es uns denn – und unseren Kindern – wenn der Bundeskanzler sagt, er übernimmt die Verantwortung für die Nutzung der Kernenergie?

Es geht darum, daß wir versuchen, unser Bewußtsein im Hinblick auf Selbstverantwortung und Selbstorganisation zu verändern. Aber ich bin auch der Auffassung – um das nicht zu blauäugig zu sehen –, daß es ebenso wichtig ist, neue institutionelle Formen für die Verankerung von Verantwortung zu finden. Ich möchte das an zwei Beispielen kurz erläutern.

Wir brauchen die Einrichtung von spezifischen Technikfolgen- und Technikbewertungskapazitäten zur Unterstützung von Regierungen und Parlamenten, aber auch von gesellschaftlichen Institutionen und Organisationen, insbesondere mit öffentlichem Zugang und öffentlichen Nutzungsmöglichkeiten.

Wir brauchen öffentliche Wissenschafts- und Technologie-Hearings und Debatten über mögliche Entwicklungsalternativen. Überhaupt, das kreative, phantasievolle Denken in Alternativen, ist einer der ganz entscheidenden Punkte für Zukunftsgestaltung. Und dazu brauchen wir vor allem auch das Zusammenspiel von Wissenschaft, Technik, Kultur und die Einbeziehung von sogenanntem ‚Laienverstand‘. Ich glaube, es gibt den ‚Laienverstand‘ gar nicht. Wir wissen aus der jüngsten Geschichte, daß die Laien häufig die besten Fragen gestellt und viel häufiger als Experten auch noch gute Antworten gegeben haben.

Auf betrieblicher Ebene kann der Abschluß von Technik-Tarifverträgen eine geeignete Grundlage für sozialverträgliche und ökologische Technikgestaltung schaffen. Den Abschluß des Technik-Tarifvertrags zwischen dem Volkswagenwerk und der IG Metall Hannover halte ich für einen Meilenstein auf dem Weg zu einer gemeinsamen Technikgestaltung von Arbeitnehmern und Arbeitgebern.

Immer dringlicher wird der Schutz vor wissenschaftlichem und technischem Risikowahn. Deshalb brauchen wir eine eigenständige Wissenschafts- und Technologiegerichtsbarkeit als Teil einer neuen gesellschaftlichen Rechtskultur. Es kann doch nicht angehen, daß die Arbeitsgerichte über wissenschaftlich-technologische Risiken und Folgen entscheiden und wegen Inkompetenz zu unsinnigen Entscheidungen kommen, wie das erst jüngst im Düsseldorfer Landgericht geschehen ist. Zwei Ärzte hatten dagegen protestiert, daß sie an einem Präparat mitarbeiten sollten, das der NATO zugute kommen sollte, und bei dem sie befürchteten, daß es lediglich zur Verlängerung der Krebskrankheit dienen soll.

Die Ärzte wurden von der Unternehmensleitung gefeuert. Und das Arbeitsgericht hat gesagt, arbeitsrechtlich ist die Entlassung berechtigt. Natürlich hat das Arbeitsgericht nicht geprüft, ob die Arbeit an einem solchen Präparat mit den Grundrechtsartikeln der Verfassung vereinbar ist, etwa mit dem Schutz der Menschenwürde.

Ich komme zum Schluß: Wenn wir unsere abendländische Wissenschaft und Technik wirklich ernst nehmen, dann sollten wir auch die durch sie gewonnene Erkenntnis mehrerer international renommierter Forschungsinstitute unterschiedlicher politischer und wissenschaftstheoretischer Provenienz ernst nehmen, daß wir nämlich ohne Veränderung der bisherigen Wachstumsziele mit 80 bis 90% Wahrscheinlichkeit in die Katastrophe marschieren.

Erkennen wir doch über alle weltanschaulichen Rückbindungen hinweg diese Erkenntnis für unser Handeln an. Nutzen wir unser wissenschaftliches und technisches Wissen, unsere kulturellen Erfahrungen und Fähigkeiten für kreative Phantasie und Konzepte für eine bewahrenswerte Natur und Lebenswelt. Vielleicht können wir dann aus den restlichen 15% Zukunftschancen wieder 50 und mehr machen.

Heinz-Otto Peitgen

Ordnung im Chaos – Chaos in der Ordnung: Ein neues Weltbild oder nur eine flüchtige Mode?

Die Realität ist vielleicht das reinste Chaos.
G. Chr. Lichtenberg

So oder ähnlich könnte die Einleitung zu einem zeitgenössischen Lehrbuch der Physik aussehen. Tatsächlich durchlaufen seit Ende der siebziger Jahre Mathematik und Naturwissenschaften eine Welle, die in ihrer Kraft, Kreativität und Weiträumigkeit längst ein interdisziplinäres Ereignis ersten Ranges geworden ist. Dies ist umso bemerkenswerter, als sich die Chaostheorie eigentlich in absolut keiner Hinsicht mit den großartigen Theoriebildungen dieses Jahrhunderts, wie etwa der Quantentheorie oder der Relativitätstheorie, messen kann. Vielmehr ist das andauernde Interesse an der Chaostheorie innerhalb und außerhalb der Wissenschaften in einer aufrüttelnden Betroffenheit begründet, die eine radikale Wende in dem überkommenen naturwissenschaftlichen Weltbild und seinen überdehnten Interpretationen ankündigt.

Die Chaostheorie hat Naturwissenschaftler und Mathematiker mit einer Reihe von Überraschungen konfrontiert, deren Konsequenzen bei den Angeboten einer sich zunehmend omnipotent gebenden Wissenschaft und Technik zugleich ernüchternd und dramatisch sind:

1. Zahlreiche Phänomene sind trotz strengem naturgesetzlichem Determinismus prinzipiell nicht prognostizierbar.
2. Es gibt Struktur im Chaos, die sich bildlich in phantastisch komplexen Patterns – den sogenannten Fraktalen – ausdrückt.
3. Meist leben Chaos und Ordnung nebeneinander, und der Übergang von der Ordnung ins Chaos folgt strengen Fahrplänen.
4. Die schrittmachenden Entdeckungen wurden erst durch Computerexperimente möglich und gemacht, d.h. eine von vielen beargwöhnte Technologie zeigt uns ihre eigenen und zugleich auch unsere prinzipiellen Grenzen.

Was ist Chaos?

Für die Ziele dieser Note wäre es verfehlt, wenn auch reizvoll, den Begriff des Chaos in seinen historischen Ursprüngen und seinem Wandel zu diskutieren. Uns kommt es nur darauf an, zu beschreiben, welchen Inhalt der Begriff heute in Mathematik und Naturwissenschaften abdeckt, denn manche überhobenen Anwendungen der Chaostheorie sind in einer umgangssprachlichen Deutung des Begriffs begründet.

Ed Lorenz, eine der großen Figuren der noch jungen Chaostheorie, Meteorologe am MIT in Cambridge, Massachusetts, spricht von dem „Flügelschlag eines Schmetterlings" in Brasilien, der nach wenigen Wochen einen Wirbelsturm in Boston auslösen kann. Kann so einer ernst genommen werden? Ist das nicht schon deshalb völlig absurd, weil doch dann genausogut ein anderer Schmetterling – vielleicht in Kalifornien – durch seinen Flügelschlag eben diesen Wirbelsturm in Boston verhindern könnte? Und was ist mit all den anderen Schmetterlingen in Mexiko und überall, und den Vögeln, Flugzeugen, Autos usw.?

Ed Lorenz wollte nicht provozieren und nicht spekulieren. Er hatte Anfang der sechziger Jahre unwiderlegbare Hinweise dafür gefunden, daß die Gesetze der Wetterbildung eine Eigenschaft in sich tragen, die die Naturwissenschaftler heute ‚chaotisch' nennen.

Vorsicht ist geboten. Das Gesetz heißt nicht, daß es kein Gesetz gibt! Chaos ist nicht die Domäne des Gesetzlosen. Deterministisches Chaos ist die Präsenz des scheinbar Gesetzlosen, des scheinbar Zufälligen, bei gleichzeitiger strenger Gesetzmäßigkeit. Strenger Kausalismus, d.h. ungefähr die gleichen Ursachen haben ungefähr die gleichen Wirkungen, und strenge Gesetzmäßigkeit sind eben nicht äquivalent.

Was heißt nun wieder strenge Gesetzmäßigkeit? Strenge Gesetzmäßigkeit entspricht dem starren Ablauf einer Uhr. Ein Rad greift ins andere. Der Zufall hat keine Chance. Alles ist vorherbestimmt. Auch der Ablauf des Wetters folgt exakt einem solchen Plan. Der Plan ist sogar ziemlich gut bekannt und läßt sich darüberhinaus nahezu lückenlos in mathematische Gesetze kodieren. Die Gesetze lassen sich im Computer abbilden und der Ablauf, den die Gesetze determinieren, läßt sich so vorausschauend simulieren. Eigentlich eine ideale Situation. Wo bleibt da Platz für Chaos? Der Nutzen einer Uhr besteht ja darin, daß sie, einmal genau eingestellt, jederzeit die aktuelle Zeit hergibt, d.h. sie simuliert den Ablauf der Zeit mehr oder minder genau, wenn sie einmal auf eine Anfangszeit eingestellt wurde. Natürlich sind allerlei kleine Fehler unvermeidbar. Wer weiß schon genau die Zeit beim Einstellen der Uhr, und welche Uhr geht schon wirklich genau? Dazu ist der Lauf von Uhren z. B. temperaturabhängig, usw. Aber das macht nichts; heute verlassen wir uns auf Quarzuhren oft jahrelang. Wir vertrauen darauf, daß kleine Fehler sich nicht sonderlich bemerkbar machen.

Kleine Fehler sind erst recht bei der Wetterprognose praktisch und auf immer unvermeidbar, und das weiß niemand besser als die Meteorologen selber. Luftdruck, Temperatur, Windgeschwindigkeit, Luftfeuchte usw. lassen sich zwar messen, aber eben nur recht ungenau und nur an relativ wenigen Orten auf der Erde. Ja, Wetterprognose ist insbesondere auch ein fast aussichtsloser Kampf für die Gewinnung von mehr und besseren Wetterdaten.

Aber dieses Problem trifft nicht den Kern der Entdeckung von Lorenz. Dieses längst bekannte Dilemma der Wetterprognose berührt nicht den Kern des Chaos. Es potenziert nur seine Konsequenzen. Wo ist also das Chaos in der 'Wetteruhr'? Es liegt in ihr selbst. Es ist ungefähr so, als hätte man eine Uhr – nennen wir sie doch einfach metaphorisch die ‚Chaosuhr' -, die nur dann von Nutzen wäre, wenn man sie absolut exakt auf eine Vergleichszeit einstellen würde. Was soll das heißen? Nehmen wir einmal an, es gäbe eine wirklich richtig gehende Referenzuhr – man darf sich ohne weiteres z. B. die Uhrzeit vorstellen, die man per Telefon abfragen kann. Um die Sache noch klarer zu machen, nehmen wir sogar an, daß unsere Uhr, die wir mit uns herumtragen und ablesen wollen, absolut baugleich mit der Referenzuhr ist. Um unsere Uhr nutzbar zu machen, müssen wir sie nur noch mit der Referenzuhr abstimmen, also eine Anfangszeit einstellen, und dabei machen wir nun einen winzigen und unvermeidbaren Fehler. Nun kommt das Chaos: Der winzige Fehler bleibt nicht nur bestehen, d.h. die Uhr geht immerfort ein wenig vor oder nach, wie bei einer gewöhnlichen Uhr, sondern der Fehler verstärkt sich in der ,Chaosuhr'. Aus einer Unstimmigkeit von einer Zehntel Sekunde am Anfang wird binnen wenigen Sekunden eine Unstimmigkeit von Sekunden, nach wenigen Minuten ist die Differenz zur Referenzuhr schon auf Minuten angewachsen, und nach ein paar Stunden geht die Chaosuhr schon um Stunden falsch, und wir wissen nicht einmal, ob sie vor- oder nachgeht. Man spricht von „sensitiver Abhängigkeit von den Anfangsbedingungen". Eine solche Uhr wäre absolut nutzlos. Wir wären also darauf angewiesen, in ständigem Kontakt mit der Referenzuhr zu stehen, um unsere Uhr immer wieder zu korrigieren. Leute, die von diesem Kontakt temporär abgeschnitten wären, wären wirklich arm dran. Sie könnten bald ebensogut die Uhrzeit auswürfeln und wären nicht schlechter dran als mit ihrer armseligen Uhr. Das ist die Herrschaft des Chaos. So ungefähr läuft tatsächlich, so Ed Lorenz, die 'Wetteruhr', d.h. Wetterprognose ist ein Kampf, der nie gewonnen werden kann. Das Wetter entsteht jeden Tag vor unseren Augen und wir wissen sogar genau, wie es das macht, d.h. wir kennen die Gesetze des Wetters. Aber wir können doch nicht sagen, wie es in zwei Wochen sein wird.

Wichtiger als die Betrachtung der unzulänglichen Wetterprognosen ist die Tatsache, daß die Natur – von der Astronomie bis in die Medizin – überquillt von solchen ,Chaosuhren'. Und die Hoffnung, dem Problem mit immer größeren, teureren, genaueren Nachbauten der Referenzuhr – man darf an die Supercomputer in den Wetterämtern denken – beizukommen, ist zum Mißerfolg verdammt, und gehört einer vergehenden Periode an.

Denkt man in Zeiträumen von Jahrtausenden, wird eine Wiederkehr sichtbar, wenn auch auf einer höheren Ebene. Damals mußten unseren Vorvätern und -müttern die Naturphänomene wie reines Chaos vorkommen, da ihnen fast jede Gesetzmäßigkeit verborgen war. Der Siegeszug des naturwissenschaftlichen Zeitalters lieferte nicht nur pausenlos neue Gesetzmäßigkeiten, sondern kreierte in der Folge auch die Hoffnung auf eine flächendeckende Kontrollierbarkeit und Prognostizierbarkeit aller interessierenden Abläufe, eingeschlossen die ökologischen, ökonomischen und soziologischen Prozesse.

Die Chaostheorie macht nun den Rand dieser primitiven Naturwissenschaftsgläubigkeit und Naturwissenschaftsgültigkeit kenntlich und markiert deshalb den Anfang einer Revision. Chaostheorie revidiert unsere Vorstellung, daß die Natur in einfachen Ursache-Wirkung-Beziehungen kodiert ist, die wir irgendwann schon noch dekodieren werden, um sie uns danach nutzbar zu machen. Klar, daß die alten omnipotenten Macher und Vorausschauer sich da verschanzen und laut bellen. Allein schon diese Wirkungen rechtfertigen das öffentliche Interesse, auch wenn der theoretische Ausbau der Chaostheorie bislang noch eher dürftig ist und leider oft überstrapaziert wird.

Abschied

Wir müssen lernen, damit umzugehen, daß die Natur – von der Astronomie bis zur Biochemie des Menschen – voller genau gehender ,Chaosuhren' ist, deren Gesetze genau zu kennen uns aber nicht besonders nützlich sein wird. Dies hat viele Konsequenzen, z. B. die, daß der Fortgang der Dinge, für die wir uns interessieren, oder für die wir eine direkte Verantwortung tragen – z. B. die globale Klimaentwicklung – bedeutend offener verlaufen könnte, als es manche Experten vormachen. Diese Tatsache werden diejenigen, die im Begriff sind, unsere Welt in Gift und Müll zu ersticken, noch als stützendes Argument für ihre Unschuld benutzen. Und trotzdem müssen wir die Resultate der Chaostheorie akzeptieren.

Auch die, die ihre ökologischen Zielvorstellungen an einer Idealwelt orientieren, in der ohne Eingriffe gewissermaßen Frieden, Harmonie oder Gleichgewicht herrschen, kurz die ,Bambiökologen', müssen dazulernen. Unberührte Natur ist eher sprunghaft und chaotisch, ihre ,Gleichgewichte' sind sehr kompliziert und wirken unausgewogen und ändern sich ständig. Deshalb ist jeder Versuch, Gleichgewichte im Sinne simpler, vorstellbarer, statischer Ausgeglichenheit wiederherzustellen, zum Scheitern verurteilt, denn die Natur akzeptiert sie nicht, sie würde sich sofort wieder von ihnen entfernen.

Die Konsequenz aus dieser Einsicht ist nicht, daß wir uns deshalb erst recht alles leisten können. Nein, die vorläufige Konsequenz aus der Chaostheorie ist, daß wir – z. B. bezogen auf ökologische Betrachtungen – in einer wesentlich potenzierten Gefährdung unserer Grundlagen wie blind dahintreiben.

Tatsächlich liefert die Chaostheorie noch andere mahnende Hinweise.

Eine Prise Systemtheorie

Wir kehren noch einmal zum Bild einer Uhr zurück. Jetzt stellen wir uns zunächst eine richtige Standuhr mit einem großen Pendel vor. Verändern wir die Pendellänge, so beeinflußen wir den Gang der Uhr. Kürzeres Pendel, die Uhr geht schneller. Längeres Pendel, die Uhr geht langsamer. Man spricht von „Parameteränderungen", d.h. man ändert nicht das Gesetz, sondern nur das Zusammenspiel seiner Teile. Es ist sehr wichtig, solche Änderungen von denen zu unterscheiden, die wir jetzt beschreiben. Wir geben dem Pendel einen Kick. Je nachdem in welcher Phase des Pendels wir diese Störung anbringen, wird das Pendel gebremst oder beschleunigt, d.h. die Uhr wird temporär ein bißchen langsamer oder schneller gehen, um sich dann aber bald wieder genau auf ihr altes Hin und Her zu besinnen. Wir sprechen von „Zustandsänderungen". Eine Standuhr ist ein gutes Beispiel eines Systems, daß ein Gleichgewicht sucht, in dem kleine Zustandsänderungen langfristig keine Rolle spielen. Sie werden vom System zwar wahrgenommen, aber schnell wieder ausgeglichen.

Im Unterschied dazu könnte eine ,Chaosuhr' durch einen noch so kleinen Kick – z. B. durch den Schalldruck eines Gesprächs im Nebenzimmer, oder durch die Gravitationswechselwirkung mit einem in 10 km Entfernung vorbeifliegenden Flugzeug – bald zu völlig anderen Ergebnissen kommen. Das wäre wieder das Phänomen der Sensitivität.

Nun sind wir vorbereitet für die nächste Überraschung: Richtige 'Chaosuhren', also Systeme in der Natur, haben sehr oft zwei verschiedene Gesichter, ein robustes und ein sensitives, z. B. der Herzschlag eines gesunden Menschen und der Zustand des Herzflimmerns. Bei einer bestimmten Setzung der Parameter (man denke metaphorisch an die Pendellänge) können kleine Kicks dem Gang der Uhr nichts anhaben, während bei einer anderen Setzung der Parameter plötzlich extreme Sensitivität herrscht. Wir sehen also, Kick und Kick sind nicht dasselbe. Es kommt eben darauf an, ob ein Kick die Uhr in einer robusten Phase oder sensitiven Phase antrifft. Dies ist uns im Zusammenhang mit psychischen Phasen sehr vertraut. Die Überraschung ist, daß harte Naturgesetze so sein können.

Andere Arten von Kicks wiederum treiben die ,Chaosuhr' von der einen in die andere Phase, d.h. wieder sind Kick und Kick nicht dasselbe. Die eine Sorte stört nur den Zustand eines Systems, während die andere in seine Parameter eingreift und das qualitative Verhalten verändert.

Um einen Geschmack von der Komplexität zu bekommen, die für natürliche Systeme typisch ist, stellen wir uns vor, daß wir ein paar tausend solcher Uhren in einen schwarzen Kasten eingebaut haben, und daß die Uhren auch noch alle miteinander vernetzt sind, d.h. ein Kick hier löst einen anderen Kick da aus usw. Um etwas über die Eigenschaften des Kastens zu lernen, setzt man ihn allerlei Manipulationen aus. Man fährt ihn über eine Rüttelstraße, oder läßt ihn von einem Turm fallen – Experimente zur Bestimmung von Letaldosen sind ungefähr so ,sophisticated' -, oder bestrahlt ihn mit Ultraschall, oder setzt ihn in die aktive Zone eines Atommeilers, usw. Als Ergebnis beobachtet man einen Dschungel von Phänomenen, aus denen man nun versucht, die Ursache-Wirkung-Beziehungen zu entschlüsseln. Es dürfte klar sein, wie schwer dieses Unterfangen ist, wenn auch nur eine der Uhren im Kasten eine ,Chaosuhr' ist.

Wenn die Dekodierung der Gesetze ganz hoffnungslos scheint, bieten sich statistische Methoden an. Wenn z. B. ein neues Medikament bei einem bestimmten Prozentsatz von Probanden eine gewünschte Wirkung hat, wird eine positive Ursache-Wirkung-Beziehung angenommen. – Tatsächlich war „Contergan" ein wirksames Schlafmittel! – Eine Zuverlässigkeitsbewertung einer bestimmten Modellbildung auf der Basis einer statistischen Analyse sagt dabei aber oft noch nichts über deren Wahrheit und Umfang aus.

Dazu ein Beispiel: Ein schwarzer Kasten ist mit einer Apparatur ausgestattet, die beansprucht, das Wetter vorhersagen zu können. Man muß nur dem Kasten mitteilen, wie das Wetter von heute ist und sofort macht der Kasten eine Prognose für das Wetter von morgen. Um die Qualität der in dem Kasten benutzten Modellbildung beurteilen zu können, wertet man die Zuverlässigkeit des Kastens über längere Zeit aus. Dabei kommt heraus, daß der Kasten in ca. 65% der Fälle richtig lag. Jeder wird annehmen, daß angesichts der Schwierigkeit überhaupt Wetterprognosen zu machen, der Kasten eine verflixt intelligente Apparatur enthalten muß. Wir öffnen ihn und sind maßlos enttäuscht. Betrug, der Kasten ist leer, d.h. nicht ganz leer. In einer Ecke befindet sich ein kleiner Schreiber, der nichts weiter tut, als auf dem Zettel, den wir mit den Wetterdaten hineinschieben, das Datum von heute durch das von morgen zu ersetzen. Mit anderen Worten, das zu Grunde liegende Modell ist so absurd, wie es schlimmer nicht sein könnte. Es geht von der Vorstellung aus, daß das Wetter sich überhaupt nicht ändert.

Also, ein Modell kann zu statistisch brauchbaren Prognosen führen, ohne daß das Modell uns irgendetwas über die Gesetze der Sache verrät.

Wie tief unser Handlungsbewußtsein im Modell einer kontrollierbaren und im großen und ganzen deterministischen Welt verwurzelt ist, wird nirgendwo deutlicher, als in der toxikologischen Grenzwertdiskussion. Die jüngsten Verordnungen, die die Sondermüllverbrennung in Industrieanlagen erlauben und regeln, gehen ja nicht davon aus, daß Dioxin etwa ungefährlich sei, aber davon, daß eine gewisse Konzentration pro Volumeneinheit industrieller Abluft vertretbar ist. Ein kleiner Kick macht ja wohl nichts. Dieser auch in der Medizin verwurzelte Glaube geht in der Regel davon aus, daß Wirkstoffe unterhalb gewisser Grenzwerte unwirksam sind, oder, daß eine räumliche und zeitliche Verdünnung hoch toxischer Stoffe die unendlich vernetzten Biosysteme nicht kritisch beeinflussen. Dies ist in mehrfacher Hinsicht sehr bedenklich. Zunächst ändert die verminderte Konzentration pro Schornstein nicht viel, wenn gleichzeitig aus wenigen sehr viele werden. Entscheidend ist nicht nur, was pro Schornstein emittiert wird, sondern auch der Gesamtausstoß über ein ganzes Land verteilt. Insofern sind die entsprechenden Aufweichungen der Sondermüllverbrennungspraxis eine neue Gefährdung.

Es gibt aber noch einen zweiten und wichtigeren Grund: Die toxikologische Grenzwertdiskussion geht im Prinzip von einer einfachen Dosis-Wirkung-Beziehung aus, die auch der Medikamentierung in der Medizin zu Grunde liegt. Die Grundvorstellung ist die eines stabilen Regelkreises (→ Standuhr), der durch kleine Störungen nicht aus seinem Gleichgewicht gebracht werden kann. Oder anders gesagt, kleine toxische Dosen schaden nichts und kleine Dosen eines Medikaments nützen nichts. Dieses Paradigma ist viel weiter verbreitet, als man es sich zunächst vorstellt. Qualitätsprüfer z. B. setzen Apparaturen mechanischen Strapazen aus, um zu finden, ab welcher Belastung die Apparatur versagt. Ärzte, die eine Dosis für ein Medikament festsetzen, neigen dazu, die Dosis zu erhöhen, wenn die gewünschte Wirkung ausbleibt, obwohl manchmal die geringere Dosierung angezeigt wäre.

Wir stellen fest, daß das tradierte Grenzwert- oder Dosis-Wirkungs-Paradigma davon ausgeht, daß relativ kleine Dosen keine Wirkung haben. Das System im Hintergrund wird vielleicht kurzfristig irritiert, stellt sich aber wieder ein, oder pendelt sich wieder in seinen Normalzustand ein.

Demgegenüber wäre die Lehre aus der Chaostheorie aber, daß unter gewissen Umständen, die durch toxische Belastungen selbst herbeigeführt werden könnten, sich Mikro- und Makrosysteme sensitiv verhalten können, d.h. kleine Dosen könnten vielleicht doch unerwartete Folgen haben, und dies sowohl in zeitlicher als auch qualitativer Hinsicht. Die dramatisch ansteigende Allergierate paßt ja so gar nicht in das Paradigma der tradierten Dosis-Wirkungsvorstellungen.

Unabhängig von den bisher genannten Gründen ist die Grenzwertpraxis aber schon deshalb untragbar, weil sie bisher immer den falschen Gradient hat. Man beginnt optimistisch bei relativ hohen Grenzwerten – wem das wohl nützt? – und ist erst bereit diese nach unten zu korrigieren, wenn die Folgen da sind. Wenn

Grenzwerte überhaupt einen Sinn machen, müßte die Gesetzgebungspraxis eigentlich zunächst von pessimistisch kleinen Ansätzen ausgehen. Dies schon deshalb, weil ja gewisse Belastungen akkumulieren und dauerhaft sind, d.h. wenn man ihre Schädlichkeit dann irgendwann doch noch feststellen wird, ist es zu spät. Wenn wir z. B. erst einmal unser Land gleichmäßig mit Dioxin eingedeckt haben, hilft uns die Einsicht, daß wir von zu optimistischen Grenzwerten ausgegangen sind, leider nichts mehr! Ein Arzt muß bei falscher Dosierung mit einem Kunstfehler leben, aber die langfristige Vergiftung unserer Umwelt ist eine Hypothek von einer Dimension, die in jeder Hinsicht eine neue Qualität von Schuldhaftigkeit darstellt, die nur mit dem Holocaust vergleichbar ist. Wieviel dabei auf die prognostische Urteilskraft und moralische Substanz der Politik zu geben ist, zeigt einmal mehr die Steueraffäre des Winters 1990/91. Die Verantwortung der Politik zu überlassen, ist absurd. Die Chaostheorie ist nicht mehr und nicht weniger als ein weiteres Element in einem Indizienprozeß gegen die wissenschaftlich fragwürdige Grenzwertpraxis.

Nun werden die Experten der Gegenseite behaupten, daß gewisse Effekte beobachtbar sein müßten, wenn die Chaoshypothese im Zusammenhang mit der Grenzwertdiskussion relevant wäre. Ganz recht, aber unsere Gegenfrage wäre, was denn die Experten überhaupt beobachten? Aus Kurzzeitexperimenten, etwa mit Letaldosen unter Laborbedingungen, rückzuschließen auf die Existenz bzw. Nichtexistenz verborgener chaotischer Effekte mit Kurz- oder Langzeitwirkung ist absurd. Hinzu kommt noch, daß mit synergetischen Verstärkungseffekten bei toxikologischen Wirkungen zu rechnen ist, wenn eine ganze und dazu auch noch fluktuierende Bandbreite von Stoffen im Spiel ist. Es gibt bisher kein vernünftiges Argument dafür, daß die toxikologischen Dosis-Wirkungs-Beziehungen sich ständig und grundsätzlich anders verhalten als eine ,Chaosuhr'.

Der Zusammensturz einfacher Ursache-Wirkung-Beziehungen, der uns immer deutlicher wird, hat auch eine Bedeutung für das Rechtsempfinden. Auch unsere Rechtstradition ist zutiefst in dem Grundsatz unmittelbarer und stabiler und deshalb erkennbarer Ursache-Wirkung-Beziehungen verhaftet. Genau deshalb können sich die, die für den Tod von Arbeitern in Asbest verarbeitenden Fabriken verantwortlich sind, so leicht aus der juristischen Verantwortung stehlen. Denn die unmittelbare Ursache-Wirkung-Beziehung ist ja kaum zu beweisen.

Schluß

Wir sehen also, es geht nicht nur darum, wie wir die Natur interpretieren und was ihre richtige Beschreibung ist. Chaostheorie als Ansatz für eine neue Beschreibung von natürlichen Phänomenen greift durch alle Lebensbereiche und zwingt uns zu einem sanfteren Umgang mit der Natur.

Literatur

(1) Gleick, J.: Chaos – die Ordnung des Universums. München 1988

(2) Peitgen, H.-O. (zs. m. P.H. Richter): The Beauty of Fractals. Heidelberg 1986

(3) Peitgen, H.-O. (zs. m. H. Jürgens u. D. Saupe): Fractals for the Classroom – An Introduction to Chaos and Fractals. Vol. 1 und 2 . New York, 1991

Werkstattberichte

Michael Grillo

Computer freihändig bedienen
„Künstlerische Innovation als neue Produktivkraft" – kann auch übersetzt werden in „Utopie als neue Realität"?

Aus den Tendenzen der 80er Jahre ist abzulesen, daß es heutzutage wieder einmal das Ziel allen Tuns ist, die Gegenwart so unversehrt wie möglich in die Zukunft zu retten und nur jene Veränderungen ächzend und stöhnend zu akzeptieren, die absolut unvermeidlich erscheinen. So kommt es zu einer skurrilen Spaltung des kollektiven und individuellen Denkens.

Hier Utopie und Phantasie der Reformer, dort die am Status Quo verzweifelt festhaltenden Bewahrer. Dazwischen steht die Masse der schweigenden Mehrheit und hält krampfhaft an ihrem Besitzstand fest. Das scheint – in einer vereinfachten Lesart – der Zustand unserer Kulturgesellschaft zu sein. Was hier geboten erscheint, ist die Vereinigung der Widersprüche, die Harmonisierung der Utopie mit dem Realismus.

Kann Design oder der Designer hier einen Beitrag leisten?

Dem Designer kommt die Aufgabe zu, das Reale auf Widersprüche und das Utopische auf seine wirklichen Möglichkeiten hin zu untersuchen und gemeinsam mit der Technik und dem Marketing beispielsweise einer Problemlösung zuzuführen.

Doch verändern wir einmal die Worte unseres Themas ähnlich einer Gleichung, so könnte es auch heißen: „Künstlerische Kraft als produktive Innovation". Dieses umschreibt direkt das Tun des Industrial Designers.

Der Techniker nennt den Designer oft ‚Künstler', und bei den Künstlern steht der Designer meist klar im Range eines Technikers.

Ist er noch Künstler, Utopist? – Ist er Realist oder Bewahrer? Er steht als Mittler zwischen Utopie und Realismus, als Vermittler zwischen Forschung und Anwendung oder Anwender, zwischen Kunst und Technik und damit zwischen Technik und Mensch. Denn das bewußte Gestalten neuer Technik macht ihre Anwendbarkeit und Akzeptanz oft erst möglich.

Betrachtet man die Vergangenheit, so wurden im letzten Jahrhundert bei der Einführung der technischen Innovationen gestalterische Merkmale angewendet. Erst bewußte künstlerische Gestaltung erleichterte die Einführung dieser Produkte, ja sie wurde teilweise dadurch erst möglich. Nehmen wir hier das Beispiel der Dampfmaschine, deren Einführung damals von Protesten und vor allem von Ängsten begleitet wurde.

Der Konstrukteur nahm gestalterische Elemente aus der historischen oder auch zeitgenössischen Architektur zu Hilfe, um damit die Akzeptanzbarrieren abzubauen. Er benutzte also eine für diesen Produktbereich künstlerische Innovation, um neue Produktivitäten zu erreichen.

Aber wie sieht das in der heutigen Praxis aus?

Hierzu ein Beispiel, das unserem Rahmenthema „Elektronische Medien und künstlerische Kreativität" entspricht.

Alle zwei Jahre schreibt das Haus Industrieform Essen im Auftrag des Wirtschaftsministers den NRW-Staatspreis aus, der zum einen das Design bereits eingeführter Produkte bewertet, zum anderen einen – in der Bundesrepublik einmaligen – Studienpreis umfaßt.

Unter der Überschrift „Designers Visionen", im weiten Feld der Kommunikation, ging es diesmal darum, Design-Konzepte für innovative Produkte oder Produktsysteme zu entwickeln, die aus Sicht der Designer zukunftsweisend sind.

Das Team KDESIGN hat mit seinem Vorschlag, der Vision für einen Kommunikations-Transmitter diesen Studienpreis gewonnen.

Was ist das, ein Kommunikations-Transmitter?

Es ist eine Idee zur Verbesserung der Kommunikation zwischen Mensch und Rechner. Sie resultiert aus dem Know-how des Teams im Investitionsgüterbereich. Dies beinhaltet natürlich auch das Wissen um Schwachpunkte im Bereich der Steuerung von Maschinen, Anlagen und Prozessen.

Zur Formulierung der Aufgabenstellung wurde zunächst der Ist-Zustand von Arbeitsabläufen im Bereich Mensch-Maschine-Kommunikation analysiert.

Daß Maschinen und Anlagen heute über einen Prozeßrechner gesteuert werden, ist ‚Stand der Technik', aber in mehrerlei Hinsicht nicht optimal. Der Rechner steht als stationäre Einheit in der Nähe des Objektes. Bei Einricht- oder Reparaturarbeiten ist es heute immer noch erforderlich, den Arbeitsvorgang ständig zu unterbrechen, um am Bildschirm neue, für den Arbeitsprozeß erforderliche Daten abzufragen oder einzugeben. Nachteil: die Arbeitsabläufe müssen ständig unterbrochen werden. Hinzu kommen die zeitraubenden, manuellen Computereingaben. Das gilt in besonderem Maße dann, wenn mehrere Maschinen im Verbund gesteuert werden müssen. Das bedeutet, daß man schon sehr gut zu Fuß sein muß, wenn man mit solchen Vorgängen an rechnergesteuerten Maschinen befaßt ist.

Genau dies war der Auslöser für Überlegungen des Designer-Teams, wie man die Erfordernisse kurzer, sicherer und wirtschaftlich sinnvoller Kommunikationswege zwischen Mensch und Maschine in den Griff bekommt. Es entstand die faszinierende Idee, ein Instrument zu schaffen, das einen wirklichen Dialog mit Maschinen ermöglicht und dem Benutzer freie Hand läßt. Der Anwender des Systems muß seinem Dialogpartner, dem Rechner also, verbal Befehle übermitteln können. Das kann er von jedem Standort aus per Mikrofon. Das ist heute bereits möglich.

Eine weitere Voraussetzung dafür ist es, daß alle transportierten Informationen an jedem gewünschten Ort zu empfangen sind. Die sinnvollste Lösung ist also ein System, das – auch wegen der Handfreiheit – am Kopf getragen werden kann, mit dem man per Mikrofon Sprachbefehle an den Rechner geben und, das ist das Wesentliche, visuelle Informationen empfangen kann.

Das Head-Up-Display ist das eigentliche Herzstück des Kommunikations-Transmitters. Ein solches Kommunikationssystem ist z. B. in der Kraftfahrzeugindustrie, durch Projektion der Infos in die Windschutzscheibe, in der Erprobung.

Dem Kommunikations-Transmitter bietet sich ein breites Feld an Einsatzmöglich-keiten. Über den eigentlichen Einsatzbereich, der Steuerung von Maschinen, hinaus, ist nahezu jede andere Verwendung denkbar: So kann z. B. der Chirurg während einer schwierigen Operation Informationen abfragen und das bei absolu-ter Bewegungsfreiheit der Hände.

Aus welchen verschiedenen Komponenten besteht der Kommunikations-Trans-mitter (KT)?

Da ist zunächst einmal die Stromversorgung, ein Akku also. Dann ein Ansteue-rungsteil, der für die Verbindung zwischen KT und Rechner zuständig ist. Dann natürlich ein Mikrofon. Und die wesentlichste Komponente, das Head-Up-Display, das den Empfang optischer Informationen ermöglicht.

Die sicher interessanteste Komponente des KT ist das Head-Up-Display: Das Prinzip einer Dia-Projektion ist geläufig: dieses Prinzip läßt sich in etwa auf das Head-Up-Display übertragen. Eine wesentliche Veränderung ist, daß das vom Betrachter gesehene Bild nicht auf einer Leinwand oder einem Bildschirm sichtbar wird, sondern als ein virtuelles Abbild des projizierten Dias erscheint. Anders ausgedrückt: es entsteht der Eindruck, als würde das Bild im Raum schweben. Als Lichtquelle wird eine Laserdiode verwendet. Dieses Laserlicht wird in einem konischen Winkel ausgestrahlt und von einem holografisch-optischen Element (H.O.E.) zu einem parallelen Lichtstrahl aufbereitet. Dieses Licht durchscheint ein Liquid Cristal Display (LCD), das die Funktion eines Bildschirmes übernimmt. Das LCD übernimmt die Rechner-Informationen auf einer Größe von 10 x 10 mm und macht sie physikalisch sichtbar . . . als Bild also.

Da eine solch kleine Information für das menschliche Auge nicht mehr erkennbar ist, sorgt eine nachgeschaltete Projektionsoptik für die Vergrößerung des Bildes. Das so vergrößerte Bild trifft als letztes auf das abbildende Medium. Beim Dia-Projektor wäre das die Leinwand, beim Head-Up-Display handelt es sich um ein holografisches Gitter, einen sogenannten Combiner.

Wenn nun diese kleine Scheibe nah vor den Augen placiert ist, wird man vielleicht einwenden, daß die Information nicht mehr lesbar ist. So ist es aber nicht. Beim Head-Up-Display erscheint das Bild als schwebendes Bild in einer Entfernung von z. B. 80 cm vor den Augen. Das entspricht dem normalen Betrachtungsabstand zu einem Bildschirm.

Das Head-Up-Display ist so konzipiert, daß jede übermittelte Information ohne qualitative Abstriche gegenüber dem bisher verwendeten monochromen Arbeits-platz-Bildschirm dargestellt und empfangen werden kann. Auch die freie Sicht nach draußen wird nicht beeinträchtigt.

Nach der Definition der Zielvorstellungen – bei der wir auch kritische Aspekte betrachtet haben – und der Beschreibung der technischen Lösung kann man sagen, daß noch eine Menge Hemmschwellen abgebaut werden müssen. In diesem doch recht sensiblen Bereich ist es nicht zuletzt auch ein design-spezifi-sches Problem, ob sich die neue Technik des KT durchsetzen wird . . . ob sie von den potentiellen Anwendern innerlich angenommen wird.

Kopf und Technik werden nicht als Einheit gesehen. Das Design unterstreicht durch die Herausstellung der Distanz zwischen Mensch und Maschine den hohen technischen Anspruch. Wir entschieden uns dafür, den Arbeitscharakter des Head-Up-Displays durch stilistische Elemente zu unterstreichen und zukunfts-orientierte Technik zu präsentieren.

Das Design muß erreichen, daß der Anwender diese technische Einheit ohne Vorbehalte akzeptiert und trägt. Nicht als ein Symbol für technische Überlegen-heit, sondern als Instrument, das ihm den reibungslosen Ablauf seiner täglichen Arbeitspraxis ermöglicht.

Dieses Produkt ist noch eine Vision, nicht mehr ganz eine Utopie; sie hat bereits die Gemüter erhitzt und Techniker fasziniert, die schon die Entwicklung beginnen. Somit hat die künstlerische Innovation zumindest eine Produktivkraft entzündet.

Holger van den Boom

Design und Künstliche Intelligenz

Im heraufziehenden Zeitalter der Informationstechnik verwandeln sich unter unseren Augen alle Künste in Design. Der neue Leonardo ist Designer, weil er eine Maschine benutzt, deren Produkte allesamt wie maßgeschneidert wirken. M. McLuhans These „The medium is the message" ist nach wie vor richtig und die ‚message‘ der neuen Medien ist diese: daß die Bilder Design sind und – zumindest bis auf weiteres – nicht Kunst. Die Informationstechnik gebiert Design und anscheinend nur Design. Wenn wir also von Design und Künstlicher Intelligenz (Artificial Intelligence) sprechen, so spielt das Wort ‚künstlich‘ vorläufig sicherlich noch nicht auf Kunst an.

Jahrhundertelang war es viel leichter, Worte zu drechseln als Bilder zu machen. Heute ist es umgekehrt. Läppische Bilder zu machen, ist das Leichteste von der Welt, es benötigt kein besonderes Talent mehr; hingegen, sich mit Worten geziemend auszudrücken, wird immer schwieriger und ist seltener anzutreffen. Daß dieser Prozeß, ob wir wollen oder nicht, unumkehrbar ist, verdanken wir u.a. dieser Maschine Computer. Sein ‚Herz‘, der Mikroprozessor, ist der Motor der Gegenwart und des Informationszeitalters. Überall ist er vorhanden, nicht nur im bildverarbeitenden Computer, auch in der Waschmaschine, im Toaster – und 50 Stück davon in jedem Automobil.

In den Anfangstagen unserer Beschäftigung mit Computergrafik haben wir die Designstudenten genötigt, Programmiersprachen zu lernen und sie dann angehalten, sich in diesen Programmiersprachen selber z. B. Paint-Programme zu schreiben oder Plotter-Routinen und dergleichen, um schließlich mit Hilfe der selbstgeschriebenen Software Bilder zu gestalten. Das ist erst sechs oder sieben Jahre her. Die so entstandenen Bilder waren vom künstlerischen Standpunkt aus nicht aufregend; dennoch glaube ich, daß sie nicht uninteressant sind. Für denjenigen, der sie gemacht hat, sind diese Grafiken semantisch äußerst gehaltvoll. Eben nicht so sehr von der Wahrnehmungsseite her, sondern von der kognitiven Seite. Wer das Programm geschrieben hat, mit dem er anschließend seine Grafiken machte, der weiß mehr über die Bilder, tausendmal mehr als derjenige, der sie nur anguckt. Studenten fingen an, den Plotter als Zeichenroboter zu zwingen, so zu zeichnen, wie sie selbst von Hand zeichneten, freilich jetzt per Programm. Zwischen der Hand und dem Ergebnis liegt als Vermittlungsinstanz ein Schritt für Schritt arbeitender Algorithmus, dessen quasi mechanische Arbeitsweise jedoch viele Lektionen gerade darüber zu erteilen vermag, was Entwerfen von Hand bedeutet.

In einem späteren Stadium computergestützten Arbeitens gewann die spontane Hand ihren angestammten Platz zurück. Der Designer schuf sich mit Hilfe eines professionellen Paint-Programms eine Grafik, druckte sie über einen Laserdrucker aus, nahm dann den Farbstift, den Pinsel oder die Airbrush-Pistole zur Hand und überarbeitete den Print nach Gutdünken. Man kann hundert Varianten an einem Tag erzeugen, ein Prozeß, der gewaltig motiviert, weil er das mühsame und langweilige Wiederholen dessen, was in der Serie von Varianten konstant bleiben soll, an die Maschine delegiert.

Noch später wurde das Scannen populär und ein geläufiges Thema im Bereich des DTP, des Desktop-Publishing. Scannen bedeutet generell, daß Bildmaterial, welches schon anderswo und mit beliebigen Techniken entstanden ist, in das information environment des Computers hineingeholt und dort verwandelt werden kann. Kunstpädagogen z. B., die von den Schulen in Seminare an die Hochschule kommend Erfahrungen mit dem Computer als ästhetisch immerhin relevanter Maschine machen wollten, fanden großes Vergnügen darin, etwa ein Selbstporträt mit einem Porträt Sophia Lorens zu kombinieren, also eine menschliche Begegnung visuell zu simulieren. Sie sind dann immer mit ganz heißen Wangen wieder in ihre Schulen zurückgegangen, weil sie verstanden hatten, was in der alltäglichen Bilderflut inzwischen schon die Informationstechnik an Manipulationsmöglichkeit bedeutet.

Auch bildende Künstler bemächtigten sich des Instruments Computer. Sie sagten sich, wenn ich mit dem Ding malen kann, dann will ich damit einmal malen, also malten sie damit. Zuerst sahen die Bilder solchen, die sie auf Leinwand malten, ziemlich ähnlich, nur ohne die Materialaura. Aber irgendwann nahmen die Bilder eine Physiognomie an, die von einer Maltechnik herrührte, die nicht mehr von Hand, die nur am Computer möglich war. Und dennoch blieb es in den meisten Fällen bei Maltechnik: interessante Effekte, doch in der Ausstrahlung Design.

Designer haben schon immer Grafik zweckhaft verwandt, sie haben mit Bildern kommuniziert, mit Bildern, deren Funktion stets war, projektive Sachverhalte auszudrücken, die also einen technischen Gebrauch hatten. Die Designer erkannten rasch die Möglichkeiten der fortgeschrittenen Paint-Software; man arbeitet damit wie früher in den Rendering-Methoden: auf dem Bildschirm finden sich die bekannten Arbeitsmittel wie Stift, Pinsel, Airbrush. Natürlich, auch hier gilt wieder, daß das Medium die eigentliche Botschaft ist, das Medium beeinflußte sofort den Inhalt des Designs. Im computergestützten Rendering erscheint ganz selbstverständlich neben dem neuentworfenen Motorrad der Zukunft eine Art Mensch wie vom Mars – so daß unverhohlen deutlich wird, daß der Mensch dahin tendiert, ein Designprodukt zu werden.

Die nächste Stufe der Aneignung neuer Design-Arbeitsmöglichkeiten per Computer war nach der pixelorientierten Grafik die 3D-Technik, z. B. das CAD; sie fußt auf Vektorgrafik. Vektorgrafik spielt sich im virtuellen Raum ab. Man kann diese Räume betreten, Drahtmodelle umwandern, Architekturen durchfliegen. Die Darstellungen werden zuletzt fotorealistisch, mehr noch, die virtuelle Realität ist dabei, die Realität von Realität zu übertreffen und abzulösen.

In der Wissenschaft wird seit langem Computergrafik eingesetzt. Es gibt Disziplinen, die ohne Computergrafik ihren Fortschritt nicht so rasant betreiben könnten. Dazu gehören z. B. Chemie und Physik, aber auch Mathematik und insgesamt die Ingenieurwissenschaften. Dabei werden die Bildwelten der Science immer öfter auch von Designern be- und überarbeitet; was heute an faszinierenden Bildern aus den Labors kommt, scheint oft eher aus den Studios von Walt Disney zu stammen.

Die computergestützten Darstellungen des Ingenieurs haben überdies, wenn man so sagen darf, die normative Kraft des Faktischen, will sagen, sie sind zugleich produktionssteuernde Daten. Dieselben Daten, die uns den virtuellen Gegenstand visuell zugänglich machen, machen auch den realen Gegenstand, indem sie Maschinen steuern, die ihn herstellen.

Zu guter Letzt dürfen wir erwarten, daß die Computergrafik funktioniert wie die Natur selber. Mit Hilfe der fraktalen Geometrie und von Gleichungen der Chaostheorie kann man heute Algorithmen konstruieren, die es bei entsprechender Rechenzeit erlauben, einen Baum von allen Seiten mit allen seinen Blättern aussehen zu lassen wie ein Baum mit seinen Blättern und eine leicht bewegte Wasseroberfläche blinken zu lassen wie in der romantischsten Realität. Aufgrund des Versuchs, gewisse Oberflächenstrukturen visuell zu erzeugen, wissen wir viel mehr über die Oberflächen, wie sie in der Natur wirklich vorhanden sind.

Damit sind wir längst beim Thema Simulation. Wir müssen uns freilich klar machen, daß das gesamte Gebiet, von dem wir sprechen, diese höchst elaborierten Methoden der Computergrafik, aus der Militärtechnik stammt. Besonders der amerikanische Hersteller Evans and Sutherland hat Pionierarbeit geleistet hinsichtlich der Frage: Wie kann man dem Piloten eine Realität simulieren, die ihn noch nicht tötet? Die Erfolge hierbei gehen danach natürlich auch in den zivilen Bereich ein. Die Automobilhersteller verfügen mittlerweile alle über Simulationsanlagen, in denen man das Autofahren unter allen Verkehrsbedingungen durchspielen kann – und dadurch werden die Autos zweifellos sicherer; überdies werden sie leichter zu bedienen sein. Die Verkehrssysteme der Zukunft sehen Autos vor, in denen man während der Fahrt Zeitung lesen kann, denn man fährt aufgrund einer zentralen Computersteuerung.

Trotz der perfekten Ausrüstung der Automobilhersteller zur Entscheidung von Fragen, die das Design betreffen, bleiben einige Fragen übrig, die mit etwas geringerem Aufwand an Simulationstechnik, ergänzt durch Methoden der Künstlichen Intelligenz, einer Beantwortung näher gebracht werden können. Solche Forschungsarbeiten werden am Institut für Visualisierungsforschung und Computergrafik der Hochschule für Bildende Künste Braunschweig geleistet.

Um das Gemeinte besser verstehen zu können, möchte ich zunächst auf eine studentische Arbeit eingehen. Jeder kennt die Fotoautomaten an Bahnhöfen z. B., an denen man sich Passfotos verschaffen kann. Viele Leute haben bei den augenblicklich aufgestellten Geräten Angst, überfallen zu werden; viele finden die Bedienung undurchsichtig. Ein neuer Entwurf ruft daher nach Erprobung – und das heißt jetzt zuvörderst: Simulation. In einer CAD-Umgebung entsteht vektorgrafisch das neue Gerät. Die Drahtmodelldaten werden in einem Rendering-Modul annähernd fotorealistisch dargestellt; man wechselt die virtuellen Lichtquellen und die allgemeine Helligkeit. Der nächste Schritt ist die Animation, das bewegte Computerbild, es wird auf Videoband aufgezeichnet und immer wieder analysiert, unter Einschaltung zusätzlicher Videomisch- und -schnittechnik. Noch bevor ein Erprobungsmodell 1:1 gebaut wird, sind bereits viele Varianten kritisch ausgesondert worden. Die Angst der Benutzer scheint gebannt. Bleibt die Frage der Bedienung. Auch diese wird simuliert, indem man einen Computer durch geeignete K.I.-Software in einen Fotoautomaten verwandelt: Eine Videokamera, eine Scanneinrichtung, eine interaktive Expertensystem-Schnittstelle – und schon funktioniert unser Automat. Die Bedienelemente sind Grafikelemente auf dem Bildschirm, die durch Anklicken mit der Maus ihre Funktion entfalten. Die ‚Passfotos‘ werden ebenfalls auf dem Bildschirm ausgegeben. Wenn der Automat in der Simulation einwandfrei läuft, kinderleicht und vergnüglich zu bedienen ist, dann wird die vorige Hardware mit der neuen Software integriert, und fertig ist die Entwurfsarbeit der Designer.

Diese Art vorzugehen hat bei uns einen neuen Namen erhalten, wir sprechen von ‚Kognitiver Videoergonomie‘. Die alte Ergonomie, die im wesentlichen auf anatomischen und anthropometrischen Daten aufbaute, können wir nicht entbehren, aber sie hat, weil sie inzwischen sozusagen alles weiß, Tabellenform angenommen, die in einer entsprechenden Datenbank ihren Niederschlag findet. Was die alte Ergonomie nicht berücksichtigt, das sind die kognitiven Strukturen unserer Handlungen, d.h., vereinfacht gesagt, die Bewußtseinsvorgänge während des Handelns. Wir meinen, daß es für ein gutes Handling erforderlich ist, neben der Hardware sozusagen auch diese Bewußtseinsvorgänge zu gestalten, da sie für einen störungsfreien Handlungsverlauf von ausschlaggebender Bedeutung sind; wir sagen, wir liefern dem Benutzer eine Benutzerillusion mit, d.h. ein vorstellungshaftes Bild von der Funktion eines Gerätes, suggestiv gemacht über die optimal gestalteten Bedienelemente und Bedienprozesse. Da wir aber natürlich die Bewußtseinsvorgänge nicht unmittelbar sichtbar machen können, beobachten und analysieren wir das Handeln von Versuchspersonen innerhalb der Simulationsumgebung mit Hilfe der Videotechnik.

Nebenbei verringert die Kognitive Videoergonomie die Beweislast der Argumentation für ein Design. Früher haben wir dem Auftraggeber einfach ein verhülltes Modell hingestellt, mit wichtiger Miene die Decke weggezogen und gesagt: Voilà, das ist es! Diese Zeit ist vorbei, Design kann und muß sich gründlicher ausweisen.

Unser Institut arbeitet z. B. für VW und Audi auf dem Gebiet der Qualitätsanmutung und der Optimierung von Benutzeroberflächen (user interface oder human interface). VW hat in Wolfsburg ein Hochhaus mit 6000 Wissenschaftlern und Ingenieuren, die über der jeweiligen Neudefinition eines Autos brüten. Nur, wie man sich vorstellen kann, die Leute treffen nie insgesamt zusammen, um über ihr neues Auto zu beraten. Und weil sie nicht real zusammensitzen, bauen sie kleine Fehler in das Auto ein, die im Grunde Kommunikationsfehler spiegeln. Das ist überall so in der Welt, wo hochkomplexe Produkte hergestellt werden. Was kann man tun? Man kann von der vorhergehenden Fahrzeuggeneration einen Film machen, der den 6000 Leuten ihr Automobil, das in Teilaspekten niemand so gut kennt wie jeder einzelne von ihnen, neu vor Augen führt. Man kann das Auto analysieren, ja visuell zerreißen, computergrafisch ummodeln, in etwas anderes transformieren, zerstückeln, in den aberwitzigsten Lagen vorführen; wir zeigen das Auto so, wie es die Produzenten noch nie gesehen haben. Und wir zeigen ihnen Fehler, die sie gemacht haben – und wie sie sie beim nächsten Mal vermeiden können. Dazu benötigt das Institut ein Videolabor zusammen mit einem Computerlabor. Die Ansprüche auch der Industrie an die Darbietung von

Bildern steigen so immens, daß wir keinen Film abliefern können, der unterhalb der Fernsehproduktionsqualität läge, von der her nun einmal unsere Sehgewohnheiten bestimmt sind.

Es ist festzustellen, daß Designer immer nützlicher werden. Das liegt auch daran, daß auf der einen, der menschlichen Seite des human interface, Psychologen arbeiten, auf der anderen Seite Ingenieure. Doch das effektive Interface, das zwischen beiden Seiten verhandelt werden soll, muß eben vom Designer festgelegt werden, und sei es nur, um den Psychologen und Ingenieuren eine virtuellsimulative Gesprächsbasis zu liefern. Nehmen wir beispielsweise das Bildtelefon. Die technische Lösung liegt vor, aber der Konsument will sie nicht. Das Publikum sagt nein, denn was die Ingenieure gemacht haben, sieht aus wie eine Kreuzung von Fernseher und Telefonhörer, mit dem Glotzauge einer Videokamera darüber montiert. Die Psychologen stellen experimentell umfassend fest, daß die Menschen derlei Sachen nicht akzeptieren. Nur Designer bringen erprobbare Lösungsvorschläge zustande, das ist ihr Job – und der macht jetzt mehr und mehr Gebrauch von intelligentesten Computerleistungen. Ohne solche Lösungsvorschläge redet man ins Blaue.

Grahame Weinbren

Ein interaktives Kino

Die folgenden Gedanken* sind Fragen, die sich, wie ich hoffe, während einer Diskussion über meine Arbeit stellen werden. Ich beginne damit, daß ich einige Videofilme zeige, normalerweise eine Dokumentation eines Teils meiner Arbeit im Bereich Interaktionskino. Danach fordere ich das Publikum auf, Kommentare abzugeben und Fragen zu stellen zu dem Material, das ich gezeigt habe, und dann sieht man, wie es weitergeht. Im folgenden präsentiere ich einige Aufzeichnungen der Gedanken, mit denen ich mich in den letzten zehn Jahren beschäftigt habe, einige von ihnen nur Ideenskizzen, andere schon weiter entwickelt, außerdem Zitate von Autoren, die meine Gedanken reflektieren, mir Anregungen geben oder mich inspirieren, sowie Beschreibungen von Modellen, die meiner Ansicht nach zu wertvollen interaktiven Werken führen. Wenn ich einen Vortrag halte, habe ich einen Stapel von Notizen wie die folgenden vor mir – manchmal bilden sie die Grundlage meines Vortrags, ich lese aus ihnen vor oder greife einige der Themen auf und variiere sie; und manchmal benutze ich sie gar nicht. Welche von meinen grundverschiedenen Unterlagen ich für welchen Vortrag verwenden werde, weiß ich nicht; und welche ich für meinen Vortrag bei INTERFACE verwendet habe, daran erinnere ich mich nicht.

$$* * *$$

„Denn als er tief ins Wasser blickte, sah er, daß es aus tausend-tausend- tausend-und-einer verschiedenen Strömung bestand, jede von einer anderen Farbe, die sich ineinander verflochten und verschlangen wie eine flüssige Tapisserie von atemberaubender Vielfalt. Wie Wenn ihm erklärte, waren das die Geschichtenströme, und jeder farbige Strang repräsentierte und enthielt eine einzelne Erzählung. Verschiedene Teile des Meeres enthielten verschiedene Erzählformen, und da alle Geschichten, die jemals erzählt worden waren, sowie viele, die gerade erzählt und ausgedacht wurden, hier zu finden waren, stellte das Meer der Geschichtenströme die größte Bibliothek des Universums dar. Und da die Geschichten hier in flüssiger Form aufbewahrt wurden, behielten sie die wundersame Fähigkeit, sich zu verändern, sich in neue Versionen ihrer selbst zu verwandeln, sich mit anderen Geschichten zu vereinen und dadurch zu wieder neuen Geschichten zu werden; so daß das Meer der Geschichtenströme, im Gegensatz zu einer Bibliothek, weit mehr war als ein Lagerraum für Erzählungen. Denn es war nicht tot, sondern lebendig."

Salman Rushdie, „Harun und das Meer der Geschichten", München 1991, S. 68 f

$$* * *$$

Kann es ein interaktives Kino geben? Wie würde es aussehen? Würde es neue Versionen derselben alten Geschichten oder neue Geschichten erzählen? Welches sind seine Möglichkeiten? Welches sind seine Probleme?

Kann ein interaktives Kino die folgenden Strukturen beinhalten:

> Frage – Antwort,
>
> Konflikt – Lösung,
>
> Anfang – Mitte – Ende,
>
> Aufforderung – Reaktion?

Kann ein interaktives Kino die angenehmen Seiten des Kinos bewahren:

> Im Dunkeln zu sitzen, während Bilder, die eine Geschichte erzählen, wie ein warmer Fluß über uns hinwegfließen und dabei den unerbittlichen Lauf der Zeit unterspülen?
>
> Identifikation – die Möglichkeit Erfahrungen zu machen, als wäre man jemand anderes, Gefühle aus anderer Perspektive zu erleben, Handlungen anderer Menschen mitzuvollziehen, ohne dafür die Verantwortung übernehmen zu müssen. Wo ziehen wir die Grenzen einer virtuellen Ethik?

✳ ✳ ✳

Es ist merkwürdig, daß man, während das Interesse sich seit kurzem auf Computerbilder konzentriert – zum Beispiel in Diskussionen über die sogenannte ‚virtuelle Realität' – , die Tatsache zu vergessen oder zu ignorieren scheint, daß wir uns im „Zeitalter der technischen Reproduzierbarkeit" befinden, wie Walter Benjamin es ausdrückt. ‚Virtuelle Realitäten' werden mit Hilfe von Zeichenwerkzeugen im Computer geschaffen, genauso wie die meisten Grafikprogramme im Computer (mit einer Reihe von bemerkenswerten Ausnahmen) für die Produktion von Bildern und nicht für ihre Reproduktion gedacht sind. Aber die ‚Bild-Kultur' des zwanzigsten Jahrhunderts stammt, wie von jedem wichtigen Theoretiker von Benjamin über McLuhan bis Barthes anerkannt, direkt von der Erfindung der Fotografie, einem Mittel zur automatischen Reproduktion von Realität. Und vereinfacht ausgedrückt kann man die Entwicklung der Fotografie – von monochromatischen über panchromatische bis zu farbigen Aufnahmen, vom Standfoto über bewegliche Bilder bis zum Ton – als die Entwicklung von Techniken zur Reproduktion von Realität mit immer genauerer Wiedergabe betrachten. Interaktivität ist der perfekte Abschluß dieser Reihe, da wir die sichtbare Welt nicht nur beobachten, sondern auch beeinflussen. Unser visuelles Erleben kann, wieder stark vereinfacht ausgedrückt, immer von uns (mit)bestimmt werden – sei es nun dadurch, daß wir den Kopf drehen, einen Schritt machen oder tatsächlich die Schachfigur bewegen oder die Kartoffeln essen. Das Kino selbst kann natürlich nicht (innerlich) von seinen Zuschauern beeinflußt werden. Außer, daß man durch Drehen des Kopfes keinen Einfluß auf das visuell Erlebte nehmen kann, wird man auch von der Leinwandwelt in den banalen Raum des Vorführsaals verbannt, und die gefilmten Schachfiguren und Kartoffeln werden nur solchen Kräften gehorchen, die filmimmanent sind.

Die bildliche Darstellung der physischen und mentalen Realität ist die Geschichte der mechanischen Wiedergabe:

> Fotografie
> Standfoto
> Bewegung
> Farbe
> Ton
> Zuschauerintervention

Ein wirklich interaktives Werk kann ewig währen, seine Dauer wird vom Zuschauerinput und nicht von der Uhr der Maschinerie bestimmt. Seine Grenzen sind die Grenzen seiner Datenbank oder die Öffnungszeiten der Galerie, aber Zeit ist kein dem Werk innewohnender Teil, es sei denn, es wurde so konzipiert. Deshalb wird das interaktive Kino genauso wie das tägliche (nichtfilmische) Leben nicht durch vorübergehende Schließungen eingeschränkt, und so braucht es nicht als lineare Entwicklung strukturiert zu sein. Eine Zuschauerin benutzt ein interaktives Werk, bis sie mit ihm fertig ist, und nicht bis es mit ihr fertig ist.

Wie kann ein interaktives Kino seine Fähigkeiten, das Erlebte wirklichkeitsgetreuerer darzustellen, ausschöpfen und gleichzeitig die Eigenschaften Erzählung und Drama beibehalten? Drei mögliche Bedingungen:

1. Um die Tatsache zu reflektieren, daß unser tägliches Leben keine festen zeitlichen Grenzen kennt, braucht ein interaktives Kino eine Struktur, die nicht von einer monophonen Entwicklung von Anfang bis Ende abhängt. Wenn die Erzählung von einem ‚Gefühl der Endlichkeit‘ bestimmt ist, wird das interaktive Kino keine erzählende Form haben. Vielleicht wird es beim interaktiven Kino keine Endlichkeit geben, vielleicht wird es keine hierarchische Entwicklung beinhalten – aber wir müssen Strukturen finden, die der Form entsprechen.

2. Ein interaktives Kino muß viele gleichzeitig ablaufende Erzählströme vereinigen. Menschen sind Multitasking-Wesen, parallele Prozessoren. Sie können bei der Arbeit pfeifen und tagträumen, beim Sex phantasieren, ins Englische übersetzen, während sie das Deutsche hören usw. Und sie können unmittelbar und mühelos von einer geistigen Aktivität – einem Zustand, einer Verfassung – zu einer anderen wechseln. Die Möglichkeit, sich entsprechend dem Benutzerinput zu verändern, wird es dem interaktiven Kino erlauben, die Komplexität des menschlichen Geistes nachzubilden.

3. Was ist das Wesen des Zuschauerinputs beim interaktiven Kino? Die Art und Weise, wie die Vorführung beeinflußt wird, muß Zuschauerreaktionen mit einbeziehen, im Gegensatz zu der Auswahl unter den Punkten in einem ‚Menü‘ zum Beispiel. In den allerwichtigsten Fällen beeinflussen wir die Dinge in unserem Leben nicht dadurch, daß wir eine Wahl treffen, sondern indem wir unterschiedlichen Einfluß auf bestimmte Situationen nehmen – durch Stellungnahmen oder Handeln, durch Schweigen oder Nichtstun. Nur in Restaurants oder beim Einkaufen sehen wir uns einer eingeschränkten Liste von Alternativen gegenüber. Die Schnittstelle eines interaktiven Kinos kann sich nicht auf dieses Modell beschränken.

Der reiche Käufer, der Mensch, der alles hat, ist normalerweise das Modell für interaktives Video: Unendliche Auswahl begleitet von einem Minimum an Wünschen. Wenn ein Werk auf die Wahl des Zuschauers reagiert, muß es auch Wünsche wecken und Konsequenzen aufzeigen, und mit der Wahl kommt die Verantwortung. Wenn wir anfangen, über Wünsche und ihre Konsequenzen zu sprechen, beschäftigen wir uns mit dem Einfluß des Zuschauers auf den Bilderfluß, und Auswahl wird als Reaktion aufgefaßt. Nun besteht der Film aus den Aktionen eines Zuschauers, er basiert auf seinen Reaktionen und beeinflußt eben diesen Bilderfluß.

✳✳✳

Zeit ist unbarmherzig. Sie geht immer weiter vorwärts und strukturiert jedes Erlebnis innerhalb ihrer einzigen Dimension.

Die Spannung und das Wechselspiel zwischen der Vorwärtsbewegung der wirklichen Zeit und den in einer Erzählung möglichen anderen Bewegungsrichtungen der Zeit bilden ein relativ einfaches Problem für das lineare Kino – und ein unglaublich kompliziertes für das interaktive Kino.

✳✳✳

Interaktives Kino nach dem Flipper-Modell: „Man flippert nicht nur mit den Händen, man spielt auch aus dem Inneren heraus. Die Schwierigkeit liegt beim Flippern nicht darin, die Kugel aufzuhalten, bevor sie von dem Schlund am unteren Ende verschlungen wird, oder sie wie ein Läufer ins Mittelfeld zurückzuschießen. Das Problem besteht darin, sie oben zu halten, wo es mehr beleuchtete Ziele gibt, und dafür zu sorgen, daß sie von einem zum anderen springt, umherwandernd, verwirrt, verrückt, aber immer noch ein frei Handelnder. Und man erreicht dies nicht dadurch, daß man die Kugel herumschießt, sondern indem man Vibrationen auf das Gerät, den Rahmen überträgt, aber vorsichtig, damit die Maschine nichts merkt und nicht ‚Tilt‘ sagt. Das kann man nur aus dem Inneren heraus machen oder mit Hüftbewegungen, die das Innere nicht herumstoßen, sondern nur umhergleiten lassen, so daß man auf dieser Seite des Orgasmus bleibt.“

Umberto Eco, „Foucault's Pendulum", Martin Secker and Warburg, Großbritannien 1989, S. 222

Das interaktive Kino, ein Flipperspieler, der das Gerät kippt und daran rüttelt, die Bewegungen der Kugel beeinflußt, die auch anderen Kräften gehorchen muß – der Schwerkraft, den Rauswerfern und Abprallflächen, den Katapulten und Abfängern usw. Die Schwerkraft könnte die Vorwärtsbewegung der Erzählung sein, eine der vielen Kräfte, die auf das Werk Einfluß nehmen – der Zuschauerinput könnte eine andere sein. Die Vorwärtsbewegung der wirklichen Zeit ist wieder eine andere.

✳✳✳

Eine Möglichkeit, die Vorherrschaft der linearen zeitlichen Struktur anzugreifen, besteht darin, Erzählformen zu suchen, die in gewissem Sinne nichtzeitlich sind – ob man diese dann noch als Erzählungen bezeichnen kann, ist eine Frage der Definition. Die eindringlichsten Beispiele, die ich kenne, sind die Traumdeutungen von Freud.

An wenigstens zwei Stellen schreibt Freud von einem Traum, den ihm ein junger Neurotiker beschrieb, den er den ‚Wolfsmann' nennt. Der Traum besteht nur aus einem Bild: Weiße Wölfe, die auf einem Baum sitzen und den Träumer anstarren. Freud beschreibt, wie der Psychoanalytiker und der Patient allmählich die Komponenten des Traums erforschen, indem sie jedes Element mit einem Erlebnis oder einer Person aus dem Leben des Patienten verbinden. Die Bedeutung des Traums für den Patienten, die überwältigenden Emotionen, die er in ihm hervorruft, können durch die Tatsache erklärt werden, daß der Traum seine größten Ängste als verwandelte Erinnerungen an die Erlebnisse, die sie hervorgerufen haben, verkörpert. Für mich sind nicht die Details der Traumanalyse wichtig, sondern die Methode und die Struktur dieser Analyse. Der Traum verdichtet (wie Freud es ausdrückt) verschiedene mentale Bilder zu einem einzigen Bild; er stellt eine Destillation einer Reihe von emotional beladenen und oft unterdrückten Erinnerungen dar. Seine starke Wirkung liegt in der Tatsache begründet, daß der Traum in einem wichtigen Sinne diese Bilder und die mit ihnen verbundenen Emotionen verkörpert. Freud betont immer wieder, daß jedes Element des Bildes, jede Eigenschaft dieser Elemente von dem Träumer in einem bestimmten Licht gesehen wird. Jedes Element verkörpert eine bestimmte Angst, Hoffnung, Sehnsucht oder einen bestimmten Glauben, der nach den Gesetzen des Unterbewußten in das Traumbild verwandelt wird. Indem man die Bilder mit den Augen des Träumers sieht – die zugrundeliegenden mentalen Elemente entdeckt und versteht, wie sie durch den emotionalen Zustand des Träumers in Komponenten des Traumbildes verwandelt werden – versteht man den Traum. Und dadurch versteht man wiederum etwas von dem Leben des Träumers.

Man könnte sagen, daß Freuds Traumbegriff einer Erzählform entspricht. Durch Zerlegen des Traums in seine Komponenten wird die Geschichte der ineinander verwobenen emotionalen Zustände des Träumers und der Personen, die die Objekte seiner Emotionen sind, enthüllt. Es ist jedoch keine Geschichte, die sich mit der Zeit entwickelt – alle Elemente sind gleichzeitig in dem ‚Traumwerk' präsent, wenn auch in einer entsprechend bestimmten Regeln veränderten Form. Freud bemüht sich sehr, diese Nichtzeitlichkeit zu vermitteln. Aber es ist selbst für ihn eine Beschreibung, die sich nicht in Worte fassen läßt, da das Schreiben schließlich auch ein lineares Medium ist: Ein Wort folgt dem anderen, Absätze bildend, die aufeinanderfolgen usw. Wie Freud selbst sagt:

„Diese Aufgabe [das Formen einer Synthese aus Fragmenten, die während der Analyse eines Patienten zum Vorschein kommen] ... stößt an ihre natürlichen Grenzen, wenn es darum geht, der zweidimensionalen Beschreibungsebene eine Struktur aufzuzwingen, die über viele Dimensionen verfügt."

The Pelican Freud, Bd. 9, S. 308

Wenn man die Traumdeutung als eine Erzählstruktur betrachtet, kann man sagen, daß die dem Traum zugrundeliegenden Elemente in jeder beliebigen Reihenfolge dargestellt werden können, und jedesmal ergibt sich dieselbe Geschichte.

Wenn ein filmisches Werk die Form eines sich entfaltenden Erinnerungsbildes annähme, würde es der Struktur der Freudschen Traumanalyse nahekommen. Aber die Linearität der filmischen Abfolge neigt dazu, das Material in einer

Erzählhierarchie einzufrieren; die verschiedenen Elemente gewinnen oder verlieren an Bedeutung, je nachdem in welchem Zusammenhang und in welcher Reihenfolge sie stehen. Um diesen Erzähltyp verstehen zu können, muß man diese Reihenfolge als irrelevant betrachten. Und wie kann man dies besser erreichen als mit Hilfe von Interaktivität? Wenn der Zuschauer sich bewußt ist, daß die Reihenfolge, in der die Elemente auftreten, allein von seiner Reaktion abhängt, wird er diese Reihenfolge nicht mehr als ein Kriterium betrachten, das für die Erzählung von Bedeutung ist. Ein Zuschauer muß eine Folge von Ereignissen als vollkommen willkürlich betrachten, wenn er weiß, daß sie ausschließlich von seinen Handlungen bestimmt wird. Unter normalen filmischen Bedingungen wird die Bedeutung eines Ereignisses von seinem Kontext bestimmt.

Diese Bedeutung kann sich jedoch in nichts auflösen, wenn der Kontext vom Zuschauer bestimmt wird. Der Gegensatz zwischen dem ‚passiven‘ und dem ’aktiven‘ Zuschauer – sind dies die einzigen beiden Möglichkeiten? Könnte es nicht eine Bandbreite geben, wo die interessanten Begriffe in der Mitte liegen – ein ‚Erforschen‘ oder ‚Entdecken‘ anstatt eines ’Erschaffens‘ oder ‚Auswählens’? Was bedeutet es, wenn wir vom ‚Zuschauer’ zum ‚Teilnehmer‘ werden? Ähnelt es dem Übergang vom ‚Konsumenten von Gütern‘ zum ‚Produzenten von Gütern’? Nein. Aber es gleicht dem Übergang vom Fernsehzuschauer zum Live-Zuschauer zu werden, vom Live-Zuschauer zum Akteur, der mit ein paar Freunden in der Sporthalle Ball spielt, bis zum Spiel in der halbprofessionellen Liga.

Wenn wir über die Kommunikation zwischen Maschinen und Menschen sprechen, müssen wir nach den Bedingungen und Konsequenzen des Austausches fragen. Wenn die Maschine dem Benutzer Fragen stellt und eine Auswahl aus einem vorher festgelegten ‚Menü‘ anbietet, so ist das Einweg-Kommunikation. Ich möchte als Künstler in der Lage sein, durch mein Werk mit dem Publikum zu sprechen – und ich möchte das Gefühl haben, daß es mit mir spricht. Wir haben es hier mit einer ‚reagierenden‘ Maschine zu tun, nicht mit einem Meinungsforscher. Wir suchen nach einem Weg, die Interaktivität zu entwickeln, so daß sie menschliche Kommunikation erweitert, d.h. uns die Möglichkeit gibt, etwas zu kommunizieren, das wir zuvor nicht kommunizieren konnten, indem wir Maschinen und mechanische Formen der Reproduktion benutzen, aber nicht einfach eine Kopie dessen, was bereits vorhanden ist – Kanalwechseln und die Videothek im Wohnzimmer.

Viele Leute glauben, daß das Interessanteste an der Interaktivität die Möglichkeit zur Schöpfung im göttlichen Sinne von Schöpfung ist. Daß wir irgendwie die Handlung und die Figuren in die Wirklichkeit denken können: Erfinde sie und schon sind sie da ‚in Fleisch und Blut‘ oder, man könnte vielleicht sagen, ‚in Hyperfleisch und -blut’. Wir wollen anscheinend eine mühelose Filmproduktion, ein ‚Studio ohne Wände‘ – oder Kameras oder Scheinwerfer oder Beleuchter oder Requisiteure. Aber jeder, der einen Heim-Camcorder besitzt, weiß, wie schwer es ist, die Geburtstagsfeier eines Vierjährigen so festzuhalten, daß jeder – selbst die lieben Großeltern – sie sich ansehen kann. Wie können wir von einer von Regeln beherrschten Maschine erwarten, daß sie ein Schauspiel hervorbringt, das unsere Aufmerksamkeit fesselt?

„ ,Und wenn du sehr, sehr vorsichtig oder sehr, sehr geschickt bist, kannst du einen Becher ins Meer tauchen', erklärte Wenn Harun, ,siehst, du so!' Er holte aus einer anderen Westentasche einen kleinen goldenen Becher hervor. 'Du füllst ihn mit Wasser aus einem einzelnen, reinen Geschichtenstrom, siehst du, so!' Er tat es. ,Und dann bietest du ihn einem jungen Burschen an, der bekümmert ist, damit der Zauber der Geschichte ihn wieder fröhlich macht. Na los doch! Hoch die Tassen, runter damit, kipp mal einen, gönn dir was!' forderte Wenn ihn auf. ,Ich garantiere dir, du fühlst dich gleich wieder pudelwohl.' "

Salman Rushdie, „Harun und das Meer der Geschichten", München 1991, S. 69

$$* * *$$

Übersetzung: M. B. Wille

Anmerkung zu S. 58:

*) Als interaktiver Künstler freute ich mich sehr, an der ersten INTERFACE-Konferenz teilnehmen zu können. Schließlich wurde auf dieser Veranstaltung intensiv darüber theoretisiert, was meine Kollegen und ich tun und welche Auswirkungen unsere Arbeit auf die Gesellschaft hat. Als jemand, der sich der Interaktivität verschrieben hat und der den Gedanken, daß Interaktivität unsere etablierten Vorstellungen von Kommunikation und Wissen in Frage stellt, sehr ernst nimmt, haben mich jedoch einige Aspekte der Konferenz gestört. INTERFACE war nach traditionellem Muster organisiert: Redner sprachen zu einem Publikum von Zuhörern, die Zeit für Interaktionen zwischen Rednern und Zuhörern war begrenzt und knapp. Wenn Interaktivität irgend etwas in Frage stellt, so ist es die Vorstellung, daß man Wissen am besten durch eine Einbahnstraße und in einem Fahrzeug transportiert, das von einem Experten gefahren wird. Wissen kann von verbalen Solisten verkündet werden, aber es wird nur dann wirklich aufgenommen, wenn der Adressat es auf seine eigene Art und Weise erforschen und untersuchen kann. Meine öffentlichen Vorträge sind immer interaktiv: Nach einer kurzen Vorstellung meiner Arbeit erlaube ich dem Publikum, mich durch den Vortrag zu führen. Auf der INTERFACE-Konferenz war das nicht möglich: Ich erhielt eine bestimmte Zeit zugeteilt, um einen Vortrag zu halten, und das Publikum, das bereits mehrere Tage im erbarmungslosen Sperrfeuer der Experten gestanden hatte, war nicht in der Stimmung, sich mit mir in der von mir beabsichtigten Art und Weise zu beschäftigen.

Die Tatsache, daß die „Experten" ausschließlich Männer mittleren Alters von europäischer Abstammung waren (und ich bin da keine Ausnahme), betonte diese Situation: Es war immer wieder eine Erholung, der einzigen weiblichen Stimme zu lauschen, die während der Veranstaltung zu hören war, die der Dolmetscherin. Seit hunderten von Jahren leben wir in Gesellschaften, in denen Wissen einigen wenigen Privilegierten vorbehalten ist. Diese wenigen lassen sich manchmal dazu herab, einige Krumen ihres Wissens an die breite Masse weiterzugeben. Um es noch einmal zu sagen: Wenn Computer und Interaktivität überhaupt irgendeine Veränderung darstellen, so ist es die Unterminierung dieses Bildes. Vierzig weiße Männer, die in einem Raum mit goldener Decke nacheinander ihre Gedanken einem Publikum von verschiedenem Alter, Geschlecht und unterschiedlicher Rasse vortragen, stellen nicht gerade eine wirksame Form der Kommunikation dar; und ich habe mich bei meiner Arbeit im Bereich der Interaktivität immer besonders bemüht, Wege zu finden, um die aktuelle Technologie für eine wirksame Kommunikation zu nutzen. Allein schon das Vorhaben, die Vorträge dieser Konferenz als Dokumentation zu veröffentlichen, ist ein weiteres Beispiel für ihren nichtinteraktiven Charakter. Deshalb stelle ich meine „Vortragsunterlagen" mit einigem Unbehagen und gewissen Befürchtungen zur Veröffentlichung zur Verfügung. Wenn sie überhaupt zu irgend etwas gut sind, dann nur dazu, den Leser oder die Leserin anzuspornen, sich seine eigenen Gedanken zu machen.

Carl Eugene Loeffler

Interaktive Computerkunst

Übersicht

In diesem Aufsatz wird der Kontext einer computergestützten Kunst untersucht – der Computer als Werkzeug und die Ansichten über Werkzeuge gestern und heute. Was ist mit der Industrie? Welche Leistungen sind ein Zeichen für die Weiterentwicklung der kreativen Künste? Welches sind veraltete Techniken angesichts der digitalen Ära? Wie reagieren Künstler auf diese Situation?

Einleitung

„Die Verwendung von Computern in der Kunst führt zu einer Vereinheitlichung des Instrumentariums – einer engeren Verbindung zwischen den verschiedenen Kunstformen, die aufgrund der unterschiedlichen klassischen Methoden und Instrumente getrennt und in verschiedenen Institutionen unterrichtet worden sind. Es ist einer der entscheidenden Aspekte der neuen Situation, die durch die Einführung des Computers entstand, daß es keinen Grund mehr für die Aufteilung der Kunst in verschiedene Formen gibt, seien sie nun klassisch oder modern."

> Herbert W. Franke, „The Expanding Medium: The Future of Computer Art", Leonardo, Vol. 20, No. 4, 1987.

„Niemand weiß, ob dies die beste oder die schlechteste Sache sein wird, die die Menschheit sich je angetan hat, da das Ergebnis zum großen Teil davon abhängen wird, wie wir darauf reagieren und was wir damit machen werden. Der menschliche Geist wird nicht durch eine Maschine ersetzt werden, wenigstens nicht in absehbarer Zeit, aber es gibt kaum Zweifel, daß das weltweite Vorhandensein von Phantasieverstärkern, intellektuellen Werkzeugkästen und interaktiven elektronischen Gemeinschaften die Art und Weise wie Menschen denken, lernen und kommunizieren, verändern wird."

> Howard Rheingold, „New Tools for Thought: Mind-Extending Technologies and Virtual Communities", The Computer Revolution and the Arts, University of South Florida Press/Tampa, 1989.

Die Vision von einem Kosmos der digitalen Kreativität ist unwiderstehlich. Man kann seiner Phantasie dabei freien Lauf lassen und sich an der Vielfalt der Möglichkeiten berauschen. Es findet eine Kommunikationsrevolution mit ungewissem Ausgang statt. Tatsächlich gibt es bei den kreativen Künsten einen steigenden Bedarf an wichtigen neuen Werken für computergestützte Anwendungen. Der Computer hat die Art und Weise, wie „Menschen denken, lernen und kommunizieren" verändert, und das betrifft auch den künstlerischen Ausdruck.

Instrumentation: ja oder nein?

Der Computer ist eine Plattform für eine neue kreative Ära geworden, aber er ist nicht unumstritten. Die technikabhängige Instrumentation der Computerkunst wirft viele der Fragen wieder auf, die bereits als Reaktion auf die kreative Nutzung des Mediums Video gestellt wurden. Es kommt hinzu, daß es auf diese Fragen immer noch keine allgemein gültigen Antworten gibt.

„Kunstwerke, die mit Videotechnik geschaffen werden, haben nichts mit der Zukunft des Fernsehens oder mit der Zukunft von irgend etwas anderem zu tun. Die Videotechnik existiert immer noch deutlich getrennt von der Fernsehindustrie, trotz der wiederholten Versuche der Fernsehindustrie, die Videotechnik als eine Art Programmierung zu benutzen. Die künstlerische Arbeit mit Video und die mit Fernsehen scheinen sich von vornherein gegenseitig auszuschließen, gleiches gilt für das Verhältnis des Kunstdruckhandels zur Zeitschriftenindustrie."

> David Ross, „Video and the Future of the Museum", The New Television, Douglas Davis and Allison Simmons, MIT Press, 1977.

Die Videokunst ist laut Ross ein technisches Waisenkind, das noch in keiner der Künste oder der dazugehörigen Industrien zu Hause ist. Dasselbe läßt sich von der computergestützten Kunst sagen. Hierbei geht es um die jetzige Krise, die Unfähigkeit unserer Gesellschaft und Kultur, Anwendungen zu erfinden für die Werkzeuge, die sie herstellt. Rheingold erklärt, „die Grenzen dieser Technik liegen nicht bei der Hardware, sondern in unseren Köpfen. Das Wesen der Welt, die wir in den letzten entscheidenden Jahren des zwanzigsten Jahrhunderts schaffen, wird in hohem Maße bestimmt werden von unserer Haltung gegenüber dieser neuen Art von Werkzeug." Die wahre Definition von Anwendung ist: wie können die Sachen genutzt werden, welche Wechselbeziehungen gibt es?

Die Suche nach phantasievollen Anwendungen findet man nicht nur in unserer Zeit. Die Renaissance ist ein Beispiel für die Anwendung der Wissenschaft auf die Kunst, und die Ergebnisse wurden zu anerkannten Meisterwerken jener Zeit. Die Oper entstand durch den Zusammenschluß verschiedener Disziplinen (d.h. Tanz, Literatur, Musik, Malerei, Bildhauerei und Theater) zu einer kombinierten Kunstform. Nichts davon geschah über Nacht. Die jetzige Situation ist sogar noch komplizierter aufgrund der noch neueren Werkzeuge und des rasanten Tempos, in dem sie erfunden werden. Der Ausdruck 'zeitlos sein' ist eine Anomalie in einer Gesellschaft, die ihre Werkzeuge anscheinend über Nacht erneuert.

Intermedia

Der Computer ist ein perfektes postmodernes Ausdrucksmittel. Der Hang zur Aushöhlung der unterschiedlichen Kategorien ist symptomatisch für das Werkzeug und das Denken, welches seiner Anwendung zugrunde liegt. Das Verlangen, die Autorität der Kategorien in Frage zu stellen, findet man auch in früheren Quellen und erinnert an Claude Monets berüchtigte Sehnsucht „ich wünschte, ich würde blind geboren, nur um mein Augenlicht wiederzuerhalten und nicht zu wissen, was die Dinge sind!" Die Verschmelzung von Wahrnehmung und Kategorien wurde schon früher in der modernen Kunst diskutiert, und ein wesentliches Ergebnis dieses Diskurses nennt man ‚Intermedia'.

„Ein Großteil der besten Arbeiten, die heute entstehen, scheint zwischen den Medien zu liegen. Das ist kein Zufall. Die Vorstellung von der Trennung der Medien entstand während der Renaissance ... Ist es möglich, von dem Gebrauch von Intermedia als einer riesigen und alles umfassenden Bewegung zu sprechen, deren frühe Phasen der Dadaismus, Futurismus und Surrealismus waren, die der gewaltigen Unterströmung von heute vorausgingen."

> Dick Higgins, Intermedia, Foew & ombwhnw, Something Else Press, New York, 1969.

Higgins, ein Meister seiner Zeit, verweist unter anderen auf John Cage, der die Beziehung zwischen Musik und Philosophie erforscht. Er greift auch den Gedanken einer hohen Kunst an und unterstellt, daß Intermedia populistisch sind. Die herrschende Klasse bestimmt die Kategorien. Außerdem ist dies eine populistische Zeit, in der „Castro auf den Zuckerrohrfeldern arbeitet" und der Bürgermeister von New York zu Fuß ins Büro geht. Gemeint ist hier, daß die Kunst genau von der Welt klassifiziert wird, auf die sie sich bezieht. Unsere Welt verändert sich und somit auch die Kunst.

Die Anwendung von Intermedia bedeutet damals wie heute offensichtlich das Arbeiten zwischen und die Kombination von verschiedenen Medien. Der Ruf nach einer „engeren Verbindung zwischen den verschiedenen Kunstformen", und einem Zusammenschluß der klassifizierenden Institutionen ist eine wunderbare Verwirklichung von Intermedia, der primären Grundlage der Computerkunst.

Was ist mit dem Populismus? Viele kreative Künstler werden heute als 'cross-over artists', interdisziplinäre Künstler, bezeichnet, da ihre Kunst mit populären Medien, wie z. B. Computern, Filmen, Musik und Fernsehen, verschmilzt. Laurie Anderson ist ein ausgezeichnetes Beispiel aus der Musik. John Sanborn sagt, „ich mache keine Videokunst, ich mache Fernsehen." Die innovative Kunst unserer Zeit ist wirklich populistisch, nicht aufgrund einer antithetischen Beziehung zur hohen Kunst, sondern wegen ihrer Beziehung zu den populären Medien.

'Cross-over artists' befassen sich weniger mit dem System, das die hohe Kunst unterstützt und dem Kunstmarkt, als damit, neue Ansätze für die Herstellung ihrer Werke zu schaffen und populäre Vertriebsmärkte aufzutun.

Populäres Marketing beinhaltet populäre Marketingformen, wie z. B. Compact Discs, Computer-Software und Fernsehen. Die hohe Kunst, die Wert legt auf die ‚Aura' originaler Kunstwerke, steht im Gegensatz zu jenen, die mit digitaler Reproduktion experimentieren, wo das Original und die Kopien absolut identisch sind.

Es bestehen kaum Zweifel, daß Kunst immer populistischer werden und mit bekannten und noch zu erfindenden Medien und Werkzeugen verschmelzen wird.

Multimedia und Cybermedia

Die Computerindustrie ist die natürliche Heimat von Intermedia, als richtungsweisende Entwicklungen werden Multimedia und – am weitesten reichend – Cybermedia angesehen.

Was Multimedia angeht, so gibt es gegenwärtig viele Beispiele für die Kombination von Bild-, Ton- und Textkomponenten innerhalb einer computergestützten Umgebung. Tatsächlich sind sie zur Zeit groß in Mode und werden locker als interaktive Technologie und in manchen Fällen als Hypermedia bezeichnet. Hierbei hat der Benutzer Zugang zu den Komponenten, und bei fortschrittlichen Anwendungen kann oft sogar in Echtzeit die Organisationsstruktur beeinflußt werden. Aufgrund solcher Eingriffsmöglichkeiten wird bei Arbeiten dieser Art oft auf eine interaktive Terminologie zurückgegriffen. Die Schnittstelle zwischen Mensch und Maschine spielt eine Schlüsselrolle. Sie kann aus Stimmerkennung,

Touch Screen, Maus oder Tastatur bestehen. Je unauffälliger und wirkungsvoller die Schnittstelle ist, desto erfolgreicher ist die Anwendung. Gegenwärtig laufen Projekte im Bildungsbereich und in der Industrie. Kreative Anwendungen sind im Entstehen.

Cybermedia und der Traum von ‚Phantasieverstärkern' verlassen das Reich der Phantasie und werden zu Realität. Der Ausdruck ‚Cyberspace' taucht zum ersten Mal in William Gibsons Roman „Neuromancer" auf, und zwar in Zusammenhang mit einem globalen Computernetz, das ‚kollektive Halluzinationen' verursacht. Der Cyberspace, wie ihn die „Cyberia"-Projektgruppe entworfen hat, ist ein mehrdimensionaler Raum, in dem Informationen und Objekte von jedem, der eintritt, frei bewegt und verändert werden können. Der Cyberspace ist illusionistisch, da der User den Eindruck hat, tatsächlich dabei zu sein und zu agieren. Der Datenhandschuh von VPL-Research läßt den Benutzer seine Umgebung direkt fühlen. Als nächstes kommt der Datenanzug. „Das Geschäft mit dem Cyberspace hat mit Magie zu tun, mit der Produktion von Illusionen", erklärt Randy Walser, ein Mitarbeiter der „Cyberia"-Projektgruppe. Der Cyberspace kann eine Gruppenerfahrung sein, so wie von Gibson vorausgesagt. Die Anwendungsmöglichkeiten für den Cyberspace gehen von der Wissenschaft über die Unterhaltung bis zur Kunst.

Sowohl Multimedia als auch Cybermedia sind populistisch, da der Benutzer dem Erlebnis nach seinen Vorstellungen Form und Bedeutung zuweisen kann. Dies wird zu einem weiteren Aspekt der Definition von Populismus.

On-line-Gemeinschaften

In Verbindung mit einem Modem wird der Personalcomputer zu einem mächtigen Werkzeug der Kommunikation. Das Telecomputing erlaubt dem Anwender electronic mail zu verschicken, an synchronem Datenaustausch teilzunehmen und Zugang zu großen Computern mit vielen Benutzer zu erlangen. Benutzer, die am Telecomputing teilnehmen, bilden oft ‚virtuelle Gemeinschaften', nicht identifizierbare Anwendergruppen, die elektronische schwarze Bretter und Datenbanken benutzen. Viele on-line-Projekte sind speziell für die kreativen Künste gemacht, so z. B. das „Art Com Electronic Network" und „Art Link".

Das Telecomputing ist der Inbegriff des Populismus, da Teilnehmer aus allen sozialen Schichten gleichzeitig und zu verschiedenen Zeiten von verschiedenen Orten aus Kontakt aufnehmen können. Und was schließlich die elektronischen schwarzen Bretter angeht, so sind die angehäuften Daten der Ausdruck verschiedener Verfasser und Meinungen.

Digitale Videotechnik

Wird das Fernsehen immer ein verschwommenes Bild haben? In einem Zitat aus „The Future of Television", einem Aufsatz von Tom Steinert-Threlkeld, veröffentlicht im Katalog des letzten Dallas Video-Festivals, stellt George Gilder, der Autor von „Microcosm", „die Art von Frage bezüglich des Fernsehens, die das „Time-Magazin" vor 20 Jahren skandalöserweise in Bezug auf Gott stellte. Ist das Fernsehen tot? Ja, lautet seine eindeutige Antwort."

Abgesehen von einigen wenigen Testsystemen hier und dort ist das Fernsehen analog, d.h. ein sehr verrauschtes Signal. Es gibt nur wenig bis gar keine Hoffnung auf eine Veränderung dieser Situation. Selbst das neue hochauflösende Fernsehen (HDTV) ist bereits zweitklassig im Vergleich zu den Fortschritten bei der digitalen Videotechnik.

Inzwischen hat John Scully auf der letzten „Macworld Expo" einen Chip angekündigt, der in Echtzeit Grafiken verarbeitet und Videobilder digitalisiert – ein Ergebnis neuerer Entwicklungen bei Apple Computer. Und International Business Machines (IBM) arbeitet an „Digital Video Interactive" (DVI).

Die digitale Videotechnik beginnt ins Heim des Verbrauchers vorzudringen, der seine Videos vom Band digitalisiert und auf seinem Personalcomputer editiert. Sie möchten jemandem ein Video schicken – schon bald werden Kassetten out und Disketten in sein.

Was ist mit der Videokunst? Sollen die Videokünstler auch weiterhin für die Anerkennung eines analogen Mediums kämpfen, das technisch totgesagt ist, aber dem Ausdruck ‚schmutzige Bilder' eine neue Bedeutung verleiht? Bei der in Museen ausgestellten Videokunst inklusive den Videoskulpturen geht es weniger um die Weiterentwicklung des Mediums als um die Kunst des Museums.

Vor langer, langer Zeit gründete sich die Kommunikationsrevolution auf Videotechnik und Kabelfernsehen, heute sind Computer die Offenbarung. Mit der Erfindung der digitalen Videotechnik sind Computer und Video eins geworden. Das ist die neue Revolution.

Schlußwort

Wenn wir über die Verschmelzung der kreativen Künste durch Computer sprechen, so ist das bisher Gesagte ein verallgemeinernder Überblick des Kontexts. Es gibt eine Geschichte der Verschmelzung von Medien. Es wurden Beispiele aus der Zeit der Renaissance bis zur Moderne zitiert. Franke und Rheingold sind der Postmoderne zuzurechnen, genauso wie die Anwendungen von Multi- und Cybermedia. Die letzteren sind so visionär, daß es kaum Geräte gibt, um sie zu erschaffen, noch weniger die Worte, um sie zu beschreiben. Die von Higgins vorausgesagte kreative ‚Unterströmung' gibt es schon.

Übersetzung: M. B. Wille

Vito Orazem

Holografie – Manufaktur mit High-Tech

In ihrer mehr als 40jährigen Geschichte hat die Holografie ihre geistige Meisterleistung schon bei der Beschreibung des Aufnahmeprinzips durch Dennis Garbor erreicht. Die Natur der holografischen Datenverarbeitung ist im Bereich der Informatik ohne Übertreibung mit der Bedeutung der Einstein'schen Relativitätstheorie für die Physik gleichzusetzen. Das holografische Speicherprinzip, dem die der Wellennatur des Lichts zugrundeliegt, ist gegenwärtig das einzige, das fähig ist, sich der Speicherkapazität des menschlichen Gehirns zu nähern. Dieser Aufnahmeprozeß hat es ermöglicht – der Laser wurde zwölf Jahre später, 1960, erfunden –, daß Gegenstände mit allen Merkmalen der Dreidimensionalität gespeichert und rekonstruiert werden konnten. Wir vermeiden bewußt den Ausdruck ‚abbilden‘, weil das Hologramm streng genommen kein Bild, sondern nur ein Träger ist, auf dem Lichtinformationen codiert gespeichert sind. Gegenwärtig konzentriert sich die Forschung bei der Display-Holografie auf die Verbindung des holografischen Speicherprinzips mit der Computertechnologie. Die codierte Lichtbotschaft – das Beugungsgitter – läßt sich errechnen und dreidimensional wiedergeben.
Die Kopplung der beiden Technologien ist – wie die Einführung des Lasers – ein Meilenstein für die Weiterentwicklung der Holografie, denn sie wird Anachronismen bei der Produktion von Hologrammen überwinden helfen. Abgesehen davon, daß alle Probleme hinsichtlich des Modellbauens mit seinem Maßstab 1:1 und der Unbeweglichkeit der Anlage bei der Exposition wegfallen werden, ist vor allen auf die Generierung von zweidimensionalen Daten in dreidimensionale Gebilde hinzuweisen. So werden wir bald mittels eines holografischen Monitors nicht nur dreidimensional konstruieren können, sondern auch generieren und simulieren.

Dem Vorangegangenen ist zu entnehmen, daß die Arbeit des Holografen gegenwärtig einige, in sich gegensätzliche Handlungsweisen vereinigt. Sowohl von der Bauweise als auch von der Bedienung gehört das Lasergerät in den Kreis der Hochtechnologie. Dies gilt auch für den theoretischen Teil des holografischen Aufnahmeprinzips, jedoch nicht für die praktische Arbeit. Diese ist nach wie vor der Mechanik, ja sogar der Manufaktur verpflichtet. Auf der anderen Seite ist aber der Zugang zum Prozeß nur durch ein Try- und Error-Verfahren möglich, durch den Input der Daten in ein komplexes, ein nur von außen zu steuerndes System.
Nun haben wir es bei der holografischen Praxis mit dem Umstand zu tun, daß uns die Black Box als Synonym für Medientechnologien fehlt oder besser gesagt, der Raum selbst, in dem holografiert wird, eine riesige Apparatur (schwarze Kammer) ist. Auf den Arbeitstischen, die mehrere Tonnen schwer sein müssen, damit die nötige Stabilität der Gerätschaften während der Exposition nicht höher als ein Bruchteil der Wellenlänge ist, steht zunächst das Kernstück der Anlage, der Laser. Um ihn sind Linsen, Spiegel und Strahlteiler plaziert, frei beweglich und mit schweren Fußklötzen versehen. Auch das Objekt und später das Aufnahmematerial stehen frei auf dem Tisch.

Der Holograf bewegt sich zwischen diesen Elementen, klettert und schlingt sich dazwischen und erfüllt dabei – literarisch gesagt – die Funktion eines riesigen Mikroprozessors, der in dieser Black Box den Holografiervorgang steuert. Da jedoch während der Aufnahme die oben genannte Unbeweglichkeit herrschen muß, wird er – da lebendig – selber zur Störquelle. Er muß vor der Exposition den Raum verlassen, damit die codierte Botschaft aufgenommen werden kann.

Die Arbeit des Holografen ist zweigeteilt. Der eine Teil ist der des Mechanikers, eines manufakturen Arbeiters. Bei diesem Vorgang werden optische Elemente mit ihren Halterungen, die manchmal bis ein hundert Kilo schwer sind, geschoben und justiert, Lichtintensitäten und Abstände gemessen, Modelle stabilisiert und Aufnahmematerial angebracht. Diese Arbeitsweise, die die Voraussetzung des Holografierens ist, wird bei der Einführung der rechnergestützten Holografie, bei der ein Hochleistungsrechner die codierte Lichtbotschaft ausrechnen wird, nur noch museal zu betrachten sein.
Der andere Teil ist die durch den täglichen Umgang angeeignete Sensibilität für das System, mit welchem gearbeitet wird. Es ist nicht so sehr das Wissen als vielmehr das Gespür, im Einklang mit der Apparatur zu sein. In gewisser Weise ist die Sensibilität mit der eines Dompteurs zu vergleichen, nämlich vorweg die Reaktionen auf Befehle zu erkennen. Die möglichen Ergebnisse müssen bei der Produktion großformatiger Hologramme über mehrere Tage gedanklich vorweggenommen werden.

Da bei jeder Produktion nur Rahmendaten ihre Relevanz behalten, sind eigene Erfahrungswerte von größter Wichtigkeit, sie sind jedoch kaum übertragbar oder vermittelbar.
Nur die entwickelte Sensibilität für den Prozeßablauf erlaubt es uns, beim Produzieren die Grenze des bloßen optischen Effekts zu überschreiten und das Medium in die Aussage mit einzubeziehen.
Der Arbeitsprozeß ist durchaus mit der Verfahrensweise der Surrealisten zu vergleichen, vor allem aber mit der Erforschung der Fotografie durch Man Ray. Zunächst wird ein irrationales Verhältnis zu dem Medium beim täglichen Umgang im Labor aufgebaut. Dieses Verältnis wird – wie bei einer Traumanalyse – erforscht und in Arbeit manifest. Um die innere Gesetzmäßigkeit des Mediums zu verstehen und handhaben zu können, verletzen wir ab und an seine Regeln und ignorieren angelernte Bedienungsanweisungen.

Diese Problematik, das Medium-Spezifische im Kreativprozeß der Produktion mit zu berücksichtigen, bemerken wir, wenn wir im Labor für Künstler arbeiten, die mit der Holografie nur vordergründig vertraut sind. Obwohl zu denken wäre, daß eine bei der reinen Herstellung der Hologramme unbeteiligte Person eher einen Überblick über ästhetische Aussagen und Wirkungen hat, ist in der Praxis eher das Gegenteil der Fall. Produziert werden meist Hologramme, die lediglich manifeste Aussagen und Wirkungen beinhalten, welche dann bei der Kopplung mit anderen Techniken sehr häufig in einer reinen 3-D-Dekoration münden.

Durch die Möglichkeit, auf einer Fläche eine codierte Information über die Beschaffenheit des Raumes zu erhalten, schien zunächst ein alter Menschheitstraum in Erfüllung zu gehen, nämlich eine perfekte visuelle Kopie der Welt zu erschaffen.

Es ist nicht zu leugnen, daß die Display-Holografie die Kraft besitzt, Menschen in dreidimensionale Räume zu verführen. Ihr gelingt es, zunächst mittels der zweidimensionalen Fläche, Gegenstände zu erschaffen, die eine wahre Parallaxe haben und die die Akkomodation unserer Augenlinsen beanspruchen. Der Leitidee der perfekten Kopie der Welt ist auch ein Strang der holografischen Gestaltung verpflichtet, der bemüht ist, den Realismuscharakter der Holografie zu betonen und diesen mit der Holografie-Technologie in Einklang zu bringen. Exemplarisch möchten wir hier nur Bodyartstudien mittels der Pulsholografie erwähnen.

Mit Pulslaser können wegen der extrem kurzen Belichtungszeit Hologramme von beweglichen Objekten direkt aufgenommen werden. Bei der Pulsholografie haben wir es mit Portraitstudien zu tun, die bis zu extrem aufwendigen Techniken der schwarz/weiß Reflexionsholografie entwickelt worden sind. Denn wenn auch nicht zufällig einige von diesen Arbeiten an Frührenaissance-Portraits erinnern, vermitteln diese Hologramme weder den Eindruck einer Hyperrealität noch den einer Hyperindividualität. Sie vermitteln uns kein Surplus an Informationen und sind im Vergleich zu Fotos meilenweit von der Realität entfernt. Der Grund dafür, daß uns eine Dimension mehr keine zusätzliche Information liefert, liegt in der Eigenartigkeit des Laserlichts. Um Gegenstände holografisch aufnehmen zu können, ist es notwendig, diese zu verfremden und der Eigenart des Laserlichts anzupassen. So müssen Modelle nicht nur eine Stabilität in der Größenordnung der Wellenlänge aufweisen, sondern sie werden auch farblich präpariert. Bei der Herstellung von Portraithologrammen sind aufwendige Schminktechniken nötig, weil beim ungeschminkten Gesicht das Licht des Pulslasers tief in die Poren der menschlichen Haut eindringt und diese in ihrer orangenartigen Struktur abbildet.

In der vollkommenen Dunkelheit des Labors reißt die Einfarbigkeit und Kohärenz des Laserlichts die beleuchteten Gegenstände aus der vertrauten Lichthülle des natürlichen oder elektrischen Lichts heraus. Die Gegenstände bzw. Personen erscheinen zunächst vollkommen monochromatisch, eingehüllt in einen mehlartigen Schleier, 'Speckles' genannt. Da Speckles die Beugungs- und Interferenzerscheinungen des Laserlichts in unseren Augen sind, bewirken sie Irritationen bei der Akkommodation der Linse und der Tiefenerfassung, denn der Schleier schwebt in einem undefinierbaren Abstand vor unseren Augen. Durch diese extreme Beleuchtungsart verlieren die Gegenstände ihre uns bekannte Erscheinungsart und werden zu abstrakten Hüllen der Gegenstände schlechthin. Sie werden depersonalisiert und verallgemeinert. Dadurch verlieren sie ihre Authentizität, denn das einzig Authentische im späteren Hologramm ist die Existenz und die eigenartige Natur des Laserlichts.

Dieser Umstand wird um so deutlicher, wenn wir das im Laserlicht eingetauchte Objekt mit seinem Lasertransmissionshologramm vergleichen. Zwischen der optischen Erscheinung des Objekts und dessen Hologramm ist kein Unterschied auszumachen. Das Objekt hat beim Ausleuchten mit Laserlicht seinen eigenen Realitätsanspruch aufgegeben und manifestiert lediglich die Reaktion des Laserlichts auf seiner Körperoberfläche. Um diese optische Identität ansichtig machen zu können, hat die Gruppe O.Z.L.O. das Medienwerk „Holografische Installation mit Mechatron" gebaut. Von einem Mechatron, einem rechnergesteuerten beweglichen Objekt, wurde ein großformatiges Lasertransmissionshologramm hergestellt. Das Hologramm hatte durch Spiegelungen einen virtuellen Raum von mehreren Metern Tiefe bekommen. Für die Installation wurde ein völlig abgedunkelter Raum hergerichtet. Mitten im Raum wurde das Hologramm von der Decke abgehängt, so daß es beim Betreten sofort zu sehen war. Der Zuschauer betrat den Raum und glaubte zunächst nur ein großes Hologramm erblickt zu haben, welches ein nicht eindeutig zu erkennendes Objekt zeigt. Genau an der Stelle des Hologramms, wo unser Objekt auszumachen war, wurde aber auch das urpüngliche Mechatron abgehängt. Weil neugierig, näherte sich der Zuschauer dem Hologramm und trat unbeabsichtigterweise auf Fußschalter, die am Boden angebracht waren. Diese Kontakte waren on-line mit dem Rechner verbunden, der das Mechatron in Bewegung setzte. Erst durch die Bewegung und die dazu gehörenden Geräusche war ein distinktives Element eingeführt worden, das die notwendige Unterscheidung zwischen dem Objekt und dessen Lasertransmissionshologramm ermöglichte.

Abschließend ist noch zu erwähnen, daß wir bei der Relation zwischen dem Objekt und dessen Hologramm nicht mit überkommenen Kategorien von Kopie und Original oder Realität und Schein operieren können. Im Hologramm wird nichts vorgetäuscht, kein Betrug des Auges wird vorgenommen. Wie in diesem Medienwerk gezeigt wird, haben wir es vielmehr mit der Synchronität der optischen Realitäten zu tun.

Sowohl gegenständliche als auch abstrakte Hologramme sind vom Prinzip her Linsen oder Spiegel. Sie beugen das auf sie fallende Licht und formen daraus eine Lichtplastik. Sie können jedoch die Linsen- und Spiegelfunktion selbst übernehmen, ohne daß sie dabei ein holografiertes Objekt speichern. Solche Hologramme, die eine reine Linsen- oder Spiegelfunktion haben, nennen wir holografisch-optische Elemente. H.O.E.'s sind erste Genesungszeichen der Holografie. Mit ihnen heilt sich die Holografie von ihrer 3-D-Abbildbarkeit. Die Anlehnung an die alte Form des Bildes schwindet. Holografie reinigt sich vom Ballast der ihr fremden und anachronistischen Inhalte. Ade Wasserhähne und Schädel! Ade grüne Männchen mit weit aufgeschlagenen Pupillen! Ade Passepartouts! Ade Rahmen! Die reine Form ist da. Sie birgt in sich neue optische und ästhetische Gebrauchsweisen. Holografie als optisches Element wird z. B. als Projektionsfläche im Head-Up-Display angewandt, oder als Langwellenfilter in den Windschutzscheiben der Autos. H.O.E.'s haben als dünne Filme die Eigenschaften von dicken Linsen. Deshalb sind sie z. B. als Kontaktlinsen vorgesehen oder als optische Elemente in Teleskopen und Objektiven. Die Anwendungsbezogenheit der H.O.E.'s bringt nicht nur neue Formen der Produkte mit sich, in denen H.O.E.'s eingebaut sind, sondern in ihnen ist die immanente ästhetische Dimension der Technologie ,Holografie' verborgen. Solange das Hologramm als Bildform existierte, war das Verhältnis zwischen Hologramm und Licht rein kausal. Das Licht rekonstruierte das Hologramm, um eine aus unserer Bildwelt stammende Realität wiederzugeben. Trotz der codierten Speicherung ist die Rekonstruktion des Hologramms ein Analogon der Welt gewesen. Indes wird das Verhältnis immer ein

Wechselseitiges sein. Das H.O.E. ist da, um die Lichtrealität zu formen, mehr noch: zu generieren.

Im Medienwerk „H.O.E.-TV", das 1990 von Thomas Lück und mir realisiert wurde, wird ästhetisch das Verhältnis zwischen dem Bildschirm als 'Lichtkanone' und dem H.O.E. als Bildmultiplikator thematisiert. Mit dem Bildschirm ist zunächst die Möglichkeit vorhanden, die Lichtquelle zu manipulieren und Bewegungsabläufe mittels Video auf dem H.O.E. zu steuern. „H.O.E.-TV" ist als eine Projektstudie zu verstehen, Lichteinflüsse auf das Medium Holografie zu erforschen, um die Materialästhetik des H.O.E. ansichtig zu machen.

Mit der Auswahl der reinen Form der Holografie als H.O.E. und des Fernsehens als rauschende Bildröhre werden beide Medien zu ihren Wurzeln geführt. Durch die gesteuerte Interaktion werden sie zu einem radikalen autoreversen Medienwerk.

Roy Ascott

Keine einfache Materie
Der Künstler als Medienproduzent in einem Universum der komplexen Systeme

So wie beim Zusammenstoß energiegeladener Teilchen im Bereich der Quantenphysik so hat auch der Zusammenstoß von Kunst und computerisierten Systemen in unserer Kultur einen neuen starken Energieschub erzeugt, der denselben Regeln der Unbestimmtheit und Unsicherheit unterliegt und das seine zu einer neuen Weltanschauung beiträgt, innerhalb derselben Paradigmaverschiebung, deren Auswirkungen wir gerade erst zu erkennen und zu begegnen beginnen. Hier haben wir eine kulturelle Formation (oder eine sich formende Kultur), die einen massiven Bruch mit vergangenen Gewohnheiten und Werten verursacht und neue Ansichten und Verhaltensweisen, ein neues Feld der Kreativität schafft, die zusammen genommen ein neues Bewußtsein bilden.

Das hervorstechendste Merkmal dieses neuen Kreativitätsfeldes ist die sich verändernde Identität des Künstlers. Während die Poststrukturalisten uns auf den Tod des Autors vorbereiteten und die Helden der Avantgarde uns frühzeitig vor dem Ableben der Kunst warnten, und obwohl wir den Betrachter inzwischen als einen aktiven Teilnehmer bei der Schaffung von künstlerischer Bedeutung ansehen, hätte uns nichts in der westlichen Kultur auf die neue Identität des Kunstproduzenten vorbereiten können; eine Identität, die sich verschoben hat von der eines begabten, einmaligen und inspirierten menschlichen Individuums zu der eines extrem vielfältigen, komplexen, örtlich nicht gebundenen, verzweigten und erweiterten bionischen Systems, dessen Mittelpunkt unzweifelhaft aus einer Gemeinschaft menschlicher Köpfe besteht, das aber mehr und mehr Künstliche Intelligenz, neue Formen des Wahrnehmens und Fühlens sowie Prothesen von beachtlicher Vielfalt und Komplexität enthält. Solche Gemeinschaften bilden sich innerhalb des Mediums der telematischen Netze, und solche Netze entstehen schnell rund um den Globus, und zwar auf eine Art und Weise, die die Neuschöpfungsprozesse der Natur nachzuahmen scheint. Deshalb ist der Tod des Künstlers keine einfache Materie.

Gleichzeitig hat sich die vorherrschende künstlerische Metapher von der des ‚Fensters', das eine gegebene und zugleich vollständige Wirklichkeit einrahmt, zu der des ‚Eingangs' verschoben, der uns Zugang gewährt zu einer selbst geschaffenen Welt, in der Sinn und selbst Wirklichkeit die Resultate unserer eigenen Verhandlungen und Interaktionen und somit vergänglich, veränderbar, unsicher, unbestimmt und offen sind. Der Graben zwischen subjektiver und objektiver Realität ist jetzt zugeschüttet worden, da wir erkennen, daß wir alle, unabhängig von unserem Fachgebiet oder unserer Meinung, Teil ihrer Erfindung sind: ein Prozeß des ständigen Schaffens und Wiedererschaffens, der endlosen Wiederdarstellung und Rekonstruktion. Wissenschaft und Kunst, die neue Wissenschaft und Kunst, haben mehr Gemeinsamkeiten als Unterschiede; tatsächlich könnte man sagen, daß das sogenannte Corpus Callosum, das diese ehemals gegensätzlichen Aspekte des menschlichen Geistes während der zweiten Hälfte dieses

Jahrhunderts verbunden hat, zuerst aus Kybernetik und dann aus Informatik bestand und sich jetzt aus den Wissenschaften der Komplexität und des künstlichen Lebens zusammensetzt.

Die Kunst wurde entmaterialisiert, wie zuerst Lucy Lippard(1) feststellte, und sogar immateriell, wie später Jean-François Lyotard(2) verdeutlichte. Tatsächlich ist es nicht einfach nur so, daß die Stellung des Objekts in der Kunst sich aus seinen begrenzten euklidischen Dimensionen hinaus in die Weite des elektronischen Raumes verlagert hat, oder, daß seine digitale Zusammensetzung im Wesentlichen eine Form der Organisation, kreisend zwischen Wetware und Hardware, ist, sondern daß die Kunst jetzt überhaupt keine Grenzen mehr kennt, weder was ihre einzelne lokale Materialisation noch was das weite Feld der telematischen Netze angeht, die sie erschaffen. Der Computer, der diese neue Kreativität vermittelt, steht nie allein. Wenn sie nicht ausdrücklich in parallelen oder neuralen Netzen sind, streben alle Computer jetzt das Stadium der hohen Vernetztheit an. Alle Computer existieren in einem Universum der Verbindungen, das dynamisch und telematisch ist. Innerhalb dieser telematischen Kultur ist Kunst diffus, immanent, verzweigt, ständig in Bewegung, veränderbar und als Handelnder und Werkzeug des Bewußtseins unendlich gestalterisch. Deshalb ist der Tod der Kunst keine einfache Materie.

Innerhalb dieses Medienflusses sind die höheren Werte der alten Kunst – Inhalt, Ausdruck, Wirkung, Intention – auf den zweiten Platz hinter Kontext, Zufälligkeit und Unbestimmtheit zurückgefallen. Alles ist provisorisch. Es gibt keine Teleologie. Wir haben auch festgestellt, daß es keine Philosophie mehr gibt. Anstelle fundamentaler Wahrheiten, tiefer Einsichten, Darstellungen einer autorisierten Wirklichkeit oder Nachahmungen des Göttlichen (einer Ordnung der Welt von oben nach unten) haben wir vergängliche Hypothesen, vielfache Realitäten, Vergegenwärtigung des Unsichtbaren und Verwirklichung des Unbeschreiblichen (eine von unten nach oben verlaufende Wiedererschaffung der Welt). Der Tod Gottes ist keine einfache Materie.

Die Grundlage dieser gesamten kulturellen Veränderung ist die Verlegung des Körpers. Einerseits waren wir unseres Körpers nie so bewußt wie heute. Er ist herrlich, wir feiern ihn, wir nähren ihn, wir trainieren ihn, wir verwöhnen ihn. Unsere technischen Prothesen verlängern ihn, verstärken ihn, bereichern ihn. Wir kennen seine innersten Abläufe, seine Zyklen und Jahreszeiten, seine Veränderungen, seine autonomen Systeme und ökologischen Abhängigkeiten. Der Körper wurde wiederentdeckt, wiederbewertet und erhielt, was ihm zusteht. Wir lieben ihn mit derselben Intensität wie diejenigen, die wir für immer zurücklassen müssen. Wir ziehen aus dem Körper aus, wahrscheinlich hinein in den galaktischen Raum, aber sicherlich hinaus in die weite Welt in Form eines „ungebundenen Geistes" (Gregory Batesons(3) Formulierung) und lassen den Körper zurück. Dies erleben wir z. Z. am dramatischsten bei der Telepräsenz, unserer Fähigkeit die Welt indirekt zu sehen, zu hören und ganz allgemein zu fühlen, miteinander in elektronischen, immateriellen, faktischen Räumen zu kommunizieren, über entfernte und verstreut liegende Orte verteilt zu sein, gleichzeitig hier und dort, an vielen Orten zur selben Zeit zu sein. Die individuelle menschliche Präsenz des individuellen menschlichen Ichs, eine einheitliche und ungeteilte Persönlichkeit, ist zu den vielfachen, verteilten Präsenzen einer Reihe von vielen Ichs mit vielschichtigen komplexen, verschiedenartigen Persönlichkeiten geworden. Wir neigen zur Vernetztheit. Die ungeteilte Einheit, die wir suchen, liegt im „ungebundenen Geist". Die von uns entwickelte Komplexität der Persönlichkeit erfordert mehr als ein einzelner Körper oder eine einzige ständige Präsenz geben könnten. Die Psychologie ist nicht darauf vorbereitet, auf die Erfordernisse der Telepräsenz in einer telematischen Gesellschaft einzugehen. In diesem Zusammenhang gibt uns Freud mehr als Moravec(4) mit seiner Vision von einem vollständigen downloading der Persönlichkeit von der Wetware zur Hardware, insofern als wir bemüht sind, uns von der Geschichte und den Ketten des Traumas zu befreien. Wir können den Tod nicht länger akzeptieren und unsere Treue von einer Kunst, die durch die Reste des Kunstgewerbes nach Unsterblichkeit strebt, übertragen auf eine Kunst, die sich zusammentut mit den Poeten und Visionären der fortschrittlichen Robotertechnik, Nanotechnologie und wiedergeborenen Bionik. Der Tod des Körpers ist keine einfache Materie.

Es wäre leichtfertig zu fragen, „was ist mit dem Zeichnen, der malerischen und bildhauerischen Darstellung nach der Natur?", wenn dies nicht genau die Frage wäre, die die meisten Kunstakademien immer noch stellen. Die alte Kultur, an der sie nach wie vor hartnäckig festhalten, war auf geradezu kindische Weise fasziniert von der sichtbaren Welt. Es scheint so, als ob alles aus mittlerer Entfernung wahrgenommen, verstanden und geliebt wurde – der Körper, die Natur, die Stadt, ja das gesamte Leben. Erst mit dem Aufkommen von computerisierten Systemen des Fühlens, Wahrnehmens und Denkens haben wir uns entschlossen, die Welt von nahem oder aus großer Entfernung zu betrachten. Erst jetzt versuchen wir, das Unsichtbare sichtbar zu machen, das winzige Nanokleine und das riesige Galaktischgroße zu verstehen. Genauso wie wir erkennen, daß unsere Provenienz in der Kunst den Pfaden der Abstraktion, des Nichtobjektiven, eins mit der Mystik und dem Psychischen, folgt, so haben wir auch die primitive Linearität der Erzählung, der bildlichen Darstellung, des verfassten und durchdachten Inhalts, der aussageschweren Expression und Beschwörung aufgegeben. Telematik und Universalität gehen Hand in Hand.

Welche Tragödie liegt deshalb in der Entschlossenheit der Akademien, diese neuen kulturellen Gebote zu ignorieren. Und welche noch größere Krise steht ihnen bevor, wenn sie versuchen, die neuen Technologien ‚miteinzubeziehen'. Immer wenn der Computer nur als ein Werkzeug betrachtet wird, kann er höchstens die Ansichten und Vorlieben der alten Kultur erweitern und verstärken. Den Computer als ganzheitliches System zu akzeptieren, als eine Umwelt, die neue Ansichten und Verhaltensweisen, neue Beziehungen zur Welt und zueinander erfordert, würde bedeuten, das eigentliche Fundament ihres bevorzugten und beschützten Vorurteils zum Wanken zu bringen. Immer wenn die alten Designverfahren nur in Software übertragen werden, können die neuen und notwendigen Strategien zur Entwicklung von designerischen Lösungen, ausgehend von der Arbeit mit dem Lineal, offen für Zufälle und Veränderungen, niemals realisiert werden. Wir brauchen sowohl neue Metaphern als auch neue Verfahren. Wann, außer bei seltenen Gelegenheiten, wird Lernen als das Navigieren auf einem hypervernetzten Datenozean, als das Segeln durch den Datenraum, als Gespräche in faktischer Realität, als das Mischen und Verschmelzen von Telepräsenzen betrachtet? Wo finden wir eher die ‚Schnittstelle' als den Bilderrahmen oder das Podest als Randbegrenzung der künstlerischen Praxis und Präsentation? Wo betrachtet man die Welt eher als Fasern, bereit verwebt zu werden, denn als Text, der darauf wartet, gelesen und interpretiert zu werden? Und wenn nicht an der Kunstakademie, der sogenannten Heimat des Experiments, der Innovation, der Kreativität und Freiheit, wo sonst sollten wir das Samenbeet, den Prüfstand, die Teststrecke, das Treibhaus für die neue telematische Kreativität, für die Evolution des Künstlers als Medienproduzenten finden? Wir werden sehen, daß das alles aus der telematischen Infrastruktur der weltweiten Verknüpftheit entstehen wird und nicht in den Ziegeln und dem Mörtel der alten, isolierten, abgeschotteten Kunst- und Designinstitutionen. Es gibt jedoch nicht nur politische, sondern auch kulturelle Kräfte, die versuchen werden, solches Entstehen und Wachsen zu zügeln. Kreativität in den Netzen muß für eine reaktionäre Autorität ein noch erschreckenderes Anzeichen für soziale Veränderungen darstellen als Kreativität auf der Straße. Schließlich kann man die post-punkigen, modernen Poseure der allgegenwärtigen ‚Laissez-Faire-Kunstakademie' leicht identifizieren, beobachten und kontrollieren. Aber profunde, umgestaltende Kreativität innerhalb der Netze ist so lange für externe Kräfte größtenteils unsichtbar und unkontrollierbar, bis ihre Auswirkungen übertragen sind in die neuen sozialen Verhaltens- und Lebensweisen, die letztendlich entstehen müssen. Der Tod der Kunstakademie ist keine einfache Materie.

Wenn der Künstler und der Betrachter der Kunst, die Welt und der Beobachter, das Eigentliche und das Wirkliche, das Subjektive und Objektive, Input und Output, Wetware und Software, Yin und Yang austauschbar sind, wo ist dann der Mittelpunkt eines kreativen Systems? Worauf konzentrieren wir uns, wohin richten wir unsere kritische Aufmerksamkeit, unseren kulturellen Schwerpunkt, unser Geld? Sie müssen in den Phasenraum zwischen den beiden Teilen, die Vibration zwischen den beiden Kräften, die Spannung zwischen den beiden Polen. Das ist die produktive Zone, das ist das Reich des Künstlers als erweitertes System.

Von meinen ersten Experimenten mit veränderbaren Strukturen und Zuschauerbeteiligung und meinem Design für eine „Cybernetic Art Matrix"(5) in den sechziger Jahren bis zu meinen globalen Telematikprojekten für „Electra" (6), die „Biennale" in Venedig(7) und „Ars Electronica"(8) in den achtziger Jahren habe ich mich bemüht, eine neue Künstlerrolle zu erforschen, die sich im Einklang befindet mit den befreienden, ja sogar transzendentalen Technologien von computerisierten Systemen und fortschrittlicher Telekommunikation. Dies erfordert die Schaffung neuer Theorie und neuer Kritik. Während es in diesem neuen Bereich eine wachsende Gemeinschaft von Kollegen und Mitarbeitern gibt, gibt es sehr wenig öffentliches Bewußtsein, institutionellen Beistand oder Engagement seitens der Kuratorien bei der Unterstützung neuer Initiativen. Während es einige wenige hervorragende Institutionen gibt, in denen kreative und pädagogische Strategien für die telematische Kultur entwickelt werden, hat sich die große Mehrheit der Kunstakademien einer kunsthandwerklichen oder klassischen Orthodoxie der modernistischen Praxis verschrieben. Während es viele junge Menschen gibt, die sich voller Enthusiasmus mit dieser Technik beschäftigen und ungeduldig auf ihre Entwicklung warten, gibt man ihnen Spielautomaten, Nintendo und andere Trivialitäten. Was fehlt, ist der positive politische Wille, die Umgestaltung der Kultur zu dieser Zeit der ‚Großen Veränderungen' zu unterstützen. Natürlich steht mehr auf dem Spiel als das Make-up der Akademien und Museen. Wir stehen auf dem Spiel. Unser eigenes Selbstverständnis als Individuen, unser eigenes Kunst- und Kulturverständnis sind in Gefahr. Es ist extrem unwahrscheinlich, daß Politiker, Pädagogen oder andere politisch Einflußreiche bei der Evolution dieser neuen transhumanen, telematischen Kultur mithelfen werden. Es wird Sache des Künstlers sein, den Weg zu finden. Aber der Künstler ist jetzt ein System, stark vergrößert, vielfach differenziert und mit globaler Reichweite. Die Wiedergeburt der Kultur und die Umgestaltung des Bewußtseins an der Schnittstelle zur Zukunft werden mit Schwierigkeiten beladen, aber unvermeidlich sein. Der Tod einer Kultur ist keine einfache Materie.

Die Wissenschaften der Komplexität, Molekulartechnologie, der Kognition und des künstlichen Lebens zeigen uns, daß Materie selbst keine einfache Materie ist. Als Künstler, die in enger Verbundenheit mit dem Immateriellen eine neue Art der Körperlichkeit schaffen, reflektieren unsere Medien diese Komplexität. Unsere Verwendung von kybernetischen, telematischen, interaktiven, postbiologischen Systemen bewirkt das Entstehen eines neuen Kreativitätsfeldes, einer neuen Kunst, in der es keine einfache Materie ist, ein Medienproduzent zu sein.

Literatur

(1) Lucy Lippard, „Six Years: the Dematerialization of the Art Object", Praeger, New York 1973

(2) Jean-François Lyotard, „Les Immatériaux", Centre George Pompidou, Paris 1985

(3) Gregory Bateson, „Steps to an Ecology of Mind", Chandler, San Francisco 1972

(4) Hans Moravec, „Mind Children", Harvard, Cambridge 1988

(5) Roy Ascott, „Behaviourist Art and the Cybernetic Vision", Cybernetica, Namur 1966

(6) Roy Ascott, „La Plissure du Texte", Electra, (Ed. Frank Popper), MAM, Paris 1983

(7) Roy Ascott, „Art, Technology and Computer Science", XLII Biennale di Venezia, 1986

(8) Roy Ascott, „Gesamtdatenwerk. Konnektivität, Transformation und Transzendenz", Kunstforum International, Köln, September/Oktober 1989, Bd. 103

Übersetzung: M. B. Wille

Richard Kriesche

Neubestimmung der Identität des Künstlers am Beispiel BTX

I

1. Der BTX-Raum ist primär ein elektronisches Environment. In dieser kommunikativen und interaktiven Ausprägung wird er hier einer Erörterung unterzogen. Der BTX-Raum steht somit prototypisch für das elektronische Environment, für einen neuen Kunstraum und einen neuen Raum für Kunst. Dieser BTX-Raum ist u.a. von besonderem Interesse, weil er das erste öffentliche elektronische Environment repräsentiert, das das Privatatelier des Künstlers gesprengt hat, somit eo ipso eine ausschließlich ‚Öffentliche Kunst' zur Folge hat. Der Diskurs über eine ‚Kunst im öffentlichen Raum' wird ohne Bezugnahme auf den elektronisch-digitalen Raum nicht mehr geführt werden können, andererseits wird er den neuen Diskurs über die 'Unmöglichkeit einer Kunst im privaten Raum' zur Folge haben.

2. Dank der Relation aller Phänomene des Marktenvironments zu ihrem Warenwert verfügt das BTX-Environment über ein objektweltliches Pendant (Bank, Einkaufszentrum, Börse, Reiseunternehmen, Konzertkasse, etc.) und bildet, im Unterschied zum PC-Environment, stets eine Schnittstelle von Objektwelt und Datenwelt. Für uns ist diese Schnittstellenfunktion im BTX-Environment von besonderem Interesse, weil sie die Betrachtung der Welt bereits von mehr als einem Standpunkt aus, von dem des elektronischen und dem des vorelektronischen aus, gestattet. An dieser Schnittstelle vollzieht sich sozusagen unsere eigene Transformation bzw. Bewußtwerdung zwischen elektronischem und vorelektronischem Denken, zwischen der Moderne und Postmoderne.

3. Das BTX-Environment ist die krude Vorstufe der Verschaltung der dinglichen Welt mit der elektronischen. An ihm kann gerade noch der gesellschaftliche Zustand in seiner sich vollziehenden Transformation abgelesen werden. Zentralismus, Monopol, Kontrolle können innerhalb des Environments noch eingesehen werden, bevor sie für immer innerhalb der Subsysteme verschwinden und sich aus den unkontrollierbaren Schaltkreisen heraus ‚frei entfalten' – in der Form einer technologischen Verinnerlichung.

4. Man kann deshalb von einem gesamtgesellschaftlichen Phänomen sprechen, weil der postmoderne Mensch zunehmend selbst zu dieser Schnittstelle wird. In der Kunst hat dies Duchamp ausgewiesen, im Leben hat sie sich bei Werner Schmeiser vergegenständlicht. Die physische Existenz des Menschen verbindet sich mit der künstlerischen Existenz des Goldschmieds zur Einheit, die selbst wiederum nur als Schnittstelle zwischen beiden zu fassen ist. Die 'Figur' Werner Schmeiser repräsentiert individualisiert das Schnittstellenszenario der postmodernen Gesellschaft. Das Programm der Moderne, ‚Kunst und Leben' zu einer Einheit zusammenführen zu wollen, findet in der Doppelexistenz seinen vorläufigen Ausdruck. Zum Verständnis dieses Textes ist es somit unabdingbar, die ‚vita' und die ‚ars' von Werner Schmeiser, auf Grund der bei ihm eingetretenen Gespaltenheit, als Einheit zu lesen.

5. Der Computerschmied Werner Schmeiser wendet sich dem kostbaren, dem puren Gold zu. Und wenn heute Information Gold ersetzt, so hat der Künstler und Goldschmied im Computer sein doppelwertiges Arbeitsfeld gefunden. Der Computerschmied Werner Schmeiser bearbeitet am Bildschirm das Gold im Computer, das realweltlich zu bearbeiten der Goldschmied Werner Schmeiser außerstande ist.

II

Werner Schmeiser war einer der bedeutendsten Goldschmiede Österreichs. Heute, nachdem er gezwungenermaßen den traditionellen Goldschmiedberuf aufgeben mußte, ist er meines Erachtens zum bedeutendsten Goldschmied Österreichs geworden. Ich werde dies wie folgt begründen: Im Sinn einer harten Geometrie entwirft Werner Schmeiser, man wäre versucht zu sagen: dialektisch zur weichen Geometrie des menschlichen Körpers, seine Schmuckstücke. Es sind Objekte, denen eine geometrisch-serielle Ästhetik von hoher Schlüssigkeit und Konsequenz zu Grunde liegt. Die manuelle Ausführung ist von einer äußersten, auf die Spitze getriebenen, maschinellen Perfektion und Präzision. Handarbeit geht in der maschinellen Ästhetik auf. Dies bis zum Jahre 1977.

Im Alter von 37 Jahren erleidet Werner Schmeiser einen Gehirnschlag. Er ist vollkommen sprechunfähig, bewegungsunfähig. Mit hartem Training gelingt es Werner Schmeiser langsam wieder zu gehen, zu sprechen und mit der linken Hand zu schreiben – denn Werner Schmeiser ist und bleibt halbseitig gelähmt. Die Arbeit als Goldschmied nimmt Werner Schmeiser insofern auf, als Freunde nach seinen Entwürfen die Objekte ausführen. Aber allesamt nur mit unbefriedigenden Ergebnissen. Werner Schmeiser muß es sehend erleben, daß der Beruf des Goldschmieds, wie er ihn praktiziert hat, für ihn ein für alle Mal vorüber ist.

Schließlich betritt er mit seiner Skulptur „An der Autobahn" – einer formenschweren Stahlskulptur – den öffentlichen Raum. Es ist das Konzept aus seiner Goldschmiedtätigkeit. Damit erreicht er endgültig das Ende des Goldschmieds, und – wie ich behaupte – den Anfang seiner Kunst. Mit dem Ende des Goldschmieds setzt ein neuer Anfang der Kunst ein. Aus der Kontinuität des Künstlers Werner Schmeiser entwickelt sich ein Neuansatz des Goldschmieds, wie er in dieser Radikalität in allen anderen künstlerischen Disziplinen noch gefordert werden muß. (Ich denke hier insbesondere an die Vorträge, die wir über Design gehört haben.)

1989 legt Werner Schmeiser endgültig das Goldschmiedwerkzeug aus der Hand. Er bittet seine Schüler, je ein Duplikat seiner Insignien, die ihn zur höchsten Perfektion geführt haben, nach seinen Plänen anzufertigen. Es ist die endgültige, liebevolle Abrechnung des Werner Schmeiser als Goldschmied: das Werkzeug wird Schmuckzeug. Die Handarbeit des Goldschmieds Werner Schmeiser transformiert zur Kopfarbeit des Computerschmieds Werner Schmeiser.

Werner Schmeiser betreibt Grundlagenforschung über Gold und Schmuck. Die eigentliche Arbeit, die jedem Schmuck- und Goldstück zugrunde liegt. Im Computer schließlich ist die in Werner Schmeiser angelegte Obsession von der maschinellen Ästhetik in einer nahezu vollendeten Form aufgegangen. Die Beziehung schließlich, vom Gold zum Computer, demnach vom Goldschmied zum Computer-schmied, ist keine zufällige oder spekulative, wie dies möglicherweise erscheinen mag. Sie ist – fast möchte ich sagen – paradigmatisch für den Kulturwandel ins Immaterielle.

Gerhard Lischka verweist wohl als einer der ersten in seinem Essay „Das Monitor-Stadium – eine kulturanalytische Studie", aufbauend auf den materiellen und funktionellen Beschaffenheiten des Monitors – auf den Zusammenhang vom Glas der Mattscheibe zu Gold. „Der Spiegelung des Glases verwandt, ist der matte Glanz, das sanfte Strahlen des Goldes. Um den Besitz seiner Kostbarkeit ist viel Blut vergossen worden, doch was bedeutet sein Besitz? Wohl ähnliches wie die Abschrankung durch Glas, nämlich Ausschluß vom Besitz durch andere, Exklusi-vität. Glas und Gold sind als Abspaltungen vom direkten Lebensgenuß, sind (als) reiner Ersatz, was sie, wie wir von der Psychoanalyse wissen, in die Nähe des Kotes rücken, in die Ausscheidung toter Materie. Glas und Gold bilden lockende Oberflächen als Grenzen zwischen Tod und Leben, zwischen Energie und ihrem Rückstand, zwischen Sein und Schein." (Anmerkung: Nach dem Gehirnschlag schwebte Werner Schmeiser 14 Tage lang zwischen Leben und Tod.)

Der Computerschmied Werner Schmeiser arbeitet weiterhin in dem ihm vertrauten Material des Goldes. Von diesem Gold arbeitet er sich zum Glas des Computers vor, in dem er ausschließlich das Gold des Computers anspricht. Der Computer-schmied Werner Schmeiser geht der toten Materie im Computer, dem Glas und dem Gold, in gleicher Weise nach.

Mit der Arbeit „Klagenfurt" greift er das verblüffende Phänomen des Computers auf, daß aus einer Tonne Computerschrott mehr Gold herausgewaschen wird als aus der gegenwärtig einträglichsten Goldmine Südafrikas. In 10 Kilogramm elek-tronischem Computerschrott befinden sich 5 Gramm Feingold. Das ist exakt das 25fache obiger Goldmine. Kein Wunder also, daß sich der Goldschmied Werner Schmeiser der Goldmine Computer zuwendet.

Lassen Sie mich aber noch etwas ausholen. Immer schon kam in kulturellen Transformationen dem Gold eine verweisende Funktion zu und nie eine darstel-lende, selbst wenn in Gold Darstellungen gegeben waren. Denn schon seit spätantiker Zeit hat das Gold das Göttliche und seine Gegenwart im Werk sich selbst angezeigt. Also ist es nicht vermessen, das Göttliche der Digitalmaschine in kongruiertem Gold zu vermuten. Es ist der Glanz des Goldes, der sowohl als Gewähr für seinen materiellen wie für seinen metaphysischen Wert diente. Bei Alberti taucht erstmals der Gedanke auf, daß die künstliche Nachahmung des Goldes wertvoller und wichtiger als das Gold sei. Von einer metaphysisch begrün-deten ontologischen Theorie der Schönheit, ging man schließlich nach Alberti dazu über, die Schönheit und den künstlerischen Wert in der illusionistischen Darstellung selbst zu sehen. Alberti schließlich fällt ein sehr aufschlußreiches Urteil über den Goldgrund. „Es gibt Maler (für ihn zeitgenössische Maler), die sich in ihrer ‚istoria' des Goldgrundes bedienen. Sie glauben, daß hierdurch Würde erlangt wird. Aber ich bin nicht für seine Anwendung ... verdient doch eher jener Maler Lob und Bewunderung, der die Goldstrahlen allein durch Farbe nachahmt." Deutlicher läßt sich wohl die Zielsetzung der neuen Malerei, ihr Übergang von der mittelalterlichen Tradition, nicht scheiden. Deutlicher läßt es sich auch heute nicht sagen, daß die heutige neue Malerei nicht in der Exekution von Paint- und Grafikprogrammen und Designprogrammen liegt, sondern darin, das dem Computer zugrunde liegende Gold zum Strahlen zu bringen. Damals schon wurden bei Alberti Lichtwert und Farbgebung als Komponenten der Naturnachahmung angeführt, die heute am Glas der Mattscheibe ihre triumphale Vollendung feiern. Werner Schmeiser verweist nun darauf, daß im Computer perfekte Nachahmung und das konkrete Gold zusammentreffen.

Aber anstelle nachzuahmen, greift Werner Schmeiser immer wieder die eine Frage nach dem Gold, eben dieser Glasscheibe, auf. Wollte man nun die mit Gold verbundene Ästhetik in ihrer transformatorischen Referenz noch weiter zurückverfolgen, so stieße man schließlich auf die von den Neuplatonikern begründete, objektiv vorhandene, Schönheit des Materials, das an der übersinnlichen Schönheit, dem Licht, teilhat. Dies entspricht wiederum einer von der Spätantike geläufigen Vorstellung. Diese Teilhabe am Licht des Göttlichen, das alles Material in Lichtquanten und -wellen auflöst, löst der mit Gold bestückte Monitor ein. Was anderes als einen einzigen Lichtkörper repräsentiert der Monitor? Im Monitor geht die gesamte Licht-Metaphysik, beginnend mit Platon über Plotin zu Pseudodionysos, deren Ästhetik darin besteht, daß die Schönheit, wie alles andere in der Welt, auf Gott bezogen ist, daß schließlich das Göttliche, im Sinne der Neuplatoniker, sich im Licht offenbare, ihrer vorläufigen Vollendung entgegen.

Als frühes und außerordentliches Beispiel für die Umsetzung der neuplatonischen Schönheitslehre, ihrer auf Gold gegründeten Metaphysik und ihrer Wertschätzung der wertvoll glänzenden Materie, darf dazu, als eines der ersten Beispiele, die Hagia Sophia angeführt werden. Der große, kuppelgewölbte Raum, dessen Axialität durch zwei Halbkugeln gewährleistet ist, wird von einem ‚vibrierenden Licht durchflutet', Zitat aus der Kunstgeschichte. Materienlicht rückgeführt mit Hilfe der goldenen, funkelnden Mosaike aus Glas und Gold. Golden in der Kuppel und an den Wänden.

Werner Schmeiser geht in dieser Maschine den kulturellen Spuren des Goldes nach, indem er in der Maschine, im Sinne der Neuplatoniker, im reinen Gold die ontische Rechtfertigung des künstlerischen Handelns, nach dem im elektronischen Raum ‚gefahndet' wird, aufzudecken versucht.

Ein wohl ganz entscheidender Übergang von paganer zu christlicher Kunst, um das 4. Jahrhundert, zeigte eine ähnliche transformatorische Situation wie die heutige an. Dieser Übergang war trotz der bestehenden ästhetischen Ausrichtung davon getragen, Altes mit Neuem zu verbinden. Mit dem Führungsanspruch und der Vorherrschaft des Christlichen macht sich bereits damals ein gewisser Pragmatismus auf dem Gebiet des Kults und der propagandistischen Inanspruchnahme früherer Gebräuche und Traditionen bemerkbar. Es ist derselbe Pragmatismus, der heute unsere gesamten tradierten Kulturen mittels einer göttlichen Computerlogik zu beherrschen beginnt. Die Bilder dieser Logik, ihre Erscheinungsformen, reflektieren nicht nur deren Machtanspruch durch eine, auf das Äußerste getriebene, auf Glanz und Strahlung exzessiv organisierte Ästhetik, eine Ästhetik, die die tradierten Wirklichkeiten bestimmt. Aber kaum wo zeichnen sich

Signale ab, die den Übergang des Alten zum Neuen aus der Sicht tradierter Kulturen aufzuzeigen in der Lage sind.

Der Übergang vom Paganen zum Christlichen läßt sich erstaunlicherweise, heute wie damals, im Einsatz und unter der besonderen Verwendung des Goldes ablesen. Damals in Form der goldenen Mosaiksteine, die absichtlich schräg zueinander standen, an den Wänden und Kuppeln, mit denen das lebendige Spiel der Lichtreflexe erzeugt und der Raum durchdrungen wurde. Heute sind es dieselben Lichtreflexe der immer auf Sendung befindlichen Monitore, die die Welt als Raum durchdringen. Und es sind kleine Glasplatten, Mattscheiben auf denen Gold als Information erstrahlt.

In Werner Schmeiser vollzog sich, ungewollt, derselbe Schritt von einem materiellen Künstler zu einem immateriellen. Werner Schmeiser ist für mich eine Paraphrase für das unausbleibliche Schicksal der künstlerischen Existenz in einem elektronischen Environment und dessen erste Manifestation. Werner Schmeiser ist sozusagen der erste Prototyp des intermediären Künstlers, und gestatten Sie die Härte des Ausdrucks: Werner Schmeiser ist selbst das Interface, die elektronische Schnittstelle zwischen dem elektronischen und vorelektronischen Künstler.

III

Werner Schmeiser hat das eingelöst, was im elektronischen Environment einzufordern für uns noch lange anstehen wird. Gemeinsam mit ihm haben wir versucht, diesen Raum zu formulieren, in dem der Mensch als Künstler Position bezieht: „Wir als Künstler glauben nicht daran, daß es eine Kunst jenseits der elektronischen Bilder geben wird. Wir glauben aber auch nicht, daß es eine Kunst innerhalb der Parameter der elektronischen Bilderwelten – der BTX-Welt – geben kann. Vielmehr glauben wir, daß durch Künstler innerhalb der elektronischen Systeme und deren Rahmenbedingungen die Standards durcheinandergewirbelt, das Niveau erschüttert, der technische Glanz bloßgestellt werden kann, um als Konsequenz Kunst innerhalb des ‚zu veröffentlichenden gesellschaftlichen Raumes‘ zu ermöglichen. Eine echte BTX-Kunst ist gegen BTX gerichtet ..."(zit: kulturdata, ‚kulturdata btx‘, graz 1986.)

Anmerkung: Das Projekt „kulturdata-btx" wurde vom Kulturreferat der Stadt Graz und dem 'Steirischen Herbst' gefördert unter Beteiligung der Künstler: Joachim Baur, Fedo Ertl, Peter Hoffman, Eva Schmeiser, Werner Schmeiser, Wolfgang Temmel und Richard Kriesche.

Ingo Günther

Der Künstler als Informant[1]

Medien besiegen Material – Kunst betrügt Natur – CNN illustriert Krieg – TV stiehlt Realität – Erinnerung prädestiniert Erleben – Kunst versöhnt Mythos und Geschichte – Künstler scheitern mit Erfolg – Das weströmische Reich besiegte das oströmische – Kunst kommt von Freiheit – Freiheit fordert Verantwortung – Krieg ist Geschichte – Kriege sind Tagesordnung – Künstler ist Botschaft – Material ist Luxus – Technologie verbirgt Freiheit – Fernsehen konstituiert kollektives Bewußtsein – Fraktale Strukturmodelle ersetzen euklidische Beweisketten – Kunst bleibt Kunst – Töten ist internationale Sprache – Imagination ist Macht –Tod wird aus dem Krieg verbannt

I

Von der Kunst erwarte ich, daß sie einen ihrer traditionellen Aufträge wahrnimmt, nämlich dem Unaussprechlichen – übergreifend und suggestiv - Form und Ausdruck zu verleihen. Wenn Kunst geholfen hat, die metaphysische Welt darzustellen und zu interpretieren, dann sollte man vielleicht jetzt erwarten können, daß sie in der Lage ist, die meta-mediale Welt zu beschreiben, wenn nicht sogar zu prägen.

Nach kontinuierlichen, stabil und kontrollierbar erscheinenden Jahren der Nachkriegszeit scheint die Weltgeschichte nun neue Geschwindigkeitsrekorde aufstellen zu wollen:

Die Weltbevölkerung wächst dramatisch; das nukleare bipolare Gleichgewicht ist verloren; Demokratie ist herausgefordert, sich international und supranational zu beweisen; die einst vor sich hinschlummernde UNO ist überarbeitet; das globale Bewußtsein und globale Strukturen wachsen in gleichem Maße, in dem die Welt nationalistisch und tribalistisch auseinander fällt, während Gentechnologie und Medien konventionelle Vorstellungen nationaler Grenzen und Kompetenz erschüttern; Finanzmanagement und Schwerindustrie setzen auf Simulationstechnologien; Information überfordert materialistisches Ökonomieverständnis ... die Liste läßt sich fortführen.

All das summiert sich zu einem Komplex von Herausforderungen – in besonderem Maße für Künstler.

Globale Angelegenheiten schließen fast per definitionem Spezialistentum aus. Künstler sind privilegiert und gleichzeitig geschlagen mit dem, was ich als künstlerische Freiheit bezeichne.

Ein relativ großer Teil von Künstlern in der (noch) ‚westlichen Welt' kann sich auf verschiedenste öffentliche und private Fonds stützen, so daß ein Minimum an Unabhängigkeit garantiert erscheint.

Unter diesen Voraussetzungen befinden sich Künstler in einer außergewöhnlichen Position innerhalb der Gesellschaften: Künstler könnten als Supernormalbürger in

---

[1] 1990, überarbeitet 1992

die gesellschaftliche Pflicht genommen werden, denn Künstler haben keine Vorgesetzten, allenfalls Galerien, die diese Funktion übernehmen könnten; Künstler sind weder an wissenschaftliche Methoden gebunden, noch an die Verwendung bestimmter Instrumente; sie sind auch nicht durch journalistisches Ethos oder durch die Regeln einer Zunft oder Partei beschränkt. Sie sitzen auch nicht auf einem Stuhl, von dem sie gefeuert werden könnten. Ein Künstler kann sogar Desaster, eigene Inkompetenz oder sein Scheitern in der ,realen Welt' in einen Kunstwelt-Erfolg verwandeln – wie es einige vorgemacht haben. Nichts behindert sie – sei es denn ihr eigenes Gewissen und vielleicht die eigene romantische Vorstellung vom armen Poeten. Um es mit den Worten von Paul Feyerabend zu sagen: „Anything goes" – für die Künstler mehr als für jede andere gesellschaftliche Gruppe.

All diese künstlerischen ,Freiheiten' (ein etwas absurder Plural) addieren sich jedoch zu einer besonderen ,Verantwortung'. Hier liegt ein Imperativ verborgen, der zudem aus den technisch-operationellen Möglichkeiten des Individuums erwächst. Die (aus meiner kurzen eigenen historischen Perspektive) traditionell zynische europäische (oder vielleicht eher skeptische deutsche) Haltung gegenüber Politik und Technologie ist einer lebendig interpretierten und inspirierten Demokratie/Politik nicht zuträglich. Die Machtlosigkeit als Selbstschutz vor der Verantwortung ist hausgemacht. Auch die Künstler und natürlich auch die Kunstkritiker und Kuratoren sind daran aktiv beteiligt. Mit dieser Herausforderung umzugehen, ist keinesfalls lediglich eine Frage ihrer Wahrnehmung allein. Forderungen (wie die naive Forderung nach einer Versöhnung von Kunst und Technologie) sind mit Leichtigkeit aufgestellt, die Erfüllung aber ist eine, im praktischen Sinne vielleicht sich sogar als unmenschlich erweisende, Utopie.

Der künstlerische Prozeß entzieht sich der Einsehbarkeit. Das Dilemma beginnt mit den oft unklaren und stark divergierenden Ausgangspunkten und einer fast per definitionem vorhandenen Einzelkämpferrolle des Künstlers: Das Individuum und Schluß. Arbeitsteiligkeit, so wie es der Umgang mit komplexen Technologien erfordert, ist fast ausgeschlossen. Selbst Künstlerpaare haben da ihre Schwierigkeiten. Künstlerische Praxis auch im Hinblick auf inhaltlich komplexere Sujets aber erfordert Kooperation. In der Tradition von Nam June Paik, einem Visionär und Erfinder, arbeitet kaum ein ,anerkannter Künstler' des Kunstbetriebes. An komplexen, aber relevanten Themen scheitern die traditionell eigenbrödlerischen Künstlermentalitäten, sie bleiben stecken, wo nur Teams mit angemessener Geschwindigkeit weiterkommen. Die Kunst kann sich weder an der Finanzkraft messen, die hinter Forschungsprojekten steht, und schon gar nicht mit den Ergebnissen.

Die besondere Disziplin, die der Umgang mit Medien erfordert, erlaubt nur wenigen Künstlern adäquat mit ihr umzugehen. Dieser Umgang scheint eine besondere, vielleicht sogar antikünstlerische oder nichtkünstlerische Mentalität zu verlangen.

Konnte noch ein Manzoni wütend seine Leinwand aufschlitzen oder ein anderer ins nicht gelungene Bild ein Loch treten, so erweist sich jeder unkontrollierte physische Akt dem Instrument oder dem elektronischen Produkt gegenüber meist als fatal. Und selbst wenn Nam June Paik aus einer kontrollierten Zerstörung der

Fernsehtechnologie eine ganze Werkphase schöpfen konnte, die sich bezeichnenderweise gerade beim deutschen Publikum besonders wohlwollender Rezeption erfreute, war sie doch bemerkenswerterweise nie fundamental und immer sehr diszipliniert, technologiegerecht und -immanent.

II

Nicht nur die Geschwindigkeit, mit der Forschung zu Ergebnissen kommt, nimmt zu, sogar die Umsetzung dieser Ergebnisse in Produkte wird mit dramatischer Geschwindigkeit vollzogen. Es scheinen lediglich Vermarktungsinteressen zu sein, die eine noch schnellere Umsetzung von Erkenntnis und Wissen in Produkt und Kapital dämpfen.

Dennoch scheint eine Tendenz universell zuzutreffen: Mit der Entstehung neuer Technologien werden zunächst de-facto Kapazitäten in Bereichen geschaffen, die normalerweise einer nationalen und internationalen juristischen Regelung unterliegen, diese aber grundsätzlich erst nach einem Zeitraum der unregulierten Praxis nach sich ziehen bzw. provozieren.

Diese neuen Bereiche, durch billige, benutzerfreundliche, audiovisuelle High-Tech-Instrumente (von Satelliten bis zu handtellergroßen Video-Kamerarekordereinheiten) eröffnet, können frei erforscht/exploriert werden. – Für eine gewisse Zeit. Erst nach Monaten oder Jahren und einiger Verwirrung und etlichen Expertisen, sind die Implikationen und Effekte dieser Technologieanwendung und -ausnutzung so offensichtlich, daß vor allem zentralistische und autoritäre Regierungen sich nicht nur genötigt, sondern auch in der Lage sehen, Kontrolle auszuüben: Für etliche Regime solcher Couleur, so mag man annehmen, kam und kommt die Informationstechnologieflut zu schnell und zu plötzlich. Hätten sie doch vor Jahren ihren McLuhan gelesen ...

[So ist die Presse-Zensur durch digitale Computermodems zu Anfang der achtziger Jahre vorwiegend in Südamerika erfolgreich umgangen worden. Per Telefax ist im Juni 1989 ein Spiegel der Weltpresse nach China zurückreflektiert worden; 8mm Camcorder im Reisepaß-Format ersetzten auffällige, träge Kameracrews und dokumentierten die Unruhen 1989 in Peking; Fernerkundungssatelliten schauten mit journalistischem Auftrag in abgesperrte Krisenzonen (Iran/Irak, Tschernobyl, Libyen, Afghanistan, Honduras etc.); Satellitenantennen brachten britische Nachrichtensender während der Zeit des Kriegsrechts nach Polen; Kurzwellen informieren schon seit Jahrzehnten – und schließlich ungestörter denn je – alle Bewohner der Welt; Radio „Echo" hielt die Moskauer Bevölkerung mit nur wenigen, kurzen Unterbrechungen über die Ereignisse während des Septemberputsches auf dem laufenden und die elektronische Datenverbindung (E-Mail) des SFMT (San Francisco-Moscow Teleport) funktionierte ununterbrochen – das nonhierarchische System suchte sich automatisch ein neues ‚Gateway'.]

III

Täglich müssen wir uns selbst auf Bildschirmen ertragen: Von den Monitoren der Überwachungssysteme im Kaufhaus bis hin zum selbstgeschossenen Heimvideo auf dem eigenen Fernseher.

Bürger der westlichen Welt verbringen heute einen großen Teil ihres Lebens in unmittelbarer Nähe eines Fernsehgerätes, Monitors oder etwas Gedrucktem. Das trägt nicht nur zu einem guten Teil unserer täglichen audio-visuellen Wahrnehmung bei, sondern konditioniert unter Umständen die gesamte Wahrnehmung.

Fernsehnachrichten, oft schon von dramatischer Thematik, haben – wenn gut aufbereitet – den Unterhaltungswert eines Kinofilms. In Kinofilmen wiederum werden zunehmend Nachrichtenformate benutzt und Magazin- und Nachrichtensendungen haben schon nachgespielte Sequenzen gesendet, sogenannte ‚dramatizations of actual events'. Die Grenzen zwischen Dokumentiertem, Rekonstruiertem und Fiktionalem verschwimmen in einem Bilderpool der Realitätspräsentationen.

Wenn Feuerbach noch behaupten konnte, „der Mensch ist, was er ißt", hieße es inzwischen nicht bezeichnender, „er denkt, was er sieht"?

Die heutige Fernsehtechnologie – überall in Farbe und bald dann in HDTV und Stereo (letzteres ist bei den großen amerikanischen Fernsehsendern schon Standard) – ist nur noch wenige Schritte von 3D entfernt. Fernsehen kann sich dann – endlich – fast nahtlos in die sogenannte Realität wiedereinblenden.

Wir werden mehr und mehr anfällig für ein Leben mit und in elektronischen Informationssystemen, wenn ‚reale', also direkte Kommunikation zu teuer wird und elektronische Bildschirme und Antennen Standard werden (wie sie es bereits in vielen Bereichen des täglichen Lebens sind). Keine Wahl, denn Materie ist Luxus. Ein Luxus der Wenigen.

Wenn Künstler die vorhandenen Medienstrukturen für ihre Arbeit benutzen wollen, müssen sie über eine Kooperationsfähigkeit und -bereitschaft hinaus eine grundsätzliche Kompatibilität zu den Medienstrukturen an den Tag legen, bis hin zu dem Punkt, sich als alles andere zu verstellen – bloß nur nicht, sich als ‚Künstler' enttarnen lassen. Aber auch das kann unter künstlerische Arbeit fallen: vorgespielte Kompatibilität – also eine Art Performance.

Sobald die Arbeit des Künstlers in die Fänge der Massenmedien gerät, unterliegt sie nicht mehr den Gesetzen der Kunsthistoriker – der Schutz, der sich allein schon aus dem Kunstanspruch ergibt, geht verloren, die Arbeit ist auch in eine andere ökonomische Sphäre getreten und wird als Sache und Information gekauft, womit der Künstler-Autor – er wird im journalistischen Kontext prinzipiell eher als Übermittler und weniger als Schaffender angesehen – regelrecht verschwindet.

Der Künstler-Journalist ist von der Gnade eines größeren Systems abhängig, eines Systems mit eigenen Regeln und seinen ganz eigenen Vorstellungen von dem, was es da gerade als vermeintlich (vielleicht aber auch wirklich) nichtkünstlerisches Produkt erworben hat und wie dieses am besten zu gebrauchen/einzusetzen ist. Timing, Kontext und Kommentierung können mit Leichtigkeit die Arbeit verzerren, sie sogar ganz und gar auf den Kopf stellen. Aber dann wiederum können Autoren und auch der Künstler-Journalist von guten Redakteuren profitieren. Das ist unter ungewohnten Umständen enorm frustrierend oder aber eben besonders herausfordernd. (Von einem guten Galeristen würde man Ähnliches erwarten.)

Innerhalb der Kunstwelt wird der Künstler offiziell mit mehr Respekt behandelt. Vielleicht ist es aber eher das Werk, das sich eines gewissen Schutzes erfreut. Von der Idee zur Realisation bis zur Präsentation hat der Künstler das letzte Wort und kann im Zweifelsfall seine Arbeit sogar zurückziehen. Aber einmal in den Fängen der Medienwelt ist die Arbeit außer bzw. unter fremder Kontrolle.

Aber genausowenig funktioniert das Kunstsystem als Medium: Es scheitert als Informationsmedium angesichts zeitsensitiver Information. Wer würde schon ernsthaft eine Ausstellung besuchen, um etwas über das Schicksal der Kurden zu erfahren? Oder auch nur das Neueste über Entwicklungen in der Nuklearphysik oder Gentechnologie? Hier empfehlen sich CNN oder der „Scientific American", keine Frage.

Kunststücke erweisen sich als Einbahnstraßen in der medialen Nachrichtenlandschaft einer interaktiven Welt. Dazu trägt bei, daß man Kunst schlecht oder überhaupt nicht zitieren kann, es sei denn durch den Autoren selbst. Nicht komplizierte Copyright-Regeln schrecken von solch einem Versuch ab, sondern vor allem eine kunstmarktinspirierte Moral und Konvention: Der Künstler ist schließlich die Botschaft, nicht das, was er sagt.

Ist es denn nicht ein implizierter kultureller Anspruch unserer westlichen freiheitlichen Gesellschaften (und genauso der künstlerischen Avantgarde), daß Kunst auch außerhalb der protektiven Kunstwelt überleben und funktionieren können sollte? Wäre es nicht lohnend, zu erfahren und exemplarisch zu zeigen, welche politische Wirksamkeit und Wirklichkeit doch von kleinen Gruppen und selbst Einzelnen ausgehen kann, speziell in europäischen Gesellschaften, wo Machtlosigkeit des Individuums nationales Erbgut und Glaube ist? Ist es nicht letztlich eine künstlerische Aufgabe, die immanenten Kräfte, die in jedem Stück hochtechnologischen Konsumguts schlummern oder in öffentlich zugänglichen Systemen nur darauf warten benutzt zu werden, auch tatsächlich zu benutzen? Hier, so meine ich, liegen mögliche Aufgaben für die Supernormalbürger, die Künstler in unseren Staaten.

[Noam Chomsky hat vor fast 20 Jahren schon beobachtet, daß der weitaus größte Teil signifikanter und relevanter Information offen zugänglich ist, ein jeder sich also ohne Eindringen in geheime Unterlagen informieren kann. Man muß nicht Spion spielen. Allerdings ist inzwischen wichtige, zugängliche Information in einem Wust anderer Information so versteckt, daß viele sicher vorziehen würden, einen altmodischen Panzerschrank zu knacken.]

Die Voraussetzungen für künstlerisches Eingreifen liegen in der Ent- oder Dematerialisierung der westlichen und bald auch der osteuropäischen Gesellschaften. Globaler Realität kann man sich nur durch Modell und Medien nähern, sie sekundär erfahren und verstehen versuchen (und globale Realitäten haben wachsenden Einfluß auf uns). Das war sicher nie anders, nur ist die Welt, deren Bedingungen wir unterliegen und deren Verständnis für uns von Wichtigkeit ist, in dem Maße gewachsen, indem die Welt andererseits zunehmend kleiner und enger geworden ist. Das individuelle Universum eines jeden Bürgers dieser Welt wird also zunehmend komplex und global. Vom ‚Global Village' sind wir gleichsam noch weit entfernt: Viele Dörfer aber gibt es mittlerweile, deren internationale

Interdependenz es erfordert, über die Nachbarn informiert zu sein. Die schützende Isolation der geographischen Distanz ist unbedeutend und verloren gegangen: Der medialen Nähe kann man nicht mehr ausweichen. Alle Menschen werden Brüder? Nein, alle Menschen werden Nachbarn. Die aus der Totalität der simultanen Präsenz aller Nachbarn erforderliche Rekonstruktion der Realität gelingt in zunehmenden Maße (audiovisuell) überzeugender. So läßt sie sich ausschnitthaft in appetitlichen Häppchen simulieren und nachvollziehen. Information läßt sich um sovieles leichter bearbeiten und bewegen als Materie (man spricht schon von Daten-Highways); Elektronik läßt sich scheinbar in an Wunder grenzende Dimensionen endlos miniaturisieren. Die Wirklichkeit wird gespalten und verschiebt sich. Also weg mit der Kanone, her mit der Kamera und dem Sender.

Sehr dramatisch kann diese Entwicklung schon jetzt in ihrem Einfluß auf kriegerische Auseinandersetzungen beobachtet werden: Krieg übers Fernsehen, wie besonders eindrucksvoll von Nahost-Terroristen demonstriert. Die Aktionen erscheinen oft geradezu für das Fernsehen inszeniert. Krieger mit Medienbewußtsein, nicht von Generälen, sondern von Regisseuren geführt. Nach jeder Beiruter Entführung gab es sogleich ein Videoband für die internationalen Medien. Der telegene situationistische Terrorakt bezieht seine Kraft durch die millionenfache Vervielfältigung via internationales Fernsehen.

Selbst die mediale Teilnahme an der relativ simplen und unblutigen Besetzung und Geiselnahme der amerikanischen Botschaft 1979 in Teheran provozierte die amerikanische Öffentlichkeit bis an den Rand der Kriegsbereitschaft. Die gescheiterte militärische Rettungsaktion „Desert One" illustriert wiederum gut, wie sicher doch ‚media war' (Soft-ware/war) und wie gefährlich, unwägbar (und aufwendig), wenn nicht prinzipiell unmöglich, Hard-ware/war sein kann.

Der Tod eines kleinen Kindes, über Massenmedien verbreitet, bringt einen fast unüberbietbaren Schwall von emotionaler Teilnahme und Identifikation mit dem Opfer. Er erinnert an eine biblische Dimension. Jemand stirbt pars pro toto – für all die Zuschauer. Der Fernsehbürger hält sich selbst für gesetzestreu und unschuldig und im Prinzip nicht verantwortlich für irgendetwas außerhalb seiner vier Wände, für machtlos und in der Quintessenz für das Opfer selbst.

[Im Krieg sieht das anders aus: Soldaten haben ihr berufliches Risiko zu tragen. Der Verlust ihrer Leben wird zu einem technischen Verlust, dem man sich statistisch noch am ehesten und anschaulichsten nähert.]

Der physische Tod aber sollte schon bald von der Palette der Kriegsphänomene gestrichen werden können. Er ist überflüssig. Die vereinfachende steinzeitliche, binäre Sprache des Töten oder Lebenlassens wird man ersetzen können durch eine höher entwickelte, die nur noch wenige Technologie- und Bewußtseinsschritte entfernt sein dürfte. Töten war bislang die absolute, international verständliche Sprache. Über dieses steinzeitliche Prinzip der Völkerverständigung ist man in der bisherigen Kriegstechnologie prinzipiell und konzeptionell eigentlich noch nicht hinaus gekommen. Aber ist erst ein geeigneteres Medium zur Übermittlung gefunden, werden die Kanonen ausrangiert werden können.

Für die Krieger unter uns gibt es jetzt schon etwas Besseres: Videospiele bieten den interessanteren Gegner, einen den man killen kann und, wenn man noch eine

Münze zur Hand hat, einen den man wieder auferstehen lassen kann – und (the show must go on) der Kampf kann weitergehen. Ein toter Gegner ist ein langweiliger Gegner.

Und in diesem Sinne ist nuklearer Krieg nun wirklich langweilig. Nicht nur, weil ihm fast alle zum Opfer fallen würden, sondern vor allem, weil kaum noch jemand übrig bleiben wird, um zuzuschauen. Und selbst wenn noch jemand übrig sein würde, was gäbe es da auch zu schauen? Der große Blitz, der elektromagnetische Impuls? Das ist alles viel zu abstrakt. Eine Weltkarte aus Kontinentallinien, die von sich ausdehnenden, weißen Wellen sukzessiv verdeckt wird, ist das komprehensiv intensivste und schockierenste Bild: Die Erscheinungsform atomaren Krieges liegt eindeutig außerhalb unserer Wahrnehmungsbandbreite. Er überschreitet die menschliche Wahrnehmungsdimension ganz ähnlich, wie es schon Gaskrieg und die Materialschlachten des 1. Weltkrieges getan haben. Wer kann unter solchen Umständen noch hoffen, daß der ‚Bessere‘ gewinnen möge?
Nun geht es um das ’Überleben‘ des Krieges: Er ist nur noch in seiner Grundidee zu retten, wenn er zu einem Wettbewerb rekreiert wird, weltweit geführt über ein globales Satellitennetz: Inszeniert für die direkte Beteiligung der Zuschauer.

In einer ent- oder dematerialisierten Welt ist eher eine Referenzinformation über die Verhältnisse entscheidend, als die Verhältnisse es selbst sind. Tatsächlichkeit und Realitätsbreite wird nur über Medien erreicht und das formt unser kollektives Bewußtsein, nämlich die Ebene, auf der Veränderungen angestrebt werden können.

Wie einst Gold und Edelsteine erfolgreich durch Papiergeld ersetzt wurden und nun auch durch Elektronisches wie Kreditkarten und Teletransfers, so werden in absehbarer Zeit auch andere Aspekte unseres Lebens sich in Richtung eines tatsächlichen Informationszeitalters entwickeln, in dem die Macht der Imagination mit Leichtigkeit die Welt der Dinge überflügelt.
Und genau wie Papiergeld – theoretisch wenigstens – durch Goldreserven in Fort Knox gedeckt ist, so bin ich sicher, daß die UNO dankend die Weltpotentiale an ABC-Waffen für alle an einem sicheren Platz hüten wird - bis das ‚Weltspiel‘ vorbei ist.
Die Herausforderung besteht darin, eine internationale Kommunikations-Währung, intuitiv verständlich, emotional und weltweit zugänglich, zu erschaffen: Quintessentiell eine künstlerische Aufgabe.

Und schließlich haben grenzüberschreitende Medien für die Revolutionen in Osteuropa eine Schlüsselrolle gespielt. Sie war so entscheidend, daß man nicht behaupten kann, daß wir schlicht den Sieg des Kapitalismus über den Kommunismus erlebt haben, sondern eher den Triumph der Medien über das Material. Eine Welt ist zerfallen, die auf Materialismus gebaut war und den Glauben, daß die Materie das Bewußtsein bestimmt. Das Gegenteil jedoch scheint inzwischen der Fall zu sein.

In einer Welt, in der Fernsehen unser individuelles und kollektives Bewußtsein konditioniert, ist Information entscheidend und hat Imagination die Macht. Was könnte sich ein Künstler anderes wünschen?

Stephan von Huene

Künstler – Wissenschaftler – Techniker?

Vorbemerkung des Autors: Die folgenden Zeichnungen sind vorbereitende Notizen für meine Rede zum INTERFACE-Symposium. Sie geben einen Einblick in
meine Methode, Gedanken auf die Spur zu kommen und zeigen die Kreuz- und
Querverbindung meiner Ideen. Ich benutze Bilder, Zeichen und Wörter nebeneinander und gleichzeitig, um den Ideen zu erlauben, aus einer Absicht hervorzukom-
men und sich zu organisieren. Diese Form macht es mir möglich, in der Art eines
Gespräches vorzutragen, während sie gleichzeitig erlaubt, eine Gedankenfolge
sichtbar zu machen.

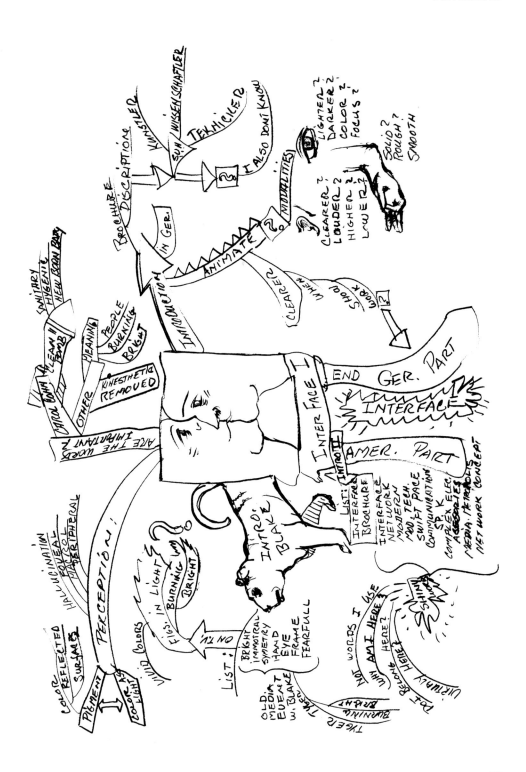

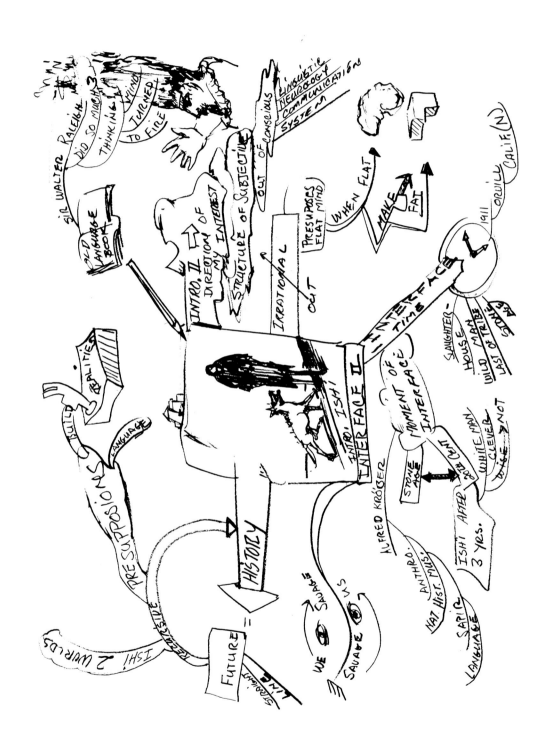

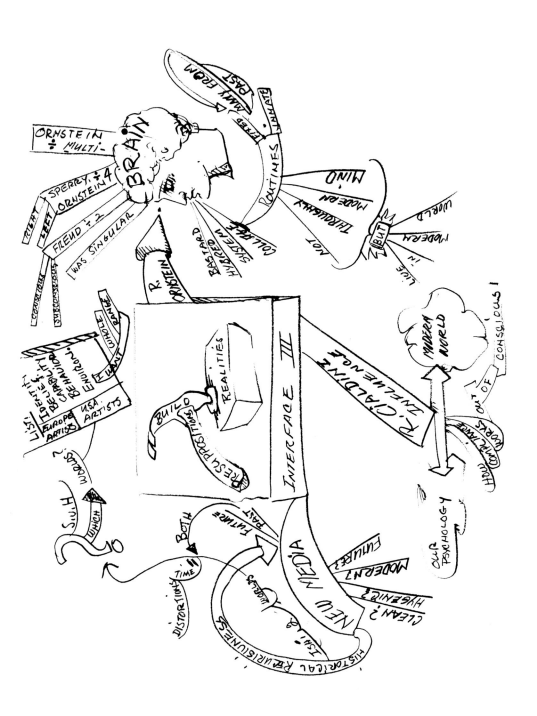

95

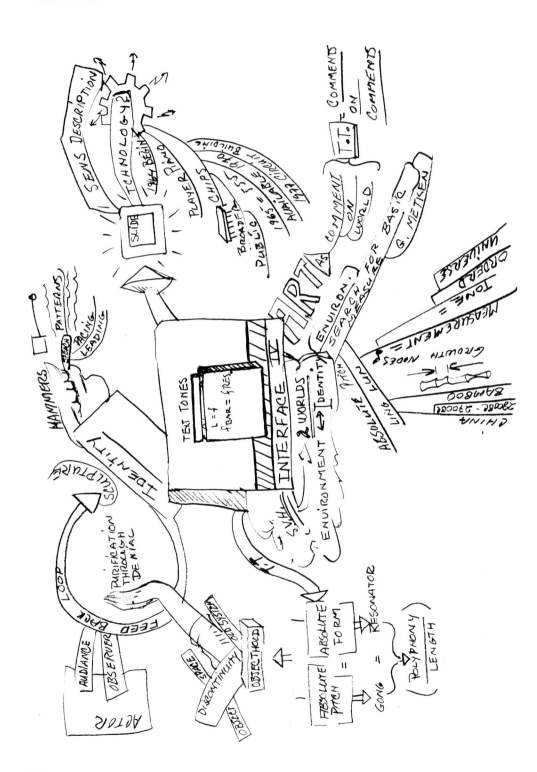

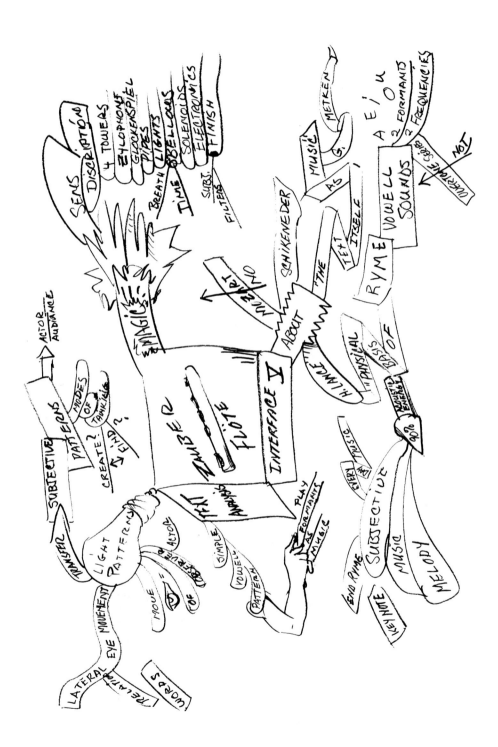

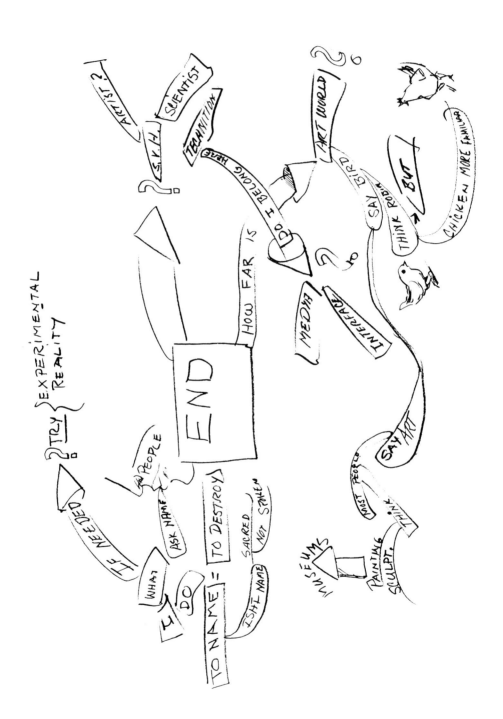

Onno Onnen

Robotik und Mechatronik

Zunächst darf ich mich bei Ihnen bedanken, daß Sie gekommen sind und muß sagen, daß ich für meinen Teil nicht zu mir gekommen wäre. Nach dem Vortrag, den Prof. Weizenbaum hier gehalten hat, kann ich mir vorstellen, daß alles, was noch gesagt wird, eigentlich mehr oder weniger überflüssig ist. Es ist nicht so, daß das, was Prof. Weizenbaum (s. S. 166 ff, Anm. d. Redaktion) hier sagte, mir vollends unbekannt gewesen wäre. Als einer, der mit der Naturwissenschaft großgeworden ist, kenne ich die Versuchungen, die dort existieren. Aber ich glaube, es ist die Eindringlichkeit, die nachdenklich macht, die intime Nähe zu diesen Gegebenheiten.

Wenn ich jetzt über Robotik spreche, so möchte ich nichts Fachliches mitteilen, sondern über Begleiterscheinungen dieser Robotik, vielleicht über Begleiterscheinungen von Technik überhaupt reden.

Über Robotik nur ein paar Stichworte, um sie zu kennzeichnen. Es ist Ihnen vermutlich bekannt, woher das Wort kommt: Das Wort ‚Roboter' stammt aus dem Tschechischen (einmal nicht aus dem Amerikanischen) und heißt soviel wie 'Fronarbeiter'. Der Dichter Carel Capek hat in den 20er Jahren ein Theaterstück geschrieben, in dem Roboter vorkamen. Übrigens damals schon: die immer wiederkehrende Geschichte der Erschaffung von Robotern, Aufbegehren und Untergang aller, die mit Robotern beschäftigt sind. Offenbar eine wiederkehrende Prozedur, die in allen Geschichten vorkommt. Es gibt auch die Geschichte von dem Golem, der von einem Rabbiner in Prag im 16. Jahrhundert aus einem Tonklumpen gemacht wurde. Er wurde sein Meßdiener und hat sich später aufgelehnt gegen seinen Herren. Dieser hatte noch die Kraft, ihn in den Tonklumpen zurückzuverwandeln. Unsere Situation ist schwieriger und eine Rückverwandlung des Heraufbeschworenen nicht mehr möglich.

Roboter: es gibt drei Durchgänge, über die ich sprechen könnte.

Einmal: Ich könnte darüber sprechen, welches die Funktionen von Robotern sind. Die Stichworte, die man dazu nennen könnte – ich sage ja, ich tue es nicht – wären zum Beispiel: Positioniergenauigkeit, Achsenfreiheitsgrade, Bedienbarkeit, Programmierung, Sensorik.

Ein zweites Feld, über das ich sprechen könnte (aber nicht sprechen will), ist der Einsatz. Da ist der Nutzen, da wäre die Ökonomie, da wäre die Tatsache, ob man mit dem Ding Geld verdient oder nicht. Man könnte auch über Verläßlichkeit sprechen, vielleicht auch über das Schicksal der Menschen, die damit umgehen.

Und ein drittes Feld (über das ich auch nicht sprechen will) wären zum Beispiel Utopien, die mit Robotern verbunden sind. Sie kennen sicher die Literatur, möglicherweise viel besser als ich. In der Literatur haben Roboter eine große Rolle gespielt, im Theater und im Film.

Ich glaube, jeder Sektor für sich ist sehr interessant und man kann umfangreich darüber referieren. Überhaupt das Bild, das vom Roboter gemeinhin existiert: viele meinen, Roboter seien den Menschen ähnlich, sie hätten Arme und Beine, sie hätten ein Gesicht – auch das gehört dazu –, sie können laufen, unter Umständen reden und hören. Das ist das Klischee. Ich muß sagen, solche Exemplare existieren in der Praxis nicht, außer vielleicht in den Universal Studios in Los Angeles oder als Spielzeug. Die Realität sieht viel schlichter und banaler aus. Wenn Sie heute in die Industrie gehen, so stellen Sie fest, daß die Roboter kurioserweise alle einarmig sind. Sie sind selten mobil, sondern meist ortsfest und haben keinerlei Ähnlichkeit mit Menschen. Menschenähnliche Roboter braucht man in der Phantasie, in den Fabriken nicht. Sie können sehen, wie deplaziert eigentlich Menschen in Fabriken sind. Das wäre eine mögliche Schlußfolgerung.

Die historischen Vorgänger haben sich heute zu Produktionsautomaten gemausert und die Phantasie ist auf der Strecke geblieben. Übrigens ist der prophezeite Masseneinsatz in den Fabriken weitgehend ausgeblieben. So ist aus meiner Sicht die Situation heute.

Die Gegenposition: Es gibt eine Reihe von Forschern, von Enthusiasten, die glauben, daß die Zukunft Roboter bescheren wird (silicon machines), die – wir haben es ja gehört – Menschen (meat machines !) übertreffen. Und wir haben gehört, daß einige amerikanische Forscher diese ‚meat machines' reichlich verachten. Für mich sind diese Gedanken Überbleibsel Descart'scher Philosophie. Ich habe geglaubt, Descartes wäre nicht mehr in, erfahre aber heute, daß es Regionen in der Welt gibt, wo er begeisterte Anhänger hat.

Weder Funktion, noch Einsatz, noch Utopien sind meine Themen, sondern eine völlig andere Art der Betrachtung. Um mein Anliegen zu beschreiben, muß ich ein Erlebnis erzählen. Ich besuchte vor längerer Zeit eine Produktionsanlage für Elektromotoren. In dieser Anlage waren Roboter eingesetzt an einer Fertigungsstraße, an einer trostlosen Straße. Und zwar saßen diese Roboter, und das war das Kuriose, in einer Reihe mit Arbeiterinnen. Während die Frauen uns als Besucher dann und wann ansahen und vielleicht wissen wollten, wer wir sind und wir sie auch anschauten und dies und jenes abzuschätzen versuchten, waren die Roboter völlig unbeeindruckt von uns. Nun, das ist überflüssig zu bemerken. Und, das ist das Perverse daran, diese Roboter saßen in Käfigen. Sie saßen wirklich in Käfigen. Der geringste Fehler, der im Programm auftaucht, verursacht ein Chaos, läßt diese Arme wie wild um sich schlagen. Wenn ein Mensch durcheinander gerät, so braucht man ihm nur in die Augen zu schauen, um zu sehen, wohin das führt. Es ist bekannt, daß in Japan ein Mann von einem Roboter zu Tode geprügelt wurde. Nun, für einen Ingenieur ist es ohne weiteres einzusehen, daß diese Roboter in Käfige gesetzt werden. Auf mich haben diese Roboter einen großen Eindruck gemacht. Ich muß sagen, ich hatte sie so noch nicht gesehen und zwar nicht in diesem krassen Gegensatz zu lebenden Menschen. Ich sah ihre Gefährlichkeit und ich sah die Andersartigkeit ihrer Bewegungen, ich sah eine Gegenwelt. Diese profane Produktionsmaschine wurde für mich zu einem gewissen Erlebnis. Das ist jetzt einige Jahre her und ich muß sagen, ich habe das Erlebnis eigentlich nie wieder vergessen können. Plötzlich waren die Roboter, die ich danach sah, zittrig, andere waren träge. Ich habe welche gesehen, die umständlich waren, ich habe rasche Roboter gesehen, alberne. Es gibt alberne Roboter. Es gibt aber auch pathetische Maschinen. Es gibt völlig unnütz scheinende Roboter, aber auch imponierende Roboter. Ich ging dazu über, das, was ich an

Robotern sah, nicht mehr nur mit dem Verstand eines Ingenieurs anzugehen, sondern ich habe sie mit irgendwas verglichen. Mit wem? Nun ja, mit einem Mitmenschen. Ich bin ganz sicher, daß ein Spezialist für Roboter meinen Interpretationen gar nichts abgewinnen kann. Der Naturwissenschaftler klammert genau das aus, was ich am Roboter bemerke. Für ihn ist ein Roboter nicht zittrig, ein Roboter kann nicht albern sein. Ein Roboter funktioniert, er verfährt seine Bahnen, er ist entweder punktgesteuert, bahngesteuert oder irgendetwas anderes. Das ist für einen Naturwissenschaftler wichtig, alles andere ist uninteressant oder gar unerheblich.

Das Interessante für mich ist, das sein Desinteresse an diesem Thema, das Anerzogene, worauf er stolz ist, gegen seinen Willen zu Tage tritt in dem Augenblick, in dem der andere Mensch, sein Mitmensch, seinen Produkten begegnet. Der Vergleich zur Architektur drängt sich mir auf. Objektiv gesehen ist Architektur, besonders die moderne Architektur im Gefolge des Bauhauses, dadurch gekennzeichnet, daß sie funktional ist. Dort wird nach Rauminhalten gearbeitet, nach Kosten pro Kubikmeter. Es gibt Wohnflächen, Verkehrswege, Heizungen, Wärmedämmung, Klimatisierung usw.: nur funktionale Größen, die festgelegt werden. Wir sind heute phantastisch auf diesem Sektor. Wenn ich subjektiv diesen Häusern oder ganzen Siedlungen gegenüberstehe, so beobachte ich weder die Kosten pro Kubikmeter, noch sehe ich die Sinnhaftigkeit von Verkehrswegen. Das, was ich sehe ist: sie sind blockhaft, langgestreckt, abweisend, trostlos, unnahbar, beklemmend, monoton. Hier ist ein ganzer Komplex von Wirkungen, die die Architektur verursacht und diese Wirkungen sind in die Planung gar nicht einbezogen, zumindestens nicht bei der funktionalen Architektur. Scheinbar objektiver Antrieb beim Bau solcher Architektur führt zu Wirkungen, die dem Produkt etwas mitgeben, was man eigentlich gar nicht wollte, worauf man gar nicht geachtet hat. Die Produkte bekommen eine Bedeutung wider Willen. Sie strahlen diese Achtlosigkeit aus.

Ich habe mir den Spaß gemacht, einen kleinen Roboter zu bauen, der eigentlich kein Roboter, sondern eine Laufmaschine ist. Solch kleine Maschinen habe ich „Mechatrons" genannt. Ein Kunstwort aus „Mechanik" und „Elektronik". Er hat auch keine Arme, er hat kein Gesicht und ist ein einfaches Spielzeug geworden. Da sind zwar eine Mindestanforderung an Funktionalität und ein Mikrocontroler enthalten, aber letzten Endes habe ich ihn für Sie gebaut, und so eingerichtet, daß ich ihn auf dem Overhead-Projektor laufen lassen kann und Sie ihn sehen können. Der Overhead-Projektor hat die Eigenart, daß nur eine ganz schmale Raumzone scharf dargestellt werden kann in der Silhouette. Darauf mußte ich Rücksicht nehmen. Ich will nicht sagen, daß dies bedeutend sei; ich möchte nur schildern, daß es eine andere Kategorie von Anforderungen gibt.

Ein Roboter heute ist zur Bedeutungslosigkeit im Sinne einer Aussagelosigkeit verkommen und ist nur Funktion. Er ist dadurch, daß er ein Produktionsapparat geworden ist, jeder Bedeutung entkleidet worden. Wir haben gehört, daß das bei weitem nicht immer so war, sondern daß im Gegenteil die Maschine eine inhaltsgeladene Maschine war. Sie war die Weltbildmaschine. Eine Maschine zu bauen, hieß zum Beispiel im Geiste von Descartes, die Philosophie aufzubauen, daß ein Mensch letztlich eine Maschine sei.

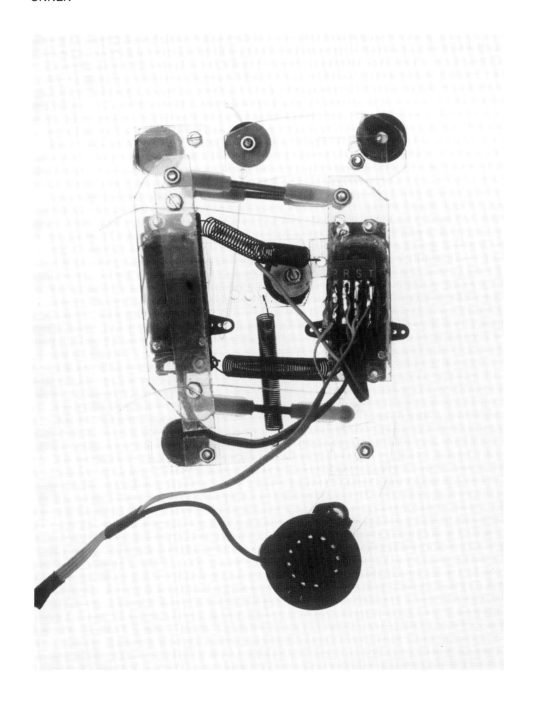

"MECHATRON VI": Weiterentwicklung der bei INTERFACE vorgestellten Laufmaschine

Es waren ‚philosophische Maschinen‘, die zu Zeiten Keplers die Bahnen der Planeten und Gestirne demonstrierten als Modelle kosmischer Harmonie.

Das Demonstrieren von Fortschritt bringt für denjenigen, der in der Technik befangen und bewandert ist, nicht mehr die Faszination. Kann das nicht vielleicht ersetzt werden: Kommunikation, um mit neuer Technik neue Arten von Kommunikation zu realisieren – ergänzt durch Kommunikation, um Inhalte mitzuteilen? Oder: Erneuerungsrigorismus oder Neuerungssucht eben durch Rückgewinnung von Inhalten zu kompensieren oder zu ergänzen oder zu erweitern? Oder auch Rückbesinnung auf geschichtliche Positionen? Vielleicht gibt es dann neuerdings etwas, was man nennen könnte ‚mit den Dingen sein‘, ‚mit den Dingen leben‘ statt neben den Dingen sein und sie teilnahmslos zu erforschen. Anläßlich der „Ars Electronica" wurde von Derrick de Kerckhove gesagt: „... man muß an der Struktur arbeiten, nicht an den Inhalten" oder „der Inhalt ist gegenwärtig völlig irrelevant". Möglicherweise ist der Satz in dieser Art aus dem Zusammenhang gerissen – ich kann nur meine Betroffenheit darüber mitteilen. Es gibt gute Gründe, gegen die vielbeschworene Immaterialität, Virtualität, Simultaneität der Ereignisse zu protestieren und vielleicht dort etwas gegenzusetzen.

Ich meine, daß unser Umgang mit Technik unangemessen und eigentlich besorgniserregend ist. Er ist unbekümmert, ist ziellos, unreflektiert, 'wertfrei'. Im Referat von Rolf Kreibich habe ich zum ersten Mal Wertsetzungen gehört.

Es ist Häßlichkeit in dem Getrenntsein des Menschen von den Dingen, in der Spaltung von Subjekt und Objekt. Häßlichkeit ist wohl auch die Lieblosigkeit im Umgang mit den Dingen, die Maßlosigkeit und die Unangemessenheit. Und vor allem auch ist diese Häßlichkeit in unserem Umgang mit der Natur. Häßlichkeit ist der Versuch der Spiegelung des Menschen in der Technik, statt sich in der Natur oder in seiner eigenen Natur zu spiegeln. Vielleicht ist Häßlichkeit das Aufmotzen von Inhaltslosigkeit und Sinnlosigkeit durch perfekte Technik. Wenn man Häßlichkeit nennt, könnte man versuchen, den Begriff von Schönheit zu versuchen. Ich habe bei Florian Rötzer sehr interessante Hinweise dazu gelesen. Möglicherweise ist jetzt Schönheit Angemessenheit im Umgang mit den Dingen und den Menschen, Angemessenheit auch im Umgang mit der Natur. Vielleicht ist Schönheit auch auszudrücken durch Schonung, durch Hege und Pflege. Und wenn ich über den Umgang mit Robotern rede, dann meine ich, das könnten wir dort proben, aber auch überall probieren. Ich werde es weiterhin mit den Robotern versuchen."

Literatur

Pirsig, R. M.: Zen oder die Kunst, ein Motorrad zu warten. Frankfurt/Main 1989.

Kurd Alsleben

Computerkunst – Form als ethisches Fragen

I. Erlebnis

Es war vor 3 Jahrzehnten, die ersten Zeichenautomaten kamen auf. Mein Jugendfreund Cord Passow, der das DESY in Hamburg-Bahrenfeld mit aufbaute und der zu meiner großen Freude heute hier anwesend ist, sagte mir, ich solle zum DESY kommen. Er zeigte mir seine physikalischen Zeichnungen und den Computer, und so entwickelte es sich, daß wir gemeinsam freie künstlerische Computerzeichnungen machten.

Meines Freundes Vater, der auch mein väterlicher Freund war, ist Kurt Passow. Er war einer der Datenverarbeitungspioniere der Berliner 40er Jahre. Kurt Passow baute ein dezentrales umfassendes weites Netz ‚Maschinelles Berichtswesen' mit Hollerithmaschinen auf (1). Ein anderer Datenverarbeitungspionier war Hermann Schmidt, der eine kybernetische Regelkreislehre formulierte. Ich hörte bei ihm als Luftwaffenhelfer eine Vorlesung. Der berühmte Konrad Zuse entwickelte damals die ‚Z1' (1937), die (bei ihm nachgebaut) seit kurzem im Berliner Museum für Verkehr und Technik als erster Computer der Welt steht. Seine ‚Z4' verwirklichte, wie zu seinem 80. Geburtstag unlängst in Hühnfeld von Prof. Schwaerzel in einer der Laudationes gesagt wurde, bereits in den 40er Jahren Interaktivität (2). Die grundlegende Veränderung, die informationstechnologische Interaktivität den Künsten vermittelt hat, sei hier thematisiert.

Unsere 1960 gemachten Computerzeichnungen veröffentlichte ich in meinem Buch „Ästhetische Redundanz" (3) im kybernetischen Verlag von Eberhard Schnelle. Sie gingen später in Ausstellungen durch die ganze Welt. Zur gleichen Zeit zeichneten auf Computern in USA William Fetter bei Boeing Studien für ein Cockpit-Design und die Gebrüder John und James Whitney Zeichentrickfilme. Informatisch war Fetter unvergleichlich weit, rückblickend denke ich, wir waren künstlerisch weiter. – Ich will hier in diesem Vortrag auf etwas ganz anderes als Computerzeichnungen hinaus. Auch auf den bezaubernden Cyberspace will ich nicht hinaus.

Ich vermutete damals in unseren Zeichnungen, oder richtiger gesagt, ich begehrte aus den Zeichnungen expressive Äußerungen des Computers über sein anderweites, fremdes inneres Zumutesein (4).

Ich befand mich in einer Künstlerrolle, in der wir – Cord Passow und ich – die Computerzeichnungen zwar hervorriefen, ich sie aber staunend auf dem Zeichenautomaten als Ausdruck des Computers sah. Ich denke, jeder der mit Computer und Plotter umgeht, wird auch heute noch ähnlich empfinden können.

Meine Intention war damals, den Computer menschliche visuelle Wahrnehmungsmöglichkeiten zu lehren, damit er sich mir gegenüber äußern könne. Über die sogenannten phänomenalen Metriken schien mir das, in computergemäßer mathematischer Weise leistbar zu sein, und ich diskutierte das in Vorträgen.

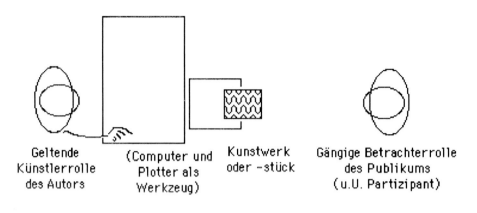

Geltende
Künstlerrolle
des Autors

(Computer und
Plotter als
Werkzeug)

Kunstwerk
oder -stück

Gängige Betrachterrolle
des Publikums
(u.U. Partizipant)

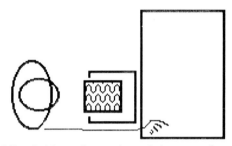

1960 erlebte   Computerzeichnung   Computer mit
Künstlerrolle: auf dem Plotter,   vermuteter innerer
fremde Äusserung   als erwartete   Zustandswahrnehmung,
begehrend   Äusserung   (in interaktivischer
                                         Benutzung)

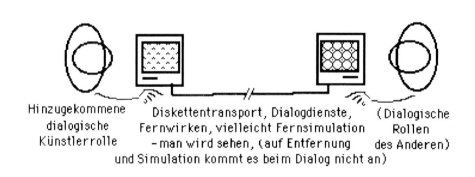

Hinzugekommene   Diskettentransport, Dialogdienste,   (Dialogische
dialogische   Fernwirken, vielleicht Fernsimulation   Rollen
Künstlerrolle   – man wird sehen, (auf Entfernung   des Anderen)
             und Simulation kommt es beim Dialog nicht an)

Schematische Darstellung der Künstlerrollen. Oben: Schema der sendenden Künstlerrolle; mitten: Schema meines Erlebnisses einer empfangenden Künstlerrolle; unten: Schema der dialogischen Künstlerrolle

Ich vermutete im Computer interne generalisierende Zustandswahrnehmungen, die er mitteilen könnte – vergleichbar unserem sensorium commune oder Lebensgefühl. Die Beziehung zwischen dem Computer und uns, hatte interaktivisch-dialoghafte Gestalt. Nur sehr vordergründig betrachtet war die Konstellation eine Mensch/Maschine-Bedienung. Computer und Plotter waren weit davon entfernt, ein Werkzeug zu sein. Computer mit Plotter schienen ein Wesen zu sein. Tatsächlich deuteten sie mir den Anderen, den anderen Menschen an. Die Idee, der Computer möchte zum künstlichen, zum Kunst-Menschen avancieren, hatte ich nie.

Damals war die Zeit des ‚kybernetischen Zoos‘, als Heinz Zemanek in Wien ‚Schildkröten‘ baute (5). Es waren die Jahre der Karlsruher Lerntagungen von Karl Steinbuch. Einmal demonstrierte er ‚Wundheilung‘: auf spontanes Herausreißen eines Drahtes aus einer Lernmatrix suchte sich der Strom von selbst einen anderen Weg, ohne Störung der Funktion. Es war auch die Zeit des Berliner Instituts für Kybernetik von Helmar Frank, wo ein an sozialer Kooperation orientiertes lokales Lehrmaschinennetz ‚Geromat‘ erfunden wurde. Die Lehrmaschine sah ähnlich aus, wie heute PC's und hatte gemäß des verzweigten Crowder-Algorithmus eine Hypermedienstruktur (6).

Heute ist über Telematik, und nicht zuletzt vermittels Autorenprogrammen der andere Mensch – nicht mein Agent oder mein Assistent, auch nicht mein Publikum, sondern der Mitmensch – explizite hinzugekommen. Aus dem Rechnerwerkzeug wurde ein Medium zwischen Menschen. (Ich erinnere in diesem Zusammenhang auch an die gegenwärtige ‚Groupware‘-Diskussion und das Einrichten einer Fachgruppe ‚Computer als Medium‘ in der Gesellschaft für Informatik.)

Damals 1960 erlebte ich mit dem Computer eine Künstlerrolle, in der ich mich nicht als sendender Autor vorfand, sondern fremde Äußerungen begehrte.

Indem ich hier versuche, diese Rolle glaubhaft zu machen, will ich dazu beitragen, eine hinzugekommene andere, als die seit der Renaissance oder dem Buchdruck einzig gültige, rituell verinnerlichte Künstlerrolle des Autors geltend zu machen, nämlich eine dialogische Künstlerrolle.

Der Alleinvertretungsanspruch der autorischen Rolle und ihrer Institutionen soll aufgegeben werden! Es geht nicht um ein Spalten in Gut und Böse, sondern um ein Hinzukommen und eine epochale Verwandlung. Roy Ascott wies ebenfalls darauf hin, daß der Computer als ein künstlerisches Werkzeug mißverstanden sei (7).

II. Fälle

Nachdem ich bisher eine subjektive Erfahrung geschildert habe, will ich im Folgenden an zwei Fällen und mit einer Klassifikation weitererklären:

[1] Als erstes spreche ich über die konkreten Bedingungen, die der Fall sind. Ich meine damit die existierenden neuen Dienste der Telematik (Kommunikationsmedien wie BTX, NetNews/Conferencing, E-Mail und andere). Telematik bezeichnet den Zusammenhang von Fernmeldetechnik und Computer, von Telewesen und Informatik.

Betrachtet man an den neuen Diensten allein die Ferne, die Datenfernübertragung, den Raum/Zeitkanal, so gelten nach heutiger Sicht Kunstformen als nicht weiter berührt, vielmehr interessiert dann nur die Qualität des Kanals. So wie es vergleichsweise bei Schallplattenaufnahmen oder anderen Vervielfältigungen von Kunstwerken ist. Anders wird es, wenn man fragt, was sind das für Medien, diese neuen Dienste? (8)

Die Verteildienste (oder Abrufdienste), bewegen sich hinsichtlich der Autor/Publikum betreffenden Formen im Rahmen der bereits bekannten Partizipationskünste oder Zuschaueraktivierungen.

Nicht so die Dialogdienste: sie sind für das Hin und Her des geschäftlichen und alltäglichen Verkehrs völlig unproblematisch, für die Künste aber nicht. Für die Autorenrolle des Künstlers passen sie nicht: Da es in Dialogen keinen Autor gibt, können ihre Künstler Autoren nicht sein. Entweder differenziert sich die Künstlerrolle und eine zusätzliche dialogische Künstlerrolle erhält Geltung – dafür spreche ich –, oder die Kunst hält Dialogdienste nicht für kunstwürdig und hält sich von ihnen fern, wie sie es bei der Telefonie praktisch tat.

[2] Der zweite Fall, den ich darstellen will, gibt eine poietische Sicht auf die dialogische Künstlerrolle. Es handelt sich um die Korrespondenz „Schwamm" (17 HyperCard-Stapel) des Prisma-Preisträgers Detlev Fischer. Für das fortschreitend uns alle betreffende hypertextliche oder hypermediale Wahrnehmen, Fühlen und Denken, setzt „Schwamm" einen künstlerischen Maßstab.

Ich zitiere Detlev Fischer: „Schwamm ... ist eine auf dem Computermonitor erscheinende weit verzweigte Geschichte ... Zu Beginn ging ich von festen Vorstellungen einer narrativen Kombinatorik aus; doch im Verlauf der Arbeit weitete sich das Gebilde, weichte auf, sog Kommentare, Zitate, spiel- und rätselartige Formen auf (daher der Titel: Schwamm), und ich machte die Entdeckung, daß es mir nicht mehr möglich war, dieses Gebilde zu kontrollieren und mir gegenüberzusetzen (ich: der Autor; dort: das Werk)." – Topper u.a. haben korrespondierend hineingehypert (hineingeschriftet, hineingebildet und hineingelinkt) (9).

Mit „Schwamm" entstand eine neue Form, ein Beitrag zur Poetik. Wir nennen sie fischersche ‚Schwamm-Form'.

Ist es wohl das ersehnte Ziel telematischer Dialogdienste, bereits ausgeprägte (am liebsten das Visavis-Gespräch) Dialogformen zu imitieren, so klammern sich Hypertext- oder Hypermedienstapel meist an Partizipationsformen (der reformpädagogischen Selbsttätigkeit).

In Schwammform bieten die Stapel Dialoge. Hinter der Schwammform erscheint, wo man Partizipation vermutet, die neu hinzugekommene dialogische Künstlerrolle. Schwammform ist endlos dehnbar, aufsaugend, labyrinthisch oder durchläßig. Sie ist für jederzeitiges und jederartiges Aufnehmen und Umwandeln, das ohne Abschluß bleiben darf, geeignet. Das sind formale Qualitäten, die der Autorenrolle widersprechen, dagegen um so mehr für Dialogisieren stimmen.

Beide Fälle, 1. und 2. verbinden sich im von Ted Nelson genannten "Hypertext Network".

[3] Ich spreche hier nun nicht von allen Computer- oder Telematikkünsten. – Unlängst hatte ich in einer Jury Gelegenheit, einen repräsentativen Querschnitt zu sehen. Es gab überwiegend geschmackigen Biedersinn. Künstlerisch herausragend war „Ponton's" „Pompino"!(10) – Gegen das Erhabene tritt das Komische an! Nach KükoCokü(11) kann man in unserer Kunstgattung unscharf drei Richtungen unterscheiden: Formwahrende Genres, Medienfuturismus, Datenkünste. Unberührt von der dialogischen Künstlerrolle bleibt zumindest die erstere, während sie für die letztere insbesondere zutrifft.

a) Formwahrende Genres, bzw. formwahrende Momente:

Das sind solche Künste oder Momente, die gegebene Formen erfüllen, bzw. reformieren oder perfektionieren mit dem Computer als neuem Werkzeug. Man sagte: den Computer wie eine Lokomotive vor bestehende Strukturen spannen. Computergrafik, CAD u.ä. gehören zu dieser Richtung. Unter die formwahrenden Genres fallen auch die beklagenswerten Mandelbrot-Grafiken, die für Jahrzehnte, vielleicht für immer verkitscht wurden.

Daß Anschaulichkeit in Wissenschaften eine Neubewertung erfährt, führt zu Erwartungen gegenüber Künstlern, wie sie in der Diskussion oder im Vortrag von Rolf Kreibich laut wurden. Gemeint sind wohl die Erfahrungen, Trainiertheiten und Fähigkeiten von Künstlern im sinnlichen, machenden (verkörpernden, poietischen) Artikulieren und Formulieren. Interdisziplinäre künstlerisch/wissenschaftliche Zusammenarbeiten scheitern meistens schon in der Kommunikation an einem unangemessenen wissenschaftsmethodischen Anspruch.

b) Medienfuturismus, bzw. medienfuturistische Momente:

Er ist gewissermaßen die erhabene, revolutionäre Gegenseite zu den reformierenden formwahrenden Genres. Medienfuturistische Künste oder Momente sequenzieren und phrasieren die Dynamik der ‚High-Tech‘ nach Vorstellungen verschiedener Grade und Facetten des Totalen (Gleichzeitigen, Globalen, Massenhaften)(12). – Ich saß Weihnachten 1942 als vierzehnjähriger Junge am Volksempfänger und hörte Berlin und Antworten vom Nordkap, von der Biskaya, aus Tobruk, Stalingrad, Kreta ... und noch einmal, dann sangen die Soldaten „Stille Nacht, heilige Nacht". Es war vielleicht der Anfang des Medienfuturismus. – Ich möchte Herrn Kollegen Friedrich Kittler bestätigend sagen, daß ich das leidige erhabene Gefühl hatte (13), (und daß es in der Erinnerung noch stärker ist).

c) Datenkünste, bzw. datenkünstlerische Momente:

Die dritte Richtung, sozusagen am Kreuzweg, vielleicht ‚artes incertae‘, sind die Datenkünste. Für sie trifft die dialogische Künstlerrolle, über die ich hier spreche, insbesondere zu. Der Begriff ‚Datenkünstler‘ geht auf Wau Holland zurück. – Zu Datenkünsten zählen ggf. Datenreisen, hypermediale ars sermonis, Netzwerke, komische Viren u.ä. Auch Achim Lipps folgenreiche Kunst-im-Netzwerk-Ausstellung in der Hamburger Kunsthalle ist an dieser Stelle zu nennen (14). Datenkünste sind mitgeprägt von den sozialen Bewegungen der vergangenen Jahrzehnte und suchen nach Formen und Konventionen, in denen wir mit den neuen Medien intelligent und sensibel umgehen wollen. Peter Glaser stellt die grundlegende Frage: „Ich meine, ohne daß sich das zu pathetisch anhören soll, daß unsere Generation aufgerufen ist, herauszufinden, was man mit den Computern eigentlich machen kann. – Beim Computer ist etwas dabei, was ich als Kolumbus-Gefühl bezeichne." (15)

Ein Globusgefühl ist es, meine ich, vielleicht zugleich, denn auf die Frage, was wir mit den Computern eigentlich anfangen wollen, gibt es unter anderem wie selbstverständlich die Antwort, einen Menschen bauen. – Der Komponist Ligeti tat einmal in einer Podiumsdiskussion mit Klaus Brunnstein, u. a. den erwartungsvollen Ausruf über den Computer: „Jetzt kann er schon so viel, wie ein Insekt!"

III. Bedeutung

Keineswegs ist die dialogische Künstlerrolle eine spektakuläre Neuerung, wenn ich mir auch nur schwer eine tiefgreifendere Veränderung für unser Lebensgefühl, als die des relativen Aufgebens der Autorenrolle, vorstellen kann. – Wenn ich vergleichsweise empfinde, wie wir Millionen Ostdeutsche moralisch ‚ausradieren' und mich erinnere, mit welchem Stolz am Sonntag nach dem Maueröffnen ‚Ossis' Hamburg besetzt hatten, dann ist das für mich ein schreckliches Lebensgefühl. Das relative Aufgeben der Autorenrolle führt allerdings ins Unvorstellbare. – Obwohl es dialogische Künste immer schon gibt: in Tanz, Spiel, ars sermonis, Maskerade, Hausmusik, Jam-Session oder Antiphonen u.a. (16).

‚Partizipationskunst' und ‚offenes Kunstwerk' der 50er und 60er Jahre verunsicherten die Publikumsrolle. Komplementär und in diesem Sinne also unausweichlich, geschieht nun, sagen wir seit den 80er Jahren parallel mit Ausbreitung der Computernetzwerke, eine Verunsicherung der Autorenrolle. Die ersten Arbeiten der Partizipationskunst machte Karl Gerstner in den 50er Jahren mit Bildern zum Verändern (17). Die Medienladenbewegung intendierte dann in den 70ern, Betroffenen die Medien in die Hand zu geben, damit sie sich selbst zu Worte melden können. Aus dieser Zeit stammen auch Negt und Kluges besondere Gebrauchsbuchform von „Geschichte und Eigensinn" oder die Materialform Antje Eskes „Von der Großen Mutter zur Heiligen und Hure" (18). In solchen Formen verschwand der Ermächtigungsanspruch der Autorenrolle. Ein zeitliches Ende der dialogischen Tendenzen aus dem 19. Jahrhundert und einen ihrer Höhepunkte kann man wohl in Brechts Radiotheorie-Vortrag sehen. An ihrem Anfang stehen die Briefschreiberinnen: Rahel Levin Varnhagens dialogisches Schreiben hat Marianne Schuller dargestellt (19). Die Briefform ist noch heute eine starke dialogische Form.

Den Schluß meines Vortrages möchte ich mit einem Zitat meines Freundes Matthias Lehnhardt – an dessen demonstrativen elektronischen Bankeinbruch sich manche von Ihnen erinnern werden – einleiten: „Die Datenkunst eröffnet die verlorengegangene universelle Perspektive der Kunst auf das Leben wieder neu." (20)

In der interdisziplinären Computerei der Hamburger Hochschule für bildende Künste, treiben wir und Jeti künstlerisches Dialogisieren mediens Computer, und in einer Seminarrunde ‚Dialogästhetik' erörtern wir die künstlertheoretischen

Fragen. Unsere Beobachtung ist, daß ein Hypertext- oder Hypermediennetz (künstlerisch ist der Unterschied von geringer Wichtigkeit) eine andere Artikulationsform als Brief und Gespräch eröffnet (22). Das Schwierigste bei unseren Versuchen ist es zweifellos, sich die dialogische Rolle anzueignen, eine dialogisch-künstlerische Grundhaltung einzunehmen. Sie widerspricht unserer verinnerlichten Haltung als Autor. Ich finde es bezeichnend – ohne auf Differenzierungen hier einzugehen –, daß in den Verhaltenskodizes ‚Netiquette :-)‘ der Netzwerker immer wieder, vergleichbar dem § 1 der Straßenverkehrsordnung, gesagt werden muß: „1. Vergiß niemals, daß auf der anderen Seite ein Mensch sitzt!" (21).

Zunächst präsentieren Dialoge ja Orientierungssuche, sind exemplarische Erscheinungsform ethischen Fragens. Mit der Rolle tritt explizite in Erscheinung, m.a.W., explizite präsentiert die dialogische Künstlerrolle, mit den aus ihr quellenden Formen, Antwortnot: das, was ist, wenn man sagt, „Ich weiß allein nicht weiter."

Dialogizität bedeutet andererseits das Hin und Her des Spiels. Am Beginn steht, wie Urs Reichlin ausführte (23), das Sich-Einspielen, in welchem spielverderberisch ungebunden versuchsweise, spontan und improvisatorisch Möglichkeiten herausgespielt werden – Leichtigkeit und Ängstigung zugleich.

Dialogizität ist Einspielen fern geregelter Macht und Sicherheit. Im Dialog erscheinen die spielverderberischen Möglichkeiten konkret als die fremde Anderweite des jeweils anderen Menschen. Anderweite ist als künstlerisches Material zu sehen. Wahrscheinlich wird es um die Momente gehen, Anderweiten zu bestaunen, ihnen gegenwärtig zu sein – unter Eristik oder dem Verlangen, Information abzubauen, fliehen die Anderweiten.

Literatur

(1) Passow, Kurt: Das „Maschinelle Berichtswesen". In: Wehrtechnische Monatshefte 1–4/1965. Frankfurt/Main 1965

(2) Zuse, Konrad: Der Computer – Mein Lebenswerk. Berlin 1984; Konrad Zuse Gesellschaft (Hrsg.): Festakt zum 80. Geburtstag von Herrn Prof. Dr. Konrad Zuse. Hünfeld 1990

(3) Alsleben, Kurd: Ästhetische Redundanz. Quickborn 1962

(4) Finke, Harald: Subdialog mit Stein, Pflanze, Tier. Hamburg 1987

(5) Zemanek, Heinz und Peter Goldscheider: Computer. Werkzeug der Information. Berlin 1971

(6) Frank, Helmar: Grundlagenprobleme der Informationsästhetik und erste Anwendung auf die mime pure. (1959), Quickborn 1968

(7) Ascott, Roy: Die Kunst intelligenter Systeme. In: Hannes Leopoldseder (Hrsg.): Der Prix Ars Electronica. Wien 1991; Fuchs, Mathias und Roy Ascott et al.: Karten Térképek. Wien 1989; Nake, Frieder: Kunst Maschine Kommunikation. Eine Reflektion über die Arbeitsgruppe. In: Michael Paetau et al.: Ergebnisse der 10. Arbeitstagung „Mensch-Maschine-Kommunikation". GMD, Sankt Augustin 1991

(8) Herzog, Jürgen und Michael Carl (Hrsg.): Neue Medien. Berlin (DDR) 1989

(9) Fischer, Detlev: Schwamm. Hypertext-Software. HfbK Hamburg 1989 ff.; – ders.: Dialoghafte Figuren. DTP, Hamburg 1990; – ders.: Basic Notes about Dialogue. DTP, Coventry 1991; – ders.: HyperCard Correspondence. DTP, Coventry 1991

(10) Dudesek, Karel, Salvatore Vanasco, Mike Hentz et al.: Hotel Pompino. Cyber TV. Zusammenschnitt, Hamburg 1990

(11) Alsleben, Kurd: Unübersichtlichkeit der Computerkünste läßt sich über drei Mengen verringern. In: Alsleben, K. und A. Eske (Hrsg.): KükoCokü. Hamburg 1989

(12) Marinetti, F. T. et al.: Drahtlose Phantasie. Auf- und Ausrufe des Futurismus. Zürich 1985; Decker, E. und P. Weibel (Hrsg.): Vom Verschwinden der Ferne. Telekommunikation und Kunst. Köln 1990

(13) Kittler, Friedrich: Synergie von Mensch und Maschine. In: KUNSTFORUM International 98, 1989

(14) Lipp, Achim: Kunst im Netzwerk. Katalog. Kunsthalle Hamburg 1987

(15) Glaser, Peter: Das Kolumbus-Gefühl. Entdeckungen in einer virtuellen Welt. In: Chaos Computer Club, Jürgen Wickmann (Hrsg.): Das Chaos Computer Buch. Reinbek 1988

(16) Schmölders, Claudia (Hrsg.): Die Kunst des Gesprächs. Texte zur Geschichte der europäischen Konversationstheorie. München 1979

(17) Gerstner, Karl: Die Anfänge der Partizipationskunst. In: KükoCokü. Hamburg 1989

(18) Eske, Antje: Von der Großen Mutter zur Heiligen und Hure. Die Rolle der Frau in der Geschichte der Karikatur. Hamburg 1983

(19) Schuller, Marianne: Dialogisches Schreiben. In: Hahn / Isselstein (Hrsg.): Rahel Levin Varnhagen. Göttingen 1987. Runge, Anita, Lieselotte Steinbrügge (Hrsg.): Die Frau im Dialog. Stuttgart 1991

(20) Lehnhardt, Matthias: Datenraum. In: KükoCokü. Hamburg 1989; – ders.: Hacker – Schwarze Schafe im Wolfspelz? In: Chaos Computer Club (Hrsg.): Das Chaos Computer Buch, Reinbek 1989; – ders.: Virtuelle Europäische Kunsthochschule. DTP, Hamburg 1991; Ammann, Lehnhardt: Die Hacker sind unter uns. Heimliche Streifzüge durch die Datennetze. München 1985; Ammannn, Lehnhardt, Meissner, Stahl: Hacker für Moskau. Reinbek 1989

(21) Keil, Christa: E-Mail (Electronic Mail). Chaos Computer Club. Hamburg 1991

(22) Justen, W., D. Kaitinnis, V. Lettkemann, N. Nissen: Korrespondieren mediens Computer. In: quer fällt ein. Katalog. Kunsthaus Hamburg, 1991

(23) Reichlin, Urs: Der Spielende in der Rolle des Spielers und des Spielverderbers. Universität Zürich 1976

Karel Dudesek

Die neue Eloquenz im öffentlichen Raum

1. Jede Sekunde ein virtuelles Opfer, nach einer gewissen Zeit ist die Lust vorbei, und der Zwang hin zum System ‚Geld' beginnt.

2. Fraktaler Paradigmenwechsel im deterministischen Chaos der virtuellen Realität. Was passiert denn hier?

Wir haben ca. vierzig Jahre elektronische Manipulation einer Gesellschaft hinter uns. Die Gesellschaft selbst befindet sich in einem kollektiven pathologischen Fern-sehn-kauf-rausch-zustand. Die wenigen Künstler, die Fernsehkunst oder elektronische Kunst machen, kommen darauf, daß sie im Medium einen Rückkanal benutzen können, sprich Kommunikation. Auf der anderen Seite die Zuschauer, die absolut geschockt sind, daß da plötzlich einer ist, der etwas von ihnen will. Beide Seiten wissen ersteinmal nicht, was zu tun ist. Das Problem ist, daß kein Timebasecorrector zwischen dem Reaktions- und Wahrnehmungsvermögen des Zuschauers und des Machers geschaltet ist. Anderseits geht es der Industrie und auch der Gesellschaft darum, daß eine scheinbare Tempogleichschaltung stattfindet, daß der Mensch dank der Geräte mit ihrer Geschwindigkeit konfrontiert ist, aber das Wichtige ist, daß die Geräte die Entscheidungen abnehmen, die Identität sich auflöst und so den langsamen Zuschauer in einem Zustand hält, wo er unfähig ist zu denken. Wir wissen ja alle, wieviele Menschen täglich in die HiFi-Shops gehen, Videos kaufen, Kassetten, Batterien, wieviele mit diesem ganzen Business zu tun haben, und wie sie sich eigentlich alle schämen, daß sie so schlecht ausgerüstete Menschen sind. Die Geräte sind so perfekt, durchgestylt und können sich entscheiden und da kommt ein Mensch, der ist nur geboren, er wird müde, merkt sich nicht viel und weiß sich nicht zu entscheiden. Da haben wir die zweite Ambivalenz, der Mensch tritt zurück, das Gerät ist quasi perfekter und man schämt sich insgeheim dafür, daß man eigentlich Mensch ist, daß man so unperfekt ist, wie man auf die Welt gekommen ist.

Unsere Praxis

Ich arbeite seit mehr als zehn Jahren mit einem Team in wechselnder Besetzung zusammen. Im Grunde ist es ein Kernteam aus vier Leuten, die aus verschiedenen Bereichen kommen, aus der Musik, aus der darstellenden Kunst, aus Medien, aus Film usw. Dieses Team arbeitet seit 1986 an dem Projekt „Ponton" bzw. an den Fernsehprojekten von „Van Gogh TV", die Teilprojekte von „Ponton" sind. Ich will Ihnen erklären, wie so etwas anfängt, wenn man Medienkünstler ist.

Man fängt in einer leeren Fabrikhalle an, findet irgendwo Neonröhren, kauft billig Geräte, improvisiert, baut zusammen, hat eine Glühlampe und hat ein mobiles Fahrzeug, was im übrigen eines der zentralen Themen von „Ponton" ist, mobil zu sein. Denn wir haben es von Anfang an nicht eingesehen, warum nur der elektrische Strom wandern kann und wir nicht. Warum wir bloß in dunklen Studios festsitzen und Konserven produzieren sollen. Zurück zum mobilen Einsatz oder der Idee der Mobilität in unseren Konzepten. Die professionell etablierten Medien

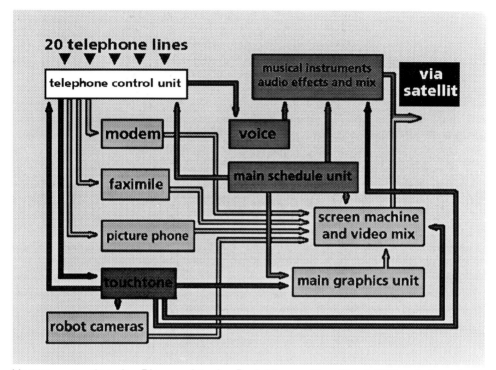

20 telephone lines

telephone control unit

musical instruments
audio effects and mix

via
satellit

modem

voice

faximile

main schedule unit

picture phone

screen machine
and video mix

touchtone

main graphics unit

robot cameras

Vernetzungsplan der Piazza virtuale. Projekt von „Van Gogh TV" auf der „documenta 9", 1992

und die Gesellschaft sind sich einig, daß Künstler mit dem Medium ‚Fernsehen' nicht arbeiten sollen. Als Reaktion darauf haben wir uns entschlossen, in einem Bus, den wir uns gekauft haben, ein komplettes Studio einzurichten. Mit diesem Bus zu fahren und uns in den verschiedenen Bereichen der Gesellschaft zu installieren, sei es auf Messen, sei es auf Kunstausstellungen, sei es auf Festivals, bei Schulen, bei Instituten oder sei es irgendwo, wo man uns gefragt – aber auch dort, wo man uns nicht gefragt hat – uns aufzustellen und zu arbeiten, zu senden.

Dies als Beispiel: Wir waren als Performancegruppe bei der „documenta 8" eingeladen. Wir haben ein Radio gemacht, das – 24 Stunden, einen Monat lang – im Stadtraum von Kassel gesendet hat, natürlich als Piratenradio. Das war der Beginn unserer medialen Arbeit in Deutschland. Wir bekamen keine Sendeerlaubnis, also stellten wir einen selbst gebauten Sender auf und belegten ausgesuchte Sendefrequenzen, die noch frei waren. Ein Ergebnis dieser Projekte war, daß die Post auf uns zugekommen ist und uns gebeten hat, es nicht an die große Glocke zu hängen, daß sie uns das Senden kurzzeitig erlaubt. Wir haben ungefähr einen Monat mit zweihundert Leuten aus ganz Europa auf eigene Kosten dieses Radioprojekt, das, glaube ich, eines der schönsten Radioprojekte in Deutschland war, in Kassel vor Ort betrieben. Dann kam hinzu, daß in dieser Stadt wirklich ein Ventil geöffnet wurde, das ist das Interessante, daß man durch Medien Ventile öffnen kann. Zum erstenmal haben die Leute, die das Monopol haben, also die

Etablierten, mit Schrecken gehört und erfahren, was da eigentlich vierzig Jahre lang verbrochen wurde. Die Öffnung eines solchen Ventils wurde natürlich sofort bekämpft, indem man Bedingungen stellte: Entweder mußte es ein zeitbegrenztes Kunstradio werden, oder es mußte eine Skulptur werden, oder es mußte die Sendungen einstellen. Als nächstes Projekt wechselten wir von diesem akustischen Komplex in den Bildbereich.

Uns hat interessiert – das klingt jetzt zwar so, als ob ich als Wissenschaftler reden würde, aber ich habe es oft gesagt, und ich wiederhole es – uns hat es interessiert, vom Ton- in den Bildbereich zu kommen und diese Bereiche zu koppeln. So einfach es klingt, haben wir es auch gemacht. Wir haben uns einen Fernsehsender bauen lassen und haben diesen Sender in Osnabrück aufgestellt, als Beitrag zum Film- und Fernsehjahr 1988. Das „European Media Art Festival" in Osnabrück war mutig genug, das Risiko einzugehen, Künstlern mit Staatsgeldern Piraten-Fernseh-Events zu finanzieren und sich später mit der niedersächsischen Landesregierung zu streiten. Als nächstes Fernsehprojekt waren wir dann einige Male bei der „Ars Electronica" eingeladen, wo wir zuerst als Modell, dann als praktische Kopplung an die Satellitenlinks, unser Kunstfernsehen senden konnten. Das passierte natürlich auch erst nach einem riesigen Kampf mit dem ORF. Es ging soweit, daß wir von Moskau aus – wir waren auf Tournee durch die Ostblockstaaten, 1989 bevor der Ostblock gekippt ist – ein Telex an den österreichischen Bundeskanzler geschickt haben und uns über die Situation, daß man uns solche Hindernisse in den Weg stellt, beschwerten. Daraufhin hat der ORF einen cleveren Ausweg gefunden. Man hat uns nicht in Österreich senden lassen. Wir konnten uns zwar in Österreich aufbauen, sendeten aber unsere Bilder und Töne per Richtfunk nach Deutschland auf den Sender nach Mainz. Von dort beamte man es auf den Satelliten und vom Satelliten beamte man es wieder nach Österreich. So komplex war der Weg des ersten Kunstfernsehens in Europa.

Was ist nun der Grund, solche Projekte zu machen?

Da das Fernsehen sehr langweilig ist, uninteressant, und wir nicht mehr zugucken konnten, haben wir uns entschlossen, selber Programm zu machen. Da fingen natürlich die ersten Schwierigkeiten an. Wie macht man so etwas?. Für Künstler ist es, glaube ich, eine der schwierigsten Entscheidungen, im Teamwork zu arbeiten. Wir kennen die klassische Funktion des Künstlers. Er ist ein Individuum, das empfindlich ist, sensibel, poetisch, seine Sprache entwickelt aus seiner eigenen Lebensqualität, aus seiner eigenen Lebenssphäre und dann soll er noch soweit gehen, das mit anderen zu teilen, tolerant zu sein, alles zu organisieren und zu verwalten usw. Diese ganzen Prozesse haben wir durchgemacht, d.h. einer der wichtigsten Punkte ist das Teamwork. Wenn Sie jemals mit Medien arbeiten wollen, müssen Sie fähig sein, im Team zu arbeiten.

Im Team zu arbeiten, heißt nicht, wie wir es von den etablierten Institutionen kennen, daß man sich innerhalb eines hierarchischen Hick-Hack-Systems zusammenrauft und am Schluß dann sogar Sendungen dabei herauskommen. Sondern es heißt, daß es klar definierte Bereiche gibt, und daß die Menschen, die da mitarbeiten, genau wissen, um was es geht und wo ihre Funktionen und Stärken sind. Daß sie nicht andere blockieren, die andere Fähigkeiten haben. Das ist eines der wichtigsten Erkenntnisse innerhalb dieser Projekte, eben weil wir mit vielen Künstlern zusammenarbeiten. Bei unseren Projekten gelingt natürlich vieles nicht, aber ebenso vieles gelingt. Wir koppeln die bestehenden klassischen Medien wie Mailbox, Computer, BTX, Bildtelefone, Kameras usw. Wir koppeln sie und bringen sie dann auf einer Oberfläche zusammen. Nun, das wäre erstmal nichts Neues. Das, was uns daran interessiert ist, diese gesamten Medien in einen Live-Kontext zu bringen. Das heißt nicht, in einem Studio vorgefertigte Konserven-Tapes einzuspielen, sondern all die Medien während einer Sendezeit zirkulieren zu lassen und sie soweit wie möglich an das, was auf einer Bühne passieren kann und passieren wird, anzupassen. Es sind also zwei Punkte: Wir koppeln diese Medien, und wir bringen die Medien in einen Live-Kontext. Das heißt: Live-Fernsehen. Das, was uns interessiert ist Live-Fernsehen. Das Studio, wie es aufgebaut ist, ist ein offenes Studio, ein Studio ohne Trennwände. Wir kennen das Problem, wenn Künstler sich etwas ausdenken und dann andere Leute damit konfrontieren. Die Zuschauer verstehen erstmal überhaupt nichts. Da gibt es also diese Profi-Künstler so wie wir. Wir denken uns ein Konzept aus, und wenn das jetzt Fernsehen ist, dann konfrontieren wir das Publikum mit unserem Denken und Empfinden über die Gesellschaft. Dann sitzt dieser arme Zuschauer davor und muß das konsumieren oder will das konsumieren. Was dabei für uns wichtig ist, ist, daß wir eine Zwei-Weg-Kommunikation schaffen, wie banal die auch immer aussehen mag. Dies ist erst das Ziel unseres Gesamtkunstwerkes. Daß wir Individuelles, was wir uns ausdenken, abschicken, daß das ankommt und daß darauf reagiert werden kann. Natürlich ist das Endergebnis der Kommunikation, auch zwischen uns Profi-Künstlern, sehr oft eine Frage wie: „Ja was kostet denn das eigentlich?" oder „Woher haben Sie denn das Geld, solche Sachen zu machen?" (das sind sehr interessante und tiefgehende philosophische und sozio-logische Fragen). Ein Ziel ist die angestrebte Verbindung der Profi-Künstler mit einer gewissen Art von Kunst, vielleicht kann man sie Volkskunst nennen.

Nur ein Beispiel: Es gibt Millionen von Musikern, von denen kein Mensch etwas weiß, genauso gibt es viele Computerleute, die Computer zu Hause haben und von denen keiner etwas weiß. Zu denen versuchen wir, über die Kabel oder Satellitenlinien und die klassischen Kommunikationsleitungen, wie Telefon oder BTX, durchzudringen, mit ihnen Kontakt aufzunehmen. Wichtig ist, daß wir es schaffen, das Lebensgefühl, das bei unserer Arbeit entsteht, zu transportieren. Denn wir alle kennen die sterilen Fernsehstudios, wir alle kennen den Druck, der da entsteht, diese langweilige Szenerie; ich glaube, daß das ein wesentlicher Grund ist, warum es mit der Medienkunst nicht klappt. Es existiert keine Identifika-tion mit dem Lebensgefühl. Es gibt Medienkünstler, die arbeiten schon zehn Jahre in diesem Genre, aber das Problem ist, daß die Identität, das aktuelle Lebensge-fühl von jungen Leuten, ganz anders ist. Und das ist auch einer der Gründe, warum wir so ein Projekt komplett installieren, also nicht nur zu einem Sender gehen und sagen: „Können Sie uns jetzt nicht mal Ihre Studios zur Verfügung stellen?". Das interessiert uns nicht so. Uns interessiert nur die Einspeisung. Wir stellen die Installation komplett auf, das Studio, die Gerätschaften und die Leute.

Was der Künstler für Schwierigkeiten hat, in der Praxis zu arbeiten.

Erstes Kapitel: Die Profis

Es gibt die Profis, die fähig sind, vom Licht bis Kamera, alles zu bedienen. Mit den Profis zusammenzuarbeiten ist sehr schwer. Die Profis glauben bei uns immer, daß sie auf Kreativurlaub kommen und sich da wohl fühlen und endlich mal machen können, was sie ihr ganzes Leben nicht machen dürfen. Diese Einstellung hat bei unseren Projekten schon oft zu großen Mißverständnissen geführt. Es gibt keine Wissensvermittlung im Bereich der Medien, keine Wissensvermittlung im Bereich der Logistik von seiten der Profis, was für uns ein sehr großes Problem ist. Für die Profis gibt es keine andere Motivation als nur einmal mit Künstlern zusammen gespielt zu haben, ihr eigener Beruf ist ja todernst, trocken und stressig. Das nur zu dem Komplex der Zusammenarbeit mit anderen Bereichen.

Zweites Kapitel: Die Ausbildung

In den Akademien und in den Hochschulen, wie auch in den derzeit installierten Medienzentren fehlt die Reaktion auf Anforderungen der Jetztzeit, also auf die Anforderungen, was die Jetztzeit an Pädagogik und Hardware braucht. Es fehlt an einer Vision, wie Studenten lernen könnten, anders lernen könnten als in den alten, schon abgetakelten Unterrichtsformen und Zielen der Kunsthochschulen. Im „Media Lab" gehen wir andere Wege, wir entwickeln andere Praktiken, mit Leuten zu arbeiten, Leuten in ganz kurzen, aber intensiven Arbeitssitzungen Bereiche zu vermitteln, um sie danach selbständig arbeiten zu lassen, wie z. B. bei „Universcity TV". Es geht darum, daß die Studenten oder die Leute, die arbeiten wollen, eine eigene Identifikation haben, so daß sie merken, daß sie selbst verantwortlich sind. Ich glaube nicht, daß es Sinn hat, Zentren anzubieten, wo die Studenten hereinkommen und als Spezialisten für die Wirtschaft oder als Sozialfälle wieder herauskommen. Jeder Student muß wissen, daß er, vom Anfang bis zum Ende, in dieser Struktur für alles, was da zur Verfügung steht, verantwortlich ist und daß es, im Inhalt wie in der Form der Arbeit, immer noch um Kunst geht und nicht um Werbung oder um Design.

Drittes Kapitel: Das Kulturmanagement

Grundsätzlich will das Kulturmanagement an Künstler bis 40 kein Geld zahlen. Die Organisation, die Präsentation dieser modernen Kulturform oder dieser neuen Kulturform ist zu alt. Die Medienkunst oder die elektronische Kunst oder die Kunst, die mit elektrischem Strom angetrieben wird, braucht neue Formen der Präsentation. Vor allen Dingen brauchen wir neue Leute neben uns, im Management, im Vertrieb und in der Publikation, die diese Kunst verstehen und nicht nur Leute, die von der bildenden Kunst kommen, von der Malerei, von der Skulptur, aus dem Theater.

Viertes Kapitel: Die Industrie

Die Industrie interessiert absolut nichts. Sie sponsert ab und zu etwas. Ich kenne mittlerweile seit vielen Jahren fast ganz Deutschland von oben bis unten und ich kenne auch die wenigen Direktoren. Die sagen alle: „Herr Dudesek, ich finde das alles toll, was Sie machen, sehr aufregend, ich versteh' es ja – aber wie soll ich das dem Vorstand erklären, die verstehen das erst in fünf Jahren. Wir geben Ihnen jetzt ein paar Geräte, oder?" Grundsätzlich ist es nicht möglich, in einen Prozeß der Industrie einzusteigen, denn die Eloquenz ist anders. Die Identität ist anders. Das ist für uns eine der größten Schwierigkeiten, daß es keinen Konsens mit der Industrie oder der Wirtschaft gibt. Und ich glaube, daß jeder, der erzählt, das wird schon irgendwie klappen, die Künstler werden sich mit der Wirtschaft verständigen, irrt – das klappt nicht. Denn wir brauchen die Geräte – aber nicht die Konditionen, unter denen diese Geräte gesponsert werden. Es gibt seit jeher die Trennung zwischen kommerzieller Kunst und nichtkommerzieller Kunst. Nichtkommerzielle Kunst, die forscht, die ein Experiment ist, die ein Labor ist, die mobil ist und die sich noch überhaupt nicht sicher ist, ob sie auf dem richtigen Weg ist, sich mit diesen Medien so auseinanderzusetzen. Oder, ob es nicht sogar besser ist, sich davon ganz zu distanzieren.

Fünftes Kapitel: Die Sendeanstalten

An sich, nach wie vor, nur an Medienkunst in Form von Schubladen interessiert. Also d.h.: wir kriegen vielleicht Programmblöcke und die kann man schön bespielen, zehn Minuten, vielleicht zwei Stunden, dann ist es aus. Und im Endeffekt kommt es darauf an: „Wieviel Einschaltquoten haben Sie denn gehabt, Herr Dudesek? Wenn Sie nicht auf 1,5 Millionen kommen, interessiert uns das nicht, es war ein nettes Experiment, nur interessiert uns eine Dokumentation über Kunst viel mehr."

Sechstes Kapitel: Die Künstler

Der Künstler befindet sich in einer problematischen Situation, natürlich, warum denn auch nicht. Sehr viele Künstler, die mit Medien arbeiten, kennen das. Wie ich natürlich auch. Wir werden zu Bürokraten, wir werden zu Verwaltern, wir werden zu Managern, wir werden zu Politikern. Das verdanken wir dem elektrischen Strom. Für die Kunst, die wir eigentlich machen wollen, bleibt sehr wenig Zeit, denn man muß, um in dem Bereich der Medien zu arbeiten, diesen gesamten Komplex abdecken. Diese gesamte Komplexität von medialer Installation, und diese Installation ist in der Aufbauzeit nur trockene Bürokratie, sonst nichts. Sie denken jetzt sicherlich, daß das vielleicht ein Grund wäre, damit aufzuhören. Weil man diese ganzen Schwierigkeiten überwinden muß, die einem überhaupt keine Hoffnung lassen. Entweder werde ich einer von der zynischen Art, übersteigere den existentiellen Zynismus noch, so daß mich die Gesellschaft nur durch den übersteigerten Zynismus akzeptiert. Oder ich werde ein netter Künstler, gründe eine Familie und ziehe mich als Einsiedler zurück. Oder ich beteilige mich an der Vernichtung und an der Manipulation, also an einer gewissen Art und Form des zivilen Krieges, ich reduziere mich auf mich selbst durch die Vernichtung meiner selbst in einer Form von Drogen und Konsum. Aber so denken wir nicht, denn durch unsere Projekte haben wir selbst eine Antwort gefunden. Einen Weg zu versuchen, das vertretbarst Mögliche, also das, was wir gerade noch vertreten und was wir gerade noch verantworten können, zu machen, um nicht komplett in das Lager der Geräte zu desertieren. Denn viele Künstler und sehr viele nette Leute sind bereits in das Lager der Geräte desertiert. Das ist traurig. Denn sie unterwerfen sich der Kondition dieser Eloquenz.

Letztes Kapitel

Noch zwei wichtige Punkte, an denen wir im Moment arbeiten. Der erste Trick. Das Medium Fernsehen, dem wir begegnen, funktioniert folgendermaßen: Ein Bild oder eine Handlung wird irgendwo aufgenommen, wird in eine Wohnung transferiert, dort konsumiert und die Verantwortung für diese Handlung, die an Punkt X passiert ist, wird an den Zuschauer übertragen – siehe Golfkrieg. So sitzt der Zuschauer hoffnungslos verloren in seinem Sessel, übernimmt die Verantwortung, kann überhaupt nicht reagieren, weil es nicht vorgesehen ist und fällt so in die Steuerung von Wunschwelten eines kollektiven Gewissens. Das heißt, dieser Trick ist bewußt für die Gesellschaft installiert, damit die Gesellschaft so erhalten wird, wie sie zur Zeit funktioniert. Das Lustige daran ist, daß der Zuschauer auch noch dafür bezahlt, daß er benutzt wird. Zweiter Punkt. Es geht um die Umkehrung der zeitlichen Reihenfolge. Erst wird das Angebot gemacht und dann wird die Nachfrage kreiert und schamlos wird nachher behauptet, als Käufer wollte man es ja so. Im Grunde merkt man, daß man als kommerzieller Künstler ja auch Autos oder Fernseher oder Videorecorder verkaufen könnte und es wäre besser, wenn einige Künstler dies auch tun würden. Denn Design zu produzieren, heißt, sich konditionieren zu lassen von den ausschließlich geräteorientierten Motiven unserer neuen und alten westlichen Weltenordnung, die keinen anderen Inhalt hat als nur: einmal drauf und dann sich selbst zu erhalten, koste es, was es wolle.

Strukturwandel
der ästhetischen Produktion
und Neuverkörperung
der elektronischen Kommunikation

Hans Ulrich Reck

Der Streit der Kunstgattungen im Kontext der Entwicklung neuer Medientechnologien

Ein antiquiert klingendes Thema, gewiß. Präzise nachfragend und vermeintlich· doch weit ab von den heutigen Themen. Wen interessiert angesichts der Computerschwemme die Trennarbeit zwischen Kunstgattungen, wen die subtilen Differenzierungen zwischen Poesie und Malerei in der Epoche der intermediären und multimedialen Kunstaktionen, wen gar die Hierarchien unter den einzelnen Künsten angesichts der Tatsache, daß unsere visuelle Kultur von der Verwischung solcher Grenziehungen bestimmt ist? Vielleicht stellt sich heraus, daß ein solches Thema der älteren Ästhetik wesentlichere Schichten des späteren Bewußtseins anspricht als dessen Selbstinterpretation. Da mit dem Streit der Kunstgattungen historisch die zeitgleiche Begründung der freien Wissenschaft wie der autonomen Kunst, ihre ästhetische Selbstbezüglichkeit als technisches Prinzip, verbunden ist, kann der Gattungstreit modellhaft für die Rezeption unseres künstlerischen Selbstverständnisses eingesetzt werden. Insbesondere der Einbezug technischer und technologischer Fragestellungen in die Kunstproduktion zeigt an, daß die Darlegung des Rangstreits heute nicht schon deshalb erledigt ist, weil die neuen technischen Medien wissenschaftlicher vorgehen als die alten. Die Erwartungen im technischen Feld setzen, bescheiden, bei neuen Erscheinungsbildern an und dehnen sich schnell, unbescheiden, zu einer neuen Totalsicht auf die Welt aus. Die weitgehendste Erwartung formuliert wohl die These von der orbitalen Wendung, die den planetarischen Aufbruch von der Erde, wie er vor allem durch den italienischen und russischen Futurismus im ersten Drittel des 20. Jahrhunderts gefordert worden ist, abzulösen hat. Ähnlichen Zuschnitts ist die These, Erfahrungen seien nicht mehr an die Irreversibilität der Zeit gebunden, nichts sei endgültig definiert, alles könne in Fluß gehalten werden. Das gelte vor allem für die Bilder und, allgemein, für das symbolische Bewußtsein. Es könne auf das mimetische Nachbilden verzichten, der Mensch springe in die eigengesetzlichen, permanent ablaufenden Bilder hinein. Der Strom des Imaginären reguliere sich selber und bilde das eigentliche ,interface' zwischen Mensch und Maschine. Die Abbildung der Maschine im Gehirn sei die neue Realität. Ein Kreislauf würde perfekt, der als stimulierte Operation das Mensch-Maschinen-System mit immer neuen Bildern und Reizen versorgte.

Gegenüber solchen und ähnlichen Erwartungen erscheint ein Nachdenken über den Gattungsstreit der Künste sinnvoll. Denn er hatte historisch zum Ziel, die jeweilige Besonderheit der einzelnen Kunst aus der ästhetischen Ordnung des für sie typischen Zeichenmaterials herauszuarbeiten. Nur die Verschiedenheit ermöglichte Vergleichbarkeit und, in einem weiteren Schritt, eine normative Selektion hinsichtlich der die Wissensapparate und Symbolsysteme dominierenden Medien und Gattungen. Solange der Rangstreit der Künste ästhetisch von Bedeutung ist, solange bedarf es der Differenz zwischen den Bildern, ihrer gesellschaftlichen Aneignung und der propositionalen Bedeutung, die in sie eingeht. Es ist leicht einzusehen, daß die ästhetische Spekulation auf den Fluß allseitig veränderbarer, nicht durch den Menschen hergestellter, sondern durch den apparativen Zufall erzeugter, Bilder als vermeintliche Modellierungskräfte eines neuen Denkens nichts anderes ist, als eine neue Interpretation der alten ästhetischen Struktur. Es muß im Interesse eines ästhetischen Denkens liegen, die technischen und wissenschaftlichen vom Attraktionsgut der künstlerischen Aspekte der Medien zu trennen. Der Wirklichkeitsbegriff bedarf der Unterscheidung des Wissens von der ästhetischen Erfahrung. Wenn die neue Medienkultur verspricht, jedermann ständig die drei Kulturen des technischen Wissens, der operativen Programme und der ästhetischen Erfahrungen zur Verfügung zu halten, dann verspricht sie nicht nur zuviel, sondern mißachtet ihre eigene, sie ermöglichende ästhetische Dimension. Daß wir durch Maschinen lernen, die Strukturen unserer Wahrnehmung, unseres Denkens und – von der Romantik in der Figur des Automatenmenschen als Drohung beschrieben – Fühlens zu verstehen oder manipulativ zu verändern, belegt nicht, daß solches nur Folge des technischen Funktionierens ist. Diese Erwartung an das Technisch-Funktionale scheint einer ästhetischen Suggestion geschuldet. Wie weit der Streit der Kunstgattungen orientierend auch für diese technische Medienkultur sein kann, vermag ich in diesem Rahmen nicht ausreichend zu diskutieren. Was geleistet werden kann ist die Befragung ästhetischer Grundkategorien, deren Semantik, die Geschichte der Künste, von den heutigen Apparaten als nicht weiter traditionsfähige angezweifelt wird. Die technische Medienkultur wird sich daran bemessen lassen, inwieweit ihre Argumentation immer noch im Bann des Rangstreits der Künste steht, mit dessen historischem Ursprung in der Renaissance sich die Künstler als Wissenschaftler und Techniker des Symbolischen einen herausragenden Platz in der Gesellschaft haben sichern können. Ich handele zunächst von den historischen Begründungen im Rangstreit der Künste (1.) und ihrem Ende in der Kunst des 20. Jahrhunderts (2.), sodann von Aspekten einer aktuellen Medientheorie (3.) und schließlich von den Konsequenzen des Streits der Kunstgattungen für den Kontext der neuen Medientechnologien (4.).

1. Der ‚Paragone‘ als ästhetisches und soziales Modell

‚Paragone‘ meint: wertender Vergleich, der durch Streitgespräche mit Hilfe des besseren Arguments zustandekommt und dessen Gegenstand die Wirkweise ästhetischer Aussagen ist. Historisch bezeichnet ‚Paragone‘ den Disput zwischen Humanisten, Auftraggebern, Künstlern und Intellektuellen der Renaissance, in dem die bildenden Künstler eine höhere Wertschätzung zu erreichen trachteten. Ausgangspunkt war Leonardo da Vincis Kunsttheorie, insbesondere seine Heraushebung der Malerei gegenüber der Skulptur, die er, nicht zuletzt mit dem Blick auf den Rivalen Michelangelo, als künstlerisch minderwertig zu denunzieren trachtete. An Leonardos zunächst nur informell zirkulierenden Überlegungen schloss sich später über die Jahrhunderte eine ganze Reihe von Traktaten an. Diese Reihe kommt mit Lessings „Laokoon" zu einem Abschluß.

Lessing selbst beendet den Disput, der die Vermögen der Künste gegenüber denselben Aufgaben zu hierarchisieren versuchte, dadurch, daß er die Unterschiedlichkeit der einzelnen Darstellungsformen zeichentheoretisch bestimmte und nicht mehr auf identische Ansprüche bezog. Mit Lessing endet die bei

Aristoteles einsetzende, durch Horaz kanonisierte Auffassung der Malerei, die sei wie Poesie, einer Poesie, die Bilder male. An die Stelle des „ut pictura poesis" tritt die Zweiheit von Konzepten: Malerei als Raumkunst, Poesie als Zeitkunst. Kohärenz und plastische Eindringlichkeit gegen Sukzession und narrative Textur überwanden den universalen Begriff der einen, einheitlichen Kunst. Es entstand ein Bewußtsein dafür, daß die Künste nicht alle denselben Stoff bearbeiten oder letztlich dasselbe meinen. Leonardos theoretische Überlegungen wurden als ‚Paragone'-Denken erst durch die Ausgabe des „Traktates über Malerei" bekannt, deren erster Teil 1817 von Giuglielmo Manzi mit „Paragone oder der Vergleich der Künste" editorisch überschrieben wurde. Leonardo war praktisch in einigen der im Paragone verhandelten Künsten tätig: als Bildhauer, Wissenschaftler, Maler und Musiker. Er integrierte die Erkenntnisse des Wissenschaftlers in seine Malerei. Studiert werden mußten u.a. Landschaften, Wolken, Horizontverläufe, Pflanzenwachstum, Bauweise von Felsen, das Fließen und die Spiegelungskraft des Wassers.

War die Renaissance-Malerei zu weiten Teilen eine historisch-allegorische Malerei, so erhält die Natur erst im Kontext von Leonardos pantheistischem Denken eine sinnliche Fülle und empirische Sensualität. Das in der Malerei sich vollendende künstlerische Tun war für Leonardo mit seinen wissenschaftlichen Implikaten nicht länger ein der Theologie unterstelltes Handwerk. Künstlerische Arbeit wurde ihm gerade in der parallelen Entwicklung der freien Künste und Wissenschaften zu einer Erkenntnisform eigener Art, die sich nicht länger auf außerkünstlerische Inhalte abstützen mochte. An die Stelle der theophanen Semiotik als Wächterin über die erfolgreiche Zähmung allen ästhetischen Eigensinns, der ungezügelten Verführung zur Schönheit des Profanen und Sichtbaren, trat die Natur als Lehrmeisterin. Der Handwerker stieg aus dem Sozialgefüge aus und gebar sich in einer höheren sozialen Stufe wieder als mit Schöpfungskraft begabtes, von Ideen belebtes Genie. Die Gottähnlichkeit des Malers begründete Leonardo damit, daß er in der Nachahmung der Natur nicht diese selbst, sondern ihren Schöpfer nachahme. Da die Malerei auf vorgängig planender Synthese beruhe, befriedige sie die Empfindung durch die harmonische Proportionierung der das Ganze bildenden Teile. Die ästhetische Arbeit als Befriedigung der Empfindsamkeit begründet die Unterschiedlichkeit der Künste: die je verschiedene Weise, so Leonardo, begründe je unterschiedliche Formen und Sprachen. Es geht ihm also bereits um die Unmittelbarkeit der Wirkung und die Kontinuität der von den Künsten hervorgerufenen Sinneseindrücke, um, wie heute zu formulieren wäre, die gemäß den einzelnen Medien zu leistende Organisation des ästhetischen Eindruckmaterials. Daß eine methodische Erzeugung ästhetischer Effekte sich im Kontinuitätsraum mathematischer Operationen vollzieht, ist eine Konstante der neueren Kunst- und Bildästhetik geblieben. Ging es neuzeitlich um die Wissenschaft des Sehens – Leonardo begründet seinen Antiakademismus, „uomo senza lettere", mit der empirischen Kunst des Sehens, „saper vedere" – als einer nicht nur retinalen, sondern naturphilosphischen Ordnung, so entwickelt sich heute eine in der Stärke vergleichbare Fixierung auf die Repräsentation von Figuren/Daten und Raum/Bildschirm. Mit dem Unterschied, daß die Kontinuität der identifizierten Raum-Zeit-Punkte nicht mehr der linearen Ordnung der Ziffern folgen, sondern fraktalen Kalkülen, d.h. der Ordnung des Chaotischen und Dis-kontinuierlichen. Die wissenschaftliche Struktur des Technikprozesses bleibt aber in gleicher Weise die Grundlage des 'Ästhetischen'.

Leonardos Methoden waren nicht nur für die damalige Zeit unkonventionell. Er arbeitete mit dem aktivierenden Zufall des Alltäglichen und Vorfindlichen. Klassi-zismus interessierte ihn wenig, die flüchtige Geste innerhalb eines genauen Rasterplans außerordentlich. Die Bildhauerei, die solch merkwürdig flüchtiges Zufallen nicht zulassen konnte, lehnte er als 'arte meccanissima' ab. Lärm, Dreck und Staub in der Werkstätte eines Bildhauers schienen ihm einem freien Geist ebenso abträglich wie dem humanistisch gewandten, elegant gekleideten, mode-bewußten Philosophen der damaligen Gesellschaft unzumutbar. Leonardo wollte wegen dieser selbstbestimmenden Anmaßung die Malerei nicht allein in den Kanon der freien Künste aufnehmen, sondern gleich als deren Anführerin etablie-ren. Das Studium der sozialen Verhaltensweisen – großartig verdichtet in den grotesken Physiognomien – war ihm eine der Beobachtung der Natur gleichwer-tige Schule empirischen Sehens. Das Studium der Natur als Fundus für neuartige Bildformen umfaßte auch das genaueste Erfassen dessen, was in der Soziologie Habitus, Geste, Rolle und Verhaltensform genannt wird. Genaue bildliche Reprä-sentation stand im Dienste der Differenzierung der sozialen wie der natürlichen Welt. Das läßt sich paradigmatisch lesen. Ohne die ästhetische Erfassung mathe-matisch geordneter Räume gäbe es nicht die Neuzeit, die die Technik zum Zuge kommen läßt, weil 'Natur' und 'Wirklichkeit' für menschliche Orientierung nicht identisch sind, sondern im Auseinanderdriften der kulturellen und der natürlichen Welt erst einen Spielraum freien, verantwortungsbedürftigen Handelns eröffnen. In diesem kulturellen Bezugssystem einer so getrennt geordneten Natur konnte Malerei als naturphilosophisch verstandene, angewandte Physik gefaßt, der Poe-sie die moralphilosophische, konzipierte Welt der menschlichen Vorstellungs-kräfte zugeordnet werden. Dieses Modell erklärt hinreichend Leonardos anti-allegorische Auffassung vom Malen ebenso wie die Ästhetik des Fragments. Ein Bild galt ihm als vollendet, wenn seine Komposition, Anlage und einige fertigge-malte Fragmente die zugrundeliegende Idee ausreichend verstofflichten. Höchste Dignität kam deshalb der Zeichnung zu, dem 'concetto' und 'disegno'. Auf dieser Ebene des Entwerfens galten selbstverständlich auch Bildhauerei und Architektur als geistige Tätigkeiten.

Leonardos Paragone-Gedanken formulieren im nachhinein das Bezugsfeld für dasjenige Werk, das dafür am meisten konsultiert wurde: Benedetto Varchis Umfrage darüber, welche der Künste die nobelste sei und wie sich insbesondere Poesie und Malerei unterscheiden lassen. Die Antworten von Michelangelo, Tribolo, Tasso, Cellini, Bronzino, Pontormo, Vasari, Sangallo und anderen datieren von 1546 bis 1549. Der weiterhin gültige Hintergrund ist von Aristoteles und Horaz bestimmt. Varchis Interpretation des damaligen künstlerischen Selbstverständnis-ses setzt allerdings neue, markante Akzente. So trennt er die Künste von den theoretischen Wissenschaften, um sie an praktische Philosophie und lebenswelt-lich bildende Literatur anzubinden. Kunst und Technik werden getrennt, Kunst den sinndeutenden Handlungen zugeschlagen, ästhetische Erfahrung prinzipiell als

Irritation am dogmatischen Anspruch naturwissenschaftlichen Wissens zugelassen. Unbedingt wird die technologische Organisation des Wissens von der ästhetischen Auswertung der sozialen Erfahrungen abgespalten. Es ist leicht zu sehen, daß dieses Konzept die Voraussetzung darstellt, Kunst aus je gesetzten Erwartungen herauszulösen und durch technische Herausforderungen formal und substantiell zu erneuern.

2. Das Ende des Paragone-Denkens in der Kunst des 20. Jahrhunderts

Der geschichtliche Enstehungszusammenhang des Paragone zeigt, daß selbst die Argumente der technischen Medienkultur zur Erneuerung der Künste im Feld der ordnenden Bezüge zwischen Lebenswelt, Kunst, Technik, Wissenschaft und Philosophie verbleiben, wie sie der Vergleich der Kunstgattungen herausgearbeitet hat. Man wird den Verdacht nicht los, daß die paradigmatische Vorgabe selbst für die Rangordnung der Künste im Computerzeitalter immer noch dieselbe ist: die Minimierung des körperlichen Aufwands. Die Computerkunst ließe sich nach dem Prinzip des Instrumentenbedarfs und materiellen Aufwands unschwer in die Skala der durch geistige Eigenaktivität bewirkten Energieverminderung hierarchisch eingliedern. Der Computerkünstler würde dem Maler zur Seite gestellt werden. Er bedarf der technischen Geräte. Insofern er führender Künstler sein möchte, setzt er mit entsprechenden Theorien auf die Programme. Er schafft den Technologiezwang merkwürdigerweise dadurch ab, daß er das Subjekt für anästhetisch und gestaltlos gegenüber den fraktalen Wundersamkeiten der Rechnungsprogramme deklariert. Insoweit er Philosoph sein möchte, muß er die Identität von Geist/Gehirn und Maschine/Rechner behaupten. Aber damit erreicht er immer noch nicht die idealistische Provokation, der die Wahrheit der Kunst bloß als ein Nachdenken über sie erschiene, was das Ende der Kunst im Denken bedeutete. Eine Kritik an einem solchen Philosophiebegriff scheint mithin leicht zu führen. Aber nicht aus der Optik des Computerkünstlers, der als Philosoph die Kunst erweitern möchte, ohne doch auf die technischen Definitionszwänge eines post-subjektiven Ingenieur-Arrangements verzichten zu können.

Das Paragone-Denken kommt an zwei Momenten des 20. Jahrhunderts entschieden in die Krise. Das eine ist die Fixierung auf die jede Grenze zwischen freien und angewandten Künsten sprengende Idee vom Gesamtkunstwerk, das zweite die grenzüberschreitenden Innovationen der Gründergruppierungen der klassischen Moderne, z.B. die in der kubistischen Montage wirkende Unenschiedenheit zwischen Skulptur, Relief und Malerei. Die Betonung der Atmosphäre, Umraum und energetischer Bewegung von Rodin bis Boccioni läßt sich nicht bruchlos in das bisherige Paragone-Denken integrieren. Seine Überwindung ist ein wesentlicher ästhetischer Impuls und ein praktisches Moment im künstlerischen Schaffen dieses Jahrhunderts. Dem folgt eine Rezeptionstheorie, die das imaginäre Museum durch technische Reproduktionsverfahren der Manipulationslust und den Montagetechniken der einzelnen Betrachter überschreibt. Wie Malraux im „Musée imaginaire" (1947) geradezu euphorisch fordert, sind der Kontextwechsel und die mediale Inszenierung der Reproduktion an die Stelle des Bedarfs authentischer Identifikation getreten. Wenig später wird die Konzeptkunst den Paragone endgültig aus den Angeln heben. Je mehr die Kunst als Kommentar der Kunstgeschichte und -theorie erscheint, umso mehr wird das Werk auf diejenigen Propositionen/ Sätze reduziert, mit denen eine Idee sprachlich kommuniziert wird. Die figurative Arbeit geht auf die Kommunikationsfähigkeit des Betrachters über. Wenn ein Kunstwerk nicht realisiert zu werden braucht, dann trennt sich die Kunst als Erzeugerin von Sätzen zur Formulierung künstlerischer Sachverhalte endgültig vom Kunstwerk. Das Ingang-bringen von Sätzen dominiert die stoffliche Konzentration auf das Werk. Bezugspunkt und Erregungsgröße ideeller Konzeptualisierung kann alles Existierende oder Vorstellbare sein. Insofern spielt der Streit der Kunstgattungen für diese Ebene einer autonomen Kunst nach der Philosophie, deren Sätze sich nur mit der Kunst als Kunst beschäftigen, keine Rolle mehr.

Der Werdegang maßgeblicher Künstler seit John Cage zeigt, daß für sie der Übergang zwischen den Gattungen, das Intermediäre zwischen Musik, Malerei, Performance, Installation und technischen Bildmedien, die als Instrumente, Skulpturteile oder gar Kleidungsstücke benutzt werden, nicht ein Resultat kunsttheoretischer Reflexion ist, sondern geradezu die Voraussetzung des Arbeitens. Neue Kriterien sind deshalb empirisch zu entwickeln; die abstrakte Kunsttheorie des Paragone endet mit der Aufhebung der Grenzen zwischen den Künsten. Unaufhaltsam erscheint der Paragone-Zerfall auch durch die Ausdehnung der künstlerischen Arbeit auf Natur und Kosmos. Die spektakulären Ereignisse mögen im Gedächtnis haften geblieben sein: Manzonis die ganze Erde zum Kunstwerk deklarierender Sockel, Kleins Ausstellung leerer Räume, Gordon Matta-Clarks Zersägen von Abbruchhäusern, der Marias Erdkilometer, McLuhans Raumschiff Erde.

Systematisch endet der Paragone in der Universalisierung des Kunstbegriffs. Wo die einzelnen Künste nichts, die Aura von Kunst schlechthin alles zählt, dort geht es nicht um Zeichenprozesse künstlerischen Produzierens, sondern um einen ästhetischen Gestus. Die Semantik ‚der‘ Kunst wird durch common-sense Überzeugungen über den Habitus avantgardistischen Kunstanspruchs ausreichend definiert. Duchamps „ready made" gehört ebenso zu diesem Habitus wie die kunstvolle Beanspruchung einer Anti-Kunst, deren Kalkül jämmerlich falsch war. Kunst ist gerade deshalb nur noch universal ‚die‘ Kunst, weil sie definiert wird über die individuellen Ansprüche von Äußerungen, die auf keinen vorgeprägten allgemeinen Konsens abstellen. Kunst, allgemein gesprochen, wird charakterisiert als gesellschaftliches System zirkulierender poetischer Symbole und Aussagen. Deren Bestimmungen liegen weder im Zeichenmaterial noch in der Form- und Materiallogik eines durch den Paragonen erfaßten Mediums begründet, sondern erfordern eine Funktionsanalyse der Rezeption als Voraussetzung der Kunstproduktion und -geschichte. Der kreative Akt hat sich seit Duchamp in ein behauptendes Zeichen verwandelt: „siehe, dieses dort ist, was ich als Kunst anerkenne". Es geht bei Duchamp nicht um die Auswahl eines Gegenstandes oder die ontologischen Probleme der Bedeutungszuschreibung, sondern um die Sprache dieser Geste, die Semantik des Hinweisens. Gegen die Neuigkeitsbehauptung steht, wie immer, die anthropologische Frage nach der Kontinuität der Mittelverwendung für menschliches Bewußtsein. McLuhans These, die Medien müssen als körperliche Ausdehnung, „extension of man" begriffen werden, liefert dazu eine immer noch brauchbare Perspektive.

3. Theoretische Umrisse zu den technischen Medien

Seit der Anwendung des Computers leiten die technischen Bildmedien ihren Kunstanspruch aus dem Zerfall der Differenzierung der einzelnen Künste ab. 'Die' Kunst erscheint als gesellschaftlicher Kontext für die Entfaltung von 'Kreativität'. Die Nähe zu den Wissenschaften, der Hang zur Dezentralisierung gleichwohl global vernetzter Technologien und Initiativen sind ebenso bestimmend wie die größere Integration dieser Apparate im Alltag. Im Unterschied zu den traditionellen Medien sind die neuen technischen Instrumente in beiden Bereichen – dem bürokratisierten Alltag wie der Kunstproduktion – identisch. Ohne Zweifel wälzt die elektronische Vernetzung das soziale Leben um. Das hat Auswirkungen auf die Kunst als sozialem Handlungsraum. Deshalb muten Gebietstrennungen zwischen Technik und Kunst seltsam an. Daß der Künstler weiterhin als kreativer Vollender einer vorerst noch sinnschwachen Technik auftreten solle, ist eine schon in der deutschen Romantik festgeschriebene Ideologie. Sie übersieht aber, daß Kunst nur durch Kritik, nicht mehr im Werk vollendet wird. Soll Kunst auf die Deutung neuer Erfahrungen verpflichtet werden, dann wird sie ihres sinnlichen und eigensinnigen Potentials beraubt. Ein solches Kunstverständnis ist ein berechneter pädagogischer Effekt: Nützlichkeitsanwendung aus der Sicht der Techniker.

Von hier zu den Konzepten einer ästhetischen Reinigung der Lebenswelt ist der Schritt erschreckend klein. Naturwissenschaftlich dogmatisiertes Symmetriedenken empfiehlt notorisch die Manipulation ästhetischer Environments mit gestaltpsychologischen Gemeinplätzen, in denen Natur, als unterstellter technologischer Erfolg, sich als krude ästhetische Fiktion entpuppt. Die Reduktion des Bewußtseins auf Erkenntnis, des Denkens auf Rechnen, ist dann riskant, wenn das eigene Tun als ästhetische Volkserziehung in einer gesamthygienischen Nutzenrechnung gerechtfertigt werden soll.

Wenden wir uns einigen wenigen ästhetischen und kulturtheoretischen Überlegungen zu. Ohne Zweifel handelt es sich bei allen elektromagnetisch aufgezeichneten Bildern bis hin zu den ‚Pixels' um neue Bilder. Formal betrachtet können solche Bilder reversibel gehalten und nahezu unbegrenzten zusätzlichen Veränderungen unterworfen werden. Das Bild ist kein Bild mehr, sondern zu verstehen als eine Matrix von Codes in einem Datenraum, wobei die analogisierende Unterstellung von Ausdehnung eigentlich falsch ist, bemißt sich der Datenraum doch nicht an der Ausdehnung, sondern an der Geschwindigkeit. Jedes beliebige Element von, ontologisch gesprochen, 'Welt', kann nahtlos in ein beliebiges anderes eingesetzt werden. Spezialeffekte im digitalen Video-Bereich sind eigentlich widersinnig, weil der Effekt gar nicht mehr nachvollziehbar ist. Alles ist Effekt: nichts ist Effekt. Die Bildelemente sind alle auf derselben ontologischen und phänomenologischen Ebene angesiedelt. Dennoch: niemand hat behauptet, Kunst habe in der aktuellen visuellen Kultur einen Vorrang. Gerade die Vormachtstellung der technischen Medien in ihr ist unbestreitbar. Weshalb dann der Kunstanspruch, wenn doch die Funktion der digitalen Apparate die Kunstbehauptung gegenüber der Tradition als unsinnig und veraltet erscheinen läßt? Theoretisch wird diese Beauptung dadurch untermauert, daß das lineare Zeitalter der Schrift zu überwinden sei und ein Bild potentiell unendlich mehr Informationen (Punkte) enthalte als ein Text.

Zwar ist das theoretisch kaum zu erhärten, gibt aber zwei mentale Fixpunkte gut wieder: die Gewöhnung an die diskreten Strukturen der Schrift gegenüber der historischen Neuheit der vervielfachten Bilder – Information ist, was man nicht kennt – und die bildeuphorisch getränkte Zurückweisung der Kontrolle des Bildes durch den Text. Auf dieser Ebene aber ist der Unterschied zwischen ‚analog' und ‚digital' nicht faßbar. Denn Schrift ist mindestens so analog wie Bilder, und Zahlen sind auch Ziffern. Hilfreich erscheint nicht analytische Theorie, sondern kulturelle Beobachtung zu betreiben. Die Gewohnheiten sind in der technischen Medienkultur andere als in der humanistisch-schriftgelehrten. Man steigt in eine Zeitung wie in ein warmes Bad, ergänzt die telematische Interaktion durch ein mindestens illegal umkopierters Videospiel und nutzt, wie Nam June Paik forderte, die Bildschirme als Tapete.

Ein Letztes bleibt auszuräumen: von einer gelingenden Zertrümmerung oder Überwindung der Aura in der technischen Medienkultur kann keine Rede sein. Wenn die neue Medienkultur die Erneuerung der Aufklärung bewirken will – will sie das? -, dann muß sie nicht nur auf den moralphilosophischen Tugendterror des Idealismus verzichten, sondern auch auf seine Kunsttheorie, die ein neues Weltbild aus der grenzenlosen Verschmelzung von Kunst, Technik und Wissenschaft abzuleiten trachtet.

4. Folgerungen für den Kontext einer technischen Medienkultur

Der Reduktionismus der Naturwissenschaften ist ungebrochen; die ontologische Indienstnahme der menschlichen Ausdruckskräfte endet in dieser Optik immer noch im Rigorismus von Wittgenstein I. Die objektive Erkenntis dekretiert dem Bewußtsein Schweigepflicht: Spekulation als Krankheit, philosophische Kritik als Hygienetherapie und Ordnungspolizei. Besser als im zweiten Text Sol LeWitts über konzeptionelle Kunst, den „Sentences on Conceptual Art" vom Frühjahr 1969 können die Perspektiven einer Ästhetik im Zeitalter der wissenschaftlich-technischen Medienkultur nicht gezeichnet werden.

LeWitt schreibt gegen die idealistische Fehldeutung der Konzeptkunst: „1. Konzeptuelle Künstler sind eher Mystiker als Rationalisten. Sie gelangen sprunghaft zu Lösungen, die der Logik verschlossen sind. 2. Rationale Urteile wiederholen rationale Urteile. 3. Nichtrationale Urteile führen zu neuen Lösungen." Damit werde nicht die Wissenschaft ab-, sondern die spekulativen Fähigkeiten und der Nutzen des Irrtums aufgewertet. Vorerst bleibt es aber bei der Tendenz, die sozialen Regulierungen des Symbolgebrauchs der Vorherrschaft des klassifizierenden Wissens zu unterstellen. Das bestimmte letztlich die ‚artes liberales' ebenso wie das 19. Jahrhundert, den logischen Empirismus ebenso wie seine Faszination in Le Corbusiers Auffassung, Gesellschaft könne als eine Physik der Bedürfnisse berechnet werden wie irgendein Quantum bloßer Ausgedehntheit.

Mit der Vorherrschaft des Visuellen hat die Konzeptkunst gebrochen. Die Pop-Art hat die den Paragone bestimmenden Hierarchien zusammenbrechen lassen, die jetzt unter dem Vorzeichen einer technischen Kunst wieder aufgebaut werden sollen. Die technologische Begründung dafür ist riskant und nicht plausibler als die frühere Fiktion einer mathematisch reduktiven Ordnung der Natur in der Struktur menschlichen Erkennens. Die Tatsache, daß heute horizontal durch die verschiedensten menschlichen Lebensformen mindestens drei verschiedene Kulturen allen gleichzeitig zugänglich sind – die wissenschaftlich-technische, die Massenmedien und die ästhetische vom Lifestyling bis zu den Museen – macht jede auf Einheit setzende Kunsttheorie, welchen Zuschnitts auch immer, wirkungslos. Da diese Kulturen sich wechselseitig durchdringen, werden ästhetische Transformation und die Wahrnehmung der Durchdringung zur grundlegenden Fähigkeit in der heutigen Kultur. Nicht wegen der Formsprache der Apparate, sondern wegen der ästhetischen Transformation schlägt diese Kompetenz auf der Seite der Rezeption zu Buche. Daß spätestens mit „Lernen von Las Vegas" (Venturi/Scott Brown/ Izenour) die Ikonografie des Massenalltags produktiv von den Bewertungsdrücken einer festgeschriebenen Hochkultur entlastet worden ist, bedeutet nicht eine hemmungslose Annäherung an den formierten Alltag und seine vermeintlich platte Attraktions-Ästhetik. Die Gesellschaft des Spektakels sollte ja gerade durch die Verlebendigung der aus Distanz gewonnenen neuen Gesichtspunkte und nicht durch abstrakte Kontrolle eine kritische Größe werden.

5. Schluß, Ausblick

Der Streit der Kunstgattungen argumentierte, geschichtlich zunehmend, zeichentheoretisch. Es ging um Wirkung, Geltung, den Spielraum von Äußerungen. Die Rezeption und Herstellung neuer Bilder hat die Aufgabe, Fragen der Darstellung und der innerkünstlerischen Reflexion erarbeiten zu können. Die Einsicht in das Funktionieren der technischen Apparate lebt nicht mehr vom revolutionären Pathos, sondern hat seine historische Aufgabe im Kampf gegen die bürgerliche Kunst erschöpft. Technisierung der Wahrnehmung hat eine Grenze. Insofern ist die apokalyptische und die technokratische Bewertung einer Allmacht der Bilder, ihrer stetigen Veränderbarkeit im automatisierten Fluß des grenzenlos Dargestellten, unsinnig. Der Streit der Kunstgattungen dreht sich historisch um Macht und Besetzung des Zentrums der sozialen Regulierung mittels öffentlichkeitswirksamer Zeichensysteme. Abschließend möchte ich thesenförmig einen möglichen Horizont für die ästhetische Aneignung der neuen Medienkultur skizzieren.

1. Der historisch unter dem Stichwort ‚Paragone' (Vergleich) bekanntgewordene Rangstreit der Künste in der Renaissance bezog sich auf eine Umschichtung im System des Wissens und die Neubewertung der einzelnen Disziplinen. Kunst wollte in den freien Kanon der wahren Wissenschaften aufgenommen werden. Die Technisierung aktueller ästhetischer Erfahrungen vollzieht in der Struktur des Bezugs eine vergleichbare Umschichtung, wenn auch in einer anderen Richtung. Das technische Wissen soll zu Kunst werden. Die technische Ästhetik bleibt über ihren Apellcharakter hinaus ein Kind derjenigen Moderne, in der Wissensfragen als Ingenieurexperimente simulativ getestet wurden.

2. Erwirkte die Renaissance letztlich keine hierarchische Funktionsordnung unter den einzelnen Künsten, sondern eine horizontale Differenzierung gemäß den Regeln eines spezifischen Zeichengebrauchs, so hat die Kulturentwicklung der Neuzeit die Leistungen der Künste dadurch hierarchisiert, daß sie diese vom Lebenszusammenhang aussondert und diesem nur wieder als technische Wirkkraft zuführt.

3. Die Mediatisierung und Technisierung des Alltagslebens, der Einsatz von Apparaten, Gedächtnismaschinen, phantasmogenen Prothesen aller Art tendiert zur Suspension der ästhetischen Differenzleistung. Der aktuelle Kontext provoziert die Frage nach den Anspruchshaltungen der Künste gegenüber dem massenkulturellen Alltagsleben und den aus den neuen Technologien sich ergebenden Formen der Interpretation seiner Wahrnehmung. Die Rolle, die einer neuen Kunst oder – umgekehrt – dem Vorrang zugewiesen wird, ist nicht objektivierbar, sondern Gegenstand ideologischer Vorlieben und Abneigungen. Die Mediendebatte verläuft über weite Strecken entlang dieser Grenzen: intensiv, aber vorurteilsbelastet auf allen Seiten.

4. Die Umwandlung von Erfahrung in Information läßt sich dem gewachsenen Bewußtsein der Künstlichkeit kontrastieren, für das allerdings keine empirischen Untersuchungsergebnisse einstehen. Das Distanzgefüge scheint subtiler zu werden. Die Aufspaltung der intimen Persönlichkeit in einen Träger verschiedenartig inszenierter Stile antwortet nicht nur der Technisierung der Wissensvermittlung und der Erleichterung der Apparatebedienung. Der auf Nicht-Identität setzende Wechsel ist vorerst die letzte Bastion des Subversiven gegen eine Gebrauchsökonomie, die Macht durch anwachsende Undurchschaubarkeit der Funktionsregeln schafft.

5. Die transversalen Netze einer neuen ästhetischen wie technologischen Fähigkeit verlaufen nur ideologisch außerhalb der hierarchischen Werte des Bildungsbürgertums. Da dieses längst durch die kulturell uneinheitliche technologische Intelligenz abgelöst worden ist, spiegelt die Hoffnung auf Dezentralisierung nur eine schöne Illusion über den Stellenwert einer Technik wieder, die neben den wissenschaftlichen nun auch das ästhetische Wissen unter Kontrolle zu bringen droht.

6. Als wichtigste Konsequenz für die neue Medienkultur ergibt sich daraus, daß die existierenden, heterogenen Symbolsysteme unüberschreitbar sind. Die visuelle Kultur, die Vorherrschaft des Sehens und eine entsprechende Zurückstellung anderer Sinne bilden den Horizont für die imaginativen Tätigkeiten. Die Neutralisierung der Kunst in dieser visuellen Kultur ist vollendet. Ein kulturell alternatives Paradigma kann deshalb schwerlich über Kunstansprüche begründet werden. Die Sprengkraft einer sozial entgrenzten Kunst kehrt – Realität ihrer eigenen Karikatur – als kreativer Feierabendkurs in die Gesellschaft zurück.

7. Der Streit der Kunstgattungen hat seinen Ort im Rahmen einer hierarchischen, linearen und ideologisch zentralisierten Kultur. Diese ist spätestens seit den 60er Jahren endgültig in eine Reihe von Strukturen zerfallen. Die Bedeutung des Wirklichen ist ein Konstruktionsmoment in den Rhetoriken und dem Austauschprozeß von Codierungen, aber nicht mehr unmittelbare gegenständliche Erfahrung. Der damit verbundene drohende Wirklichkeitsverlust scheint mit einer medialen Selbstverklärung der simulierenden Phantasie kompensierbar. Da die Unterwerfung des Poetischen und Narrativen unter die Informationsmaschine droht, das Wirkliche in geordneten Sätzen abschließend definieren zu können, dürfte ein alternatives Interesse an der neuen Medienkultur auf das Nichtformulierbare, die möglichen irrealen Propositionen setzen. Statt Signalökonomie wird

nach den Gewinnchancen des Komplexen gefragt. An die Stelle der interaktiven Kommunikation – was immer das mehr und anderes sein soll als der telematische Warenverkehr – tritt die Erfahrung des Nichtkommunizierbaren. Der Rangstreit der Künste kann weit über das Geschichtsbewußtsein hinaus ein Faktor werden, an das Unmachbare zu erinnern. Tritt die neue Medienkultur aus dem technischen Bann ihrer Eigen-Faszination heraus, um die Grenzen ihrer Sprache zu entdekken, dann schafft sie sich einen Kontext ihrer Erneuerung als Arbeit an den Möglichkeiten. Vom Selbstlauf der Programme dürfte ästhetisch dann keine theoretisch befriedigende Erwartung mehr ausgehen.

8. Kunst wird in einer zerfallenden Kultur als Gegenmodell und Inbegriff schöpferischen Tuns instrumentalisiert. Sie ist zwar zu kennzeichnen durch die Instrumente, die sie verwendet, wird aber erst durch die Art definiert, wie sie das tut. Die stetige Ausdehnung des Kunstanspruchs auf das psychische, ökologische und soziale Leben wird heute vom Anspruch der technischen Intelligenz gekontert, über einen entsprechend weit gefaßten Kreativitätsbegriff die Semantik der bürgerlichen Hochkultur auf der Ebene der Apparate und industrialisierten Medien neu zu definieren. Kunst hat dem technischen Anspruch der Computerästhetik nicht mit der Normativität des Ästhetischen in erster Linie zu antworten, sondern damit, daß sie den Computer wie ein ‚objet trouvé' behandelt. Daß die Medien-Extensionen heute euphorisch beansprucht werden, ist durch die Extension der Kunst vorbereitet, die im 20. Jahrhundert sich immer als Jenseits ihrer Begrenzung zu umschreiben versuchte. Die Kunst hat radikale Erkenntnisansprüche gestellt. Nun werden von medialen Technologen Kunstansprüche eingeklagt. Die Symmetrie der Argumentation ist in der parallelen Mystifikation des Technischen im einen, des Improvisatorischen im anderen Falle begründet.

9. Rezeptionstheoretisch geschärftes Denken hierarchisiert Kulturen nicht. Der Begriff des Kitsches beispielsweise ist tauglich allein für die Aufarbeitung einiger selbstverursachter Phänomene. Dem entspricht auf der Seite der künstlerischen Produktion das Selbstreflektionspotential, das nun auch von einer naturwissenschaftlich abgeleiteten Ästhetik eingeklagt wird. Allerdings ist dieser Anspruch weit davon entfernt, eingelöst zu werden. Sofern kritische Selbstreflektion als nach-modernes Paradigma durch die Fähigkeit der Selbst-Thematisierung aller Darstellungsansprüche konkretisiert wird, bewegt sich die Kunst mit ihrer Orientierung an Disharmonien, Dissonanzen und chaotischen Strukturen schon länger in diesem Modell als die Wissenschaften. Der Kunstanspruch der technischen Bilder ist traditionell bestimmt. Was immer der Kunst abverlangt wird – daß sie orientierend sein, Sinn vermitteln, utopische Deutungen ermöglichen müsse – ist zu begründen. Kein Funktionsanspruch, nicht einmal der der Funktionslosigkeit, ist unschuldig möglich.

10. ‚Kunst' muß an der Schwelle zur technischen Bildproduktion endgültig vom Bild (Kunstwerk) abgelöst und auf soziale Kommunikationsvorgänge bezogen werden. Es zeigte sich dann, daß nicht wenige der naturwissenschaftlichen Prätentionen sich aus ästhetischen Suggestionen nähren. Der Symbolbegriff umfaßt alle zeichenhafte Verständigung, alles in Regeln gefaßte bewußte und unbewußte Handeln. Der Anspruch des kulturellen Fortschritts – selber symboli-

siert durch die Komputierung der Programmme – ist beschreibbar als Zuwachs an bewußter Reflexion und Darstellung der diese Regeln strukturierenden Zeichenmodelle und -apparate. Kunst ist deshalb immer das Gesamt der Transformationsschritte, durch die neue Interpretationen möglich werden, durch die poetische Entregelung bestehender Semantiken möglich werden. Kunst hat nie Abbildstatus gehabt. Selbst der Ausdruck ‚Bild‘ unterstellt eine zu starke Statik. Die Blockierung ausgreifender Methoden in Kunst- und Medienwissenschaften leitet sich aus dieser Statik ab.

11. Eine einheitliche Definition von ‚Kunst‘ ist sachlich nicht aufrechtzuerhalten. Die Universalisierung poetischer Praktiken zu ‚der Kunst‘ im 20. Jahrhundert und die Funktionalisierung ihrer Aussage-Intentionen als Deregulierung des bisher Bekannten, hat die Grenzaufhebungen ebenso provoziert wie Denkvorgänge insgesamt als nur schwer begrenzbare Ästhetiken von Weltbildern stimuliert. Heute belegt der Triumph der Kulturgesellschaft und die Ökonomisierung der bildenden Kunst den Triumph dieses ehemals avantgardistischen Reflexionsanspruchs. Unter dem Zugriff einer wachsenden Routine in der Beschwörung des ästhetischen Mehrwerts zunehmend vieler und verschiedener Phänomene verwandelt der Exzeß der Interpretation tendenziell alles in ein Faktum von ‚Kultur‘. Paradoxerweise ist der Höhepunkt dieses, historisch durch die Kunst erwirkten, Triumphes auch der endgültige Umschlagplatz einer mediatisierten Herrschaft über das Imaginäre. Die Determinanten der visuellen Kultur werden nicht durch Kunst bestimmt oder höchstens so, daß Kunst ihre begriffliche und phänomenale Schärfe zugunsten der verlängerten Dominanz der Werbung verliert. ‚Interface‘· muß als Begriff für die Untersuchung der Formen des Austausches von Symbolen an den Schalt- und Gelenkstellen der Interpretationsvorgänge entwickelt werden. Dabei wird den durch technische Bildproduktion erwirkten Veränderungen am Gebäude des Ästhetischen nach Prüfung der wirklichen Neuerungen Rechnung getragen.

12. Selbst wenn universale natürliche (neurologische, intrinsische etc.) Muster und Mustererkennungsfähigkeiten nachweisbar sind, braucht jede ästhetische Explikation (sei sie mehr repräsentativer oder eher konstruktiver Natur) Instrumente und Medien der Erzeugung und Darstellung von Zeichen sowie, zusätzlich, entwickelter Mittel, diese als Bedeutungen wahrzunehmen. Die unterstellte Existenz universaler Muster besagt nichts über die semantische Dimension. Sie führt auf die Erwartungen der pragmatischen Erörterung zurück. Selbst wenn vorgeblich, wie bei den fraktalen Geometrien, Natur als solche rein erscheint, ist banal daran festzuhalten, daß die Apparatur dieses sich zeigende Wesentliche beeinflußt. Gerade die durchs Subjektive und Technische vermeintlich unberührtesten Phänomene erweisen sich als die medientechnologisch am konkretesten durch subjektive Eingriffe geprägten. Die reine Natur findet immer noch am Bildschirm statt und ist dem unterworfen, was er an ihr sichtbar werden läßt.

Literatur

Michael Andritzky im Gespräch mit Heinrich Klotz: Elektronisches Bauhaus, Basler Magazin 37, 15. September 1990

Klaus Bartels: Kybernetik als Metapher. Der Beitrag des französichen Strukturalismus zu einer Philosopie der Information und der Massenmedien, in: Helmut Brackert/Fritz Wefelmeyer (Hrsg.): Kultur. Bestimmungen im 20. Jahrhundert, Frankfurt 1990, S. 441 – 474

Roland Barthes: Mythen des Alltags, Frankfurt 1964

Oskar Bätschmann: Einführung in die kunstgeschichtliche Hermeneutik, Die Auslegung von Bildern, Darmstadt 1986

Hans Blumenberg: ‚Nachahmung der Natur'. Zur Vorgeschichte der Idee des schöpferischen Menschen, in: ders.: Wirklichkeiten, in denen wir leben, Stuttgart, 1981, S. 55 – 103

Benjamin H.D. Buchloh: Von der Ästhetik der Verwaltung zur institutionellen Kritik. Einige Aspekte der Konzeptkunst von 1962 – 1969, in: Marie Luise Syring (Hrsg.): um 1968. konkrete utopien in kunst und gesellschaft, köln, S. 86 – 99

Kenneth Clark: Leonardo da Vinci in Selbstzeugnissen und Bilddokumenten, Reinbek bei Hamburg 1969

Jürgen Claus: Kunst heute. Personen-Analysen-Dokumente, Frankfurt/Berlin 1986

ders.: ChippppKunst. Computer-Holographie-Kybernetik-Laser, Frankfurt/Berlin 1985

Umberto Eco: Zufall und Handlung. Fernseherfahrung und Ästhetik, in: ders.: Das offene Kunstwerk, Frankfurt 1973, S. 186 – 211

Erika Fischer-Lichte: Zum Problem der ästhetischen (Re-)Konstruktion von Wirklichkeit, in: Klaus Oehler (Hrsg.): Zeichen und Realität, Tübingen 1984, Bd. 1, S. 153 – 162

Vilém Flusser: Eine neue Einbildungskraft, in: Volker Bohn (Hrsg.): Bildlichkeit. Internationale Beiträge zur Poetik, Frankfurt 1990, S. 155 – 126

Dieter Henrich: Kunst und Natur in der idealistischen Ästhetik, in: Hans Robert Jauss (Hrsg.): Nachahmung und Illusion. Kolloquium Giessen 1963, Poetik und Hermeneutik I, München 1969, S. 128 – 134

Hans Robert Jauss: Kleine Apologie der ästhetischen Erfahrung, Universitätsverlag Konstanz 1972

Asger Jorn: Heringe in Acryl. Heftige Gedanken zu Kunst und Gesellschaft, Hamburg/Zürich 1987

Rensselaer W. Lee: Ut pictura poesis. The Humanistic Theory of Painting, in: The Art Bulletin, New York/Chicago u.a. XXII/1940/No. 4, S. 197 – 263

Jean-François Lyotard: Die Moderne redigieren, in: Wolfgang Welsch (Hrsg.): Wege aus der Moderne. Schlüsseltexte der Postmoderne – Diskussion, Weinheim 1988, hier bes. S. 212 ff

ders.: Philosophie und Malerei im Zeitalter ihres Experimentierens, Berlin 1986

Leatrice Mendelsohn: Paragoni. Benedetto Varchi's ‚Due Lezzioni' and Cinquecento Art Theory, UMI Research Press, Ann Arbor, Michigan 1982

Hans Ulrich Reck: Grenzziehungen. Ästhetiken in aktuellen Kulturtheorien, Würzburg 1991

ders. (Hrsg.): Kanalarbeit. Medienstrategien im Kulturwandel, Basel/Frankfurt 1988

ders.: Natur als Sprache. Ästhetische Suggestionen, in: Jörg Huber/Martin Heller/ Hans Ulrich Reck (Hrsg.): Imitationen. Nachahmung und Modell. Von der Lust am Falschen, Basel/Frankfurt 1989, S. 118 – 130

Irma A. Richter (Hrsg.): Paragone. A Comparison of the Arts by Leonardo da Vince, Oxford University Press, London/New York/Toronto 1949

Jean Starobinski: Grundlinien für eine Geschichte des Begriffs der Einbildungskraft, in: ders.: Psycholanalyse und Literatur, Frankfurt 1973, S. 3 – 23

Joachim Schumacher: Leonardo da Vinci. Maler und Forscher in anarchischer Gesellschaft, Berlin 1981, S. 253 – 281

J. White: Paragone. Aspects of the Relationship between Sculpture and Painting, in: Art, Science and History in the Renaissance, ed. C. Singleton, Baltimore 1967, S. 43 – 108

Thomas Zaunschirm: Distanz-Dialektik in der modernen Kunst. Bausteine einer Paragone-Philosophie, Verlag Verband der wissenschaftlichen Gesellschaften Österreichs, Wien 1982

Horst Bredekamp

Der Mensch als „zweiter Gott".
Motive der Wiederkehr eines kunsttheoretischen Topos im Zeitalter
der Bildsimulation

1. Technik als Brücke zum Paradies.

„Mikroelektronik. Weg in den Abgrund oder Tor zum Paradies?" – auf solch griffige Formeln trifft reihenweise, wer nach den Trivialmythen unseres digitalen Zeitalters sucht(1). Religiöses Denken oder zumindest religiöse Schlagworte umkreisen gerade die Computertechnologie, bestimmen sie vielleicht auch von innen her. Dazu paßt ein Artikel über die Möglichkeiten der Computerkunst, der kürzlich mit der Frage überschrieben wurde: „Warum simulieren Sie nicht Gott (. . .)?"(2)

Der Text ist im übrigen von derselben Qualität wie die Überschrift. Sie könnte eine eher beliebige und nicht weiter bedeutungsschwere Äußerung darstellen. Ich möchte jedoch durch einen Rückblick zu skizzieren versuchen, daß diesen Denkmustern und Slogans, vor allem aber der Vorstellung eines divinalen Computerkünstlers, eine gewisse Notwendigkeit anhaftet.

Eine zunächst rätselhafte Darstellung Marten van Heemskercks von 1572 mag illustrieren, warum die Philosophie der Technik nicht ohne Metaphysik auskommen kann, zumindest in keinem biblisch geprägten Kulturkreis (Abb. 1). Wir erblicken auf der rechten Seite die vielbrüstige Verkörperung der Natur, ein Menschenskind nährend. Wie ein Spielball des aufwachsenden Menschen aber erscheint links die Kugel des Fixsternkosmos: das Band mit den Tierkreiszeichen läuft wie eine Schärpe von links oben nach rechts unten. Dieser Zodiakus ist übersät mit den Mitteln der Technik, als wären es stellare Geschenke, die der Mensch nur zu greifen und nutzen braucht, um eine so friedliche Welt zu schaffen, wie es der Blick auf die irdische Landschaft suggeriert.

Wie diese Technik in den Himmel kommt, ist zunächst rätselhaft. Denn aus dem biblischen Schöpfungsmythos war sie als Strafe für die Ursünde abzuleiten, als eine Konsequenz der Verfluchung: „Im Schweiße deines Angesichts sollst du dein Brot essen"(3). Damit war gewiß, daß dem Menschen die Arbeit keinesfalls natürlich gegeben, sondern künstlich als Zwangsmittel auferlegt war(4). Von diesem Zuchtcharakter der Arbeit ist bei Heemskerck aber nichts zu spüren. Seine Darstellung setzt vielmehr eine lange vorbereitete, im Zuge der „Mechanisierung des Weltbildes" vollzogene Umpolung der Erbschuldfrage ins Bild.

Wenn der Schweiß auf der Stirn des Menschen, so die neue Folgerung, den Unterschied zwischen seiner paradiesischen Existenz und seinem irdischen Gefängnis bedeutet, dann müsse sich das Paradies neu auftun, wenn die Schwere der Arbeit gemildert würde. Jedes technische Mittel, das dem Menschen die Arbeit erleichterte, enthielt aus dieser Sicht eine paradiesische Versprechung, und so kann sich auf einer Darstellung von Agostino Ramellis Maschinenbuch von 1588(5) der Mensch in einer pastoralen Idylle zur Ruhe legen, während über ihm

Abb. 1: Natura mit dem Kosmos der Geräte, Kupferstich nach Marten van Heemskerck, 1572

gigantische Wasserhebemaschinen die Arbeit tun. Technik war damit zu einem Mittel der Versöhnung zwischen Gott und Mensch geworden, Baumaterial einer Brücke, mit deren Hilfe sich die Erdenbewohner die Rückfahrkarte in das Paradies verschaffen würden. Die Maschinenbücher der frühen Neuzeit betonen immer wieder, daß „alle gute Erfindungen anfenglich von Gott dem Herrn / als dem Vater des Liechtes / herkommen" (6), und entsprechend kreisen die Instrumente der technischen Arbeit und der Erfindungen auf der Darstellung Heemskercks greifbar nahe am Himmel.

2. Komponenten des „zweiten Gottes"

Sie tun dies umso bereitwilliger, als sie dem Kosmos keinesfalls wesensfremd sind. Die Natur ist Salomos Buch der Weisheit zufolge nach „Maß, Zahl und Gewicht" (7) gestaltet. Mit dieser Aussage war festgelegt, daß der biblische Kosmos eine Welt der Zahl und ihrer Möglichkeiten ist, und daß er sich mit dem Weltbild des Pythagoras verbinden ließ.

Damit aber war die Vorstellung von Gott als einem Künstleringenieur und Weltar- chitekten suggeriert. Schon in der mittelalterlichen Buchmalerei erscheint Gott immer wieder mit dem Attribut des Architekten, dem Zirkel, um die Gegenstände und Wesen nach Zahlenverhältnissen zu gestalten, die für die Schönheit der Erscheinungen verantwortlich sind (8). Der irdische Künstler, dies gehört zum festen Bestand der Kunsttheorie seit der griechischen Antike, ordnet ebenfalls das Chaos in die Schönheit der Proportion. Mit seinem Speerträger hatte der griechische Bildhauer Polyklet eine jener Musterfiguren geschaffen, deren ideale Proportionen dem kosmischen Schöpfungswerk Gottes zu entsprechen schienen (9). Indem er Proportionen, also Zahlenverhältnisse ins Bild setzt, wird der Künstler zum Urbild eines „zweiten Gottes", eines „secundus" oder „alter deus". Dieser Gedanke ist praktisch bruchlos in die christliche Gedankenwelt überführt worden, um bei Thomas von Aquin eine eindrucksvoll verdichtete Formel zu finden: Da Gott die Welt und den Menschen in eine Maßform gebracht hat, ist der Mensch harmonisch gestaltet, kann selbst aber nicht wie Gott den Wesen der Natur das harmonische Maß geben, sondern allein der Welt des Künstlichen: „non mensurans (...) res naturales, sed artificales tantum" (10).

In dieser Äußerung von Thomas von Aquin ist die erste Bedingung der Selbstvergöttlichung des Menschen als Künstler angelegt. Sie führt in der Kunsttheorie der Renaissance zur Annahme, daß der Kosmos ein zahlengeneriertes Gebilde sei, das sich nach harmonischen Regeln zusammensetze. Zahlenverhältnisse würden auch den Aufbau des Menschen bestimmen, und als proportioniertes Wesen könne er Kraft seines Intellekts wie ein zweiter Gott nach Maßgabe harmonischer Formen schaffen. Für Alberti, den Theoretiker der Frührenaissance, ist der Maler gleichsam zweiter Gott: „quasi (...) un altro Iddio" (11). Und in ungebremster Euphorie triumphiert Gianozzo Manetti 1452 über die eigene Welt des Menschen: „Uns gehören alle Häuser, Orte, Städte, alles, was auf dem Erdkreis gebaut wurde. Uns gehören die Bilder, die Skulpturen, die Künste, die Wissenschaften, die Weisheiten" (12).

In dieser Äußerung wird die Grenzaufhebung von Kunst, Technik und Wissen im Sinne der umfassenden Bedeutung des griechischen Techne-Begriffes wiederbelebt. Die künstliche Welt des „zweiten Gottes", so die allgemeine Auffassung, müsse sich aus einer Gesamtanstrengung ergeben, die Kunst und Technik gleichermaßen umfaßt. Diese Grenzaufhebung ist begrifflich durch den Zwang zur Omnipotenz gesteuert, dem der „zweite Gott" ausgesetzt ist. Kaum besser könnte dieser Sachverhalt illustriert sein als dadurch, daß Benvenuto Cellini im Jahre 1562/63 einen Entwurf für das Amtssiegel der florentiner Künstlerakademie vorgelegt hat, der wieder die vielbrüstige ephesische Diana, wie bei Heemskerck, zeigt. Selten wird beobachtet, daß ihr zu Füßen, als ein Alphabet der Natur, die Instrumente mechanischer Arbeit erscheinen, um zu illustrieren, daß sie direkter Ausdruck göttlicher Eingebung, „disegno" seien, „Ursprung und Beginn sämtlicher Handlungen des Menschen" (13). Damit ist die zweite Bedingung für den Aufstieg des Menschen zum „secundus deus" formuliert: die Grenzaufhebung zwischen Kunst und Technik.

Heemskercks Kosmos der mechanischen Geräte entspricht dem Werkzeugalphabet Cellinis nicht nur begrifflich (14). Vielmehr zeigt auch er die Gestalt der Natur als ephesische Diana, die das Prinzip der lebendigen Naturkraft symbolisiert. Sie repräsentiert damit nicht die gewordene Natur, die natura naturata, sondern die werdende, schöpferische natura naturans. Wollte sich der Mensch seiner Rolle als „zweiter Gott" in letzter Konsequenz stellen, dann mußte es darum gehen, die Tür zur Produktion von Leben aufzustoßen.

Eine anschauliche Antwort auf die Frage, wie Leben zu definieren war, läßt sich von Leonardos Vitruv-Mann ableiten(15). Mit ihrer Einbindung in Kreis und Quadrat, mit der Strenge des relativ alten, vergeistigten Gesichtes und mit ihrem frontal gegebenen, athletisch gebildeten Leib erscheint diese Figur wie die Verkörperung einer statischen ordo und Rationalität. Weniger bekannt ist jedoch, daß sie keineswegs isoliert stand, sondern den Auftakt einer in Kopien überlieferten Serie bildete. Folio 7 dieser Blattsammlung spannt den menschlichen Körper in ein verwirrendes Netz von Kreisen und Vielecken ein, wobei Fünfeck, Quadrat, Achteck und Außenkreis durch die lässige Aufwärtsbewegung der Arme erzeugt werden. Insofern damit Statik in Bewegungsgeometrie überführt wird, ist die Gattung der kinematographischen Zeitlupenzeichnung geboren(16).

Auf einem anderen Blatt ist dieses Prinzip verstärkt (Abb. 2). In den Kreis sind, in Seitenansicht, die Bewegungen des Rumpfes, der Beine und der Füße eingezeichnet, wobei die radialen Linien die Bewegungsgrenzen einzelner Körperteile anzeigen. Dadurch, daß die Bewegungen durch Punktlinien markiert sind, fühlt man sich unwillkürlich an ein kreisendes Radarbild erinnert, bei dem die sich verändernden Punkte ein Echo der früheren Standorte hinterlassen. Das Erstaunliche liegt darin, daß seitens Leonardos tatsächlich ähnliches gemeint ist(17). Das ergonomische Diagramm der Körperbewegungen des Menschen sieht nicht ohne Grund auch wie ein Sternenhimmel aus. Ein Text führt aus, daß die Bewegungen des Menschen den Himmelsbewegungen gleichen. Alle Bewegungen kommen vom Geist über die Nerven zu den Muskeln, und daher „folgen die Knochen und Nerven nach unserer ersten Ordnung der Bewegung der Himmelskörper. So wird also dieser gestreckte Körper gebildet über dem natürlichen Grund, unserer großen Mutter, von der wir uns erheben, und in die wir zurückkehren"(18). Mit diesen Worten war angesprochen, was Leben bedeutet: Die Fähigkeit zur Bewegung; wie im Himmel, so seitens der irdischen Wesen.

Agrippa von Nettesheim, der in den Jahren, als Leonardo diese Blätter erarbeitete, ebenfalls in Mailand wirkte(19), hat diese Definition von Leben auf die verbindliche Formel gebracht: „Was sich aber bewegt, lebt eben deshalb"(20). Wenn aber Bewegung die Existenz inneren Lebens anzeigte, dann mußte es qua Mechanik möglich sein, lebendige Wesen zu erschaffen: „Es können (...) ganz allein durch mathematische Wissenschaften (...) ähnliche Dinge hervorgebracht werden, wie zum Beispiel gehende und sprechende Körper (...). Von solcher Art waren bei den Alten die Gebilde des Dädalus, denen Aristoteles gedenkt, ferner die von selbst sich bewegenden Dreifüße des Vulkan und Dädalus, die, wie Homer erzählt, aus freien Stücken mit in den Kampf zogen"(21).

Die zeitgenössischen Automaten mußten natürlich aufgezogen werden, und damit wurde die Vorstellung von Gott als einem universalen Uhrmacher vorbereitet, der den Kosmos als gigantisches Uhrwerk gebaut, aufgezogen und dann angestoßen habe, um das Ende seines Laufes abzuwarten. Dieser Hintergrund ist zu verge-

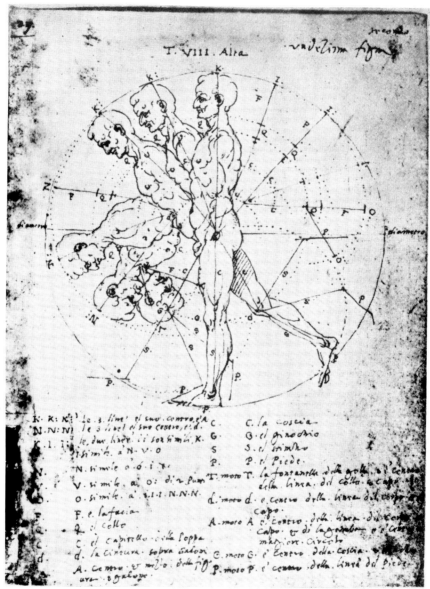

Abb. 2: *Seitliche Bewegungsstudien des Vitrus-Mannes, Zeichnung nach Leonardo Codex Huygens, Mitte des 16. Jahrhunderts*

genwärtigen, wenn wir Androiden des 16. Jahrhunderts betrachten. Einen Eindruck von der Wirkung dieser Gebilde vermittelt eine wohl um 1550 geschaffene, vor wenigen Jahren wiederentdeckte Figur, von deren Bewegungen eine geradezu magische Lebendigkeit ausgeht (22). Sie kann als ein besonders schlagendes Beispiel für den dritten Bedingungsgrund der Selbstvergöttlichung des Menschen gelten: Die Simulierung von Leben.

Schließlich kommt ein viertes Motiv der Vergöttlichung hinzu. Einstein, der die Quantenmechanik mit dem berühmt gewordenen Spruch: „Gott würfelt nicht!" abgelehnt hat, irrt hier schon hinsichtlich der Metapher. Um allmächtig sein zu können, muß Gott würfeln, denn wenn er einem Nutzzweck unterworfen wäre, gäbe es eine Instanz über ihm. Die höchste Form der Tätigkeit ist demnach das in sich nutzfreie, allein der schöpferischen Phantasie verpflichtete Spiel. Salomo, der Gott dafür rühmt, alles nach „Maß, Zahl und Gewicht" geordnet zu haben, läßt die göttliche Weisheit daher ausführen, daß sie bei dem Schöpfungsprozeß gespielt habe: „Ich war seine Lust täglich und spielte vor ihm allezeit; ich spielte auf seinem Erdkreis und hatte meine Lust an den Menschenkindern" (23). Der Weg der Erkenntnis, so führt Nikolaus von Kues Mitte des 15. Jahrhunderts in seinem „De ludo globi" („Globusspiel") aus, ist denn auch nur in spielerischem Nachvollzug zu erreichen, mittels Würfen von einer Kugel, deren Schwerpunkt durch

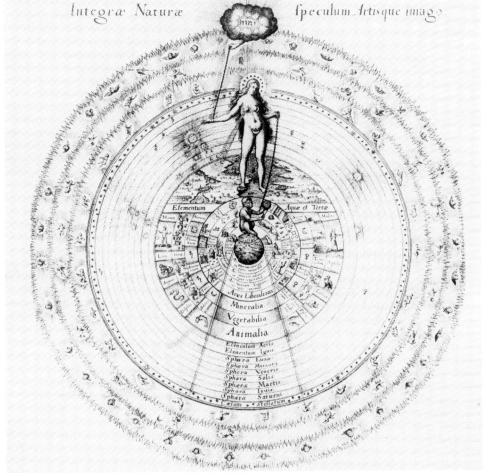

Abb. 3: Natura im System des Kosmos, Frontispiz von Matthäus Merian zu Robert Fludd, Utriusque cosmi maioris (...) historia, 1617

Auskerbung aus der Mitte verlagert ist, so daß dieser Globus in nicht vorherseh-
baren Bahnen taumelt (24).

Gott nachzuahmen, bedeutet daher den Zwang, zu spielen. In „Christianopolis",
einer einflußreichen Utopie des deutschen Rosenkreuzers Andreae von 1619,
heißt es zum Beispiel: „Teile oder vielmehr Genossen der Malerei sind alles,
womit sich die Geisteskräfte spielerisch beschäftigen oder was sonst wissenschaftlicher Kunstfertigkeit sehr ähnlich sieht" (25). In einem der Laboratorien hat
der „Affe der Natur" denn auch „etwas, womit er spielen kann, da er ihre
Prinzipien nachahmt und mit Hilfe ihrer Merkmale eine neue, kleine und höchst
künstliche (Welt) bildet" (26).

Der spielende Affe der Natur ist die Kunst selbst, weil sie die Natur nachahmt, wie
der Affe den Menschen imitiert. In Robert Fludds grandiosem Naturbuch von 1617
sitzt eine solche simia, gekettet an die Natur, als Verkörperung der Künste auf der
Weltkugel, und sie steckt mit dem Zirkel den eigenen, künstlichen Globus ab, der
in den Kreis der „freieren Künste" eingepaßt ist (Abb. 3). Die relative Gottgleich-
heit des menschlichen Künstleringenieurs wird hiermit nochmals deutlich: Einerseits ist die mechanisierte, künstliche Welt ein Symbol des Bestrebens, die Arbeit
zu erleichtern und damit die Strafe der Erbsünde zu lindern, andererseits ist sie
freies, gottgleiches Kugelspiel (27).

Von den ersten Dampfmaschinen, gegen Ende des 18. Jahrhunderts, wird dem
„zweiten Gott" dann aber das Spielgerät aus der Hand geschlagen. Der bedeu-
tende Kameralist und Erfinder Johann Beckmann schreibt 1770, daß man lange
gebraucht habe, um schließlich herauszufinden, daß „im Staat erst das unentbehr-
liche und nützliche, hernach das schöne zu suchen sey. Die schönen Künste sind
Zeichen des Überflusses, und dieser entspringt aus den Gewerben, die man
ehemals verachtete" (28). Die Bildkünste verloren ihre Beziehung zur Technik,
und damit vertiefte sich die Aufspaltung von Kunst und Leben, Spiel und Erkenntnis. Die Einheit der Techne war gesprengt.

3. „Zweiter Gott" und Computerkunst

Die nahezu verzweifelten Anstrengungen der Moderne, die Trennung von Kunst
und Technik wieder rückgängig zu machen, vorgetragen vor allem seitens der
italienischen Futuristen und Konstruktivisten, bekräftigten nur die Gültigkeit dieser
Aufspaltung.

Mit dem Siegeszug des Computers ist jedoch eine neue Situation insofern
eingetreten, als die vier Bedingungsfaktoren der Selbsterhöhung zum „zweiten
Gott" Urstände feiern. Die ersten beiden liegen auf der Hand und sollen daher nur
summarisch benannt werden. Zunächst hat sich der Glaube an die quasi natürliche Schöpferkraft von Zahlen und Zahlenkombinationen als dem ersten der
Bedingungsfaktoren einer Selbsterhöhung zum „zweiten Gott" noch verstärkt. Die
Furcht vor der Omnipotenz der Analyse- und Denkkraft entlastet sich in einer Fülle
von Witzen, die wieder mit dem Oben und Unten spielen: „Weißt Du, welchen
Code ich gerade geknackt habe?" (Abb. 4)

Ungeachtet der Frage, ob durch Computer „Kunst" erzeugt werden kann, ist
zudem evident, daß die massenmedialen Springfluten digitalisierter Bilder und die

„Weißt du, welchen Code ich gerade geknackt habe?"
Abb. 4: Karikatur, anonym, ca. 1988

ungeahnten Möglichkeiten ihrer freien Gestaltung die Verbindung von Kunst und Technik als der zweiten Bestimmungsgröße des „secundus deus" auf eine neue Hochphase führen.

Weniger offensichtlich, möglicherweise aber von nicht geringerer Brisanz ist auch die Wiederkehr der dritten Bedingung, der Simulation von Leben. Ganze Sekten computerbeseelter Theoretiker haben das Erlebnis, daß selbst dem schwächsten Rechner eine persönliche Eigenschaft anempfunden wird, zur Theorie erhöht, daß der Computer nicht nur ein Organismus, sondern gegenüber dem Menschen das

141

höhere Wesen sei, weil der Computer in Kürze schneller denken wird als die menschliche Spezies, deren Naßteile im übrigen störanfälliger seien (29).
Sprachmetaphern verbinden die Welt des Organischen mit der des Computers auf nicht mehr bewußte Weise; bereits der Begriff der Computer"animation" verwendet den Schöpfungsgedanken der Beseelung toten Stoffes durch Berühren oder durch das Einhauchen von Geist und Seele. Ein weiteres Beispiel liegt darin, daß die neuen Modelle „Generationen" genannt werden und daß die programmierten Störprogramme als „Viren" herumgeistern.

Von besonderer Brisanz ist die Junggesellen-Wiedergeburt der eigenen Existenz im Cyberspace-Labor. Ausgestattet mit einer Fernsehbrille, dem Eye-Phone und einem Sensorenanzug, kann sich der Akteur, indem er sich im Labor bewegt, zugleich in jenem digitalisierten Raum bewegen, den ihm die Brille vorgibt. Die Anwendungsmöglichkeiten in Architektur, Militär, Raumfahrt und Medizin sind noch nicht abzusehen; daß aber, wie es Timothy Leary fabuliert, in einigen Jahren eine zweite, virtuelle Welt in unser gewohntes Dasein transplantiert wird, so daß wir per Cyberspace-Zellen an jeder Straßenecke mit jedem Menschen im virtuellen Raum in eine Beziehung treten und daß uns digitalisierte Ereignisse der Geschichte ermöglichen werden, zum Beispiel die Schlacht von Waterloo mitschlagen zu können, ist Fiction (30).

Wir haben einen Filmausschnitt von Cyberspace gesehen; ich möchte Ihnen selbst Dias nicht zumuten, weil schwache Rechenleistungen und Mangel an Phantasie bislang eine unerträgliche Cremeästhetik in diesem Bereich erzeugt haben. Die Bedeutung des Cyberspace liegt auf einem anderen Gebiet, in seinem bildtheoretischen Effekt. Es scheint, daß mit der Virtual Reality Raum insofern wirklich simuliert werden kann, als sie die passive Haltung des Rezipienten überwindet; indem der Betrachter in den Raum tritt, verspricht er auch Akteur zu werden.

Dabei kommt es zu absonderlichen Begegnungen. Auf der „Ars Electronica" erzählte ein Ingenieur, wie ein Roboter, der eine Kamera und einen Sender im Kopf hat, durch die Bewegungen des mit Eye-Phone ausgestatteten Ingenieurs veranlaßt, ein Zimmer und einen Flur durchwandert, um dann in dessen Labor zu treten; dort sieht er den Ingenieur, der in seiner Wirklichkeit, die ihm die Databrille vorgibt, sich selbst anblickt. Eine Verdoppelung des Ichs, bis hin zur Schizophrenie, daß das bewegende Subjekt vom bewegten Objekt bei seiner Arbeit betrachtet wird, als wäre es dieses selbst. In Termini der Bildtheorie haben Ur- und Abbild die Rollen getauscht, aber indem das Abbild auf das Urbild sieht, erblickt es sein alter ego. Hier findet eine Radikalisierung von Name June Paiks grandioser Videoskulptur insofern statt, als sich die Kamera dem Subjekt nicht als Gegenüber konfrontiert, sondern als dessen verdoppeltes Ich (31). Zumindest theoretisch also bedeutet das unter Virtual Reality Gefaßte die bislang avancierteste Variante der Erzeugung einer künstlichen Welt, in der man die farbigen Schatten lebendiger Personen zu treffen vermag, womit die dritte Bestimmungsgröße des „secundus deus" virtuell existiert.

Schließlich erlebt die vierte Bedingung, die These vom Schöpfer als Spieler und von der grundlegenden Bedeutung spielerischer Phantasie eine geradezu triumphale Renaissance. Es liegt an der Künstlichkeit der virtuellen Realitäten, daß sie beliebig zu verändern und zu verschieben sind, daß also mit ihnen ‚gespielt' werden kann. Schon früh ist gesehen worden, daß sich auch der moderne Demiurg als Spieler ausweist: „Der Programmierer-Gott macht die Welt nicht ein für allemal, sondern viele Male; er arrangiert ihre Elemente um, daß sie zu jedem neuen Schöpfungsprogramm passen. Das Universum verhält sich wie ein Programm, bis es abstürzt oder wild wird, und dann wird die Tafel saubergewischt, und ein neues Spiel beginnt" (32). Vilém Flusser sieht denn auch die Überführung des Arbeiters in den Spieler als einen Schlüssel der Zukunft: „Der Mensch wird nicht mehr ein Arbeiter sein (‚homo faber'), sondern ein Spieler mit Informationen (‚homo ludens')" (33).

Unterstützung erhielt diese Metaphorik durch die Chaos-Forschung, die das Prinzip des Zufalls zum Merkmal der spielerischen Selbstorganisation der Natur auszugeben sucht. Der Computer hat mit der Visualisierung der Mandelbrot-Menge im Sinne einer Reihe von Chaos-Theoretikern eine Art ästhetischer Weltformel erzeugt, die als Generator unendlich vieler Formen das Aufbauprinzip der Natur zu simulieren scheint (34). In einem unaufhörlichen Zoom von Ausschnitt zu Ausschnitt taucht urplötzlich eine Figur auf, die dem Ausgangsbild ähnelt, um sich in einem weiteren Tiefensturz in die Feinstruktur wieder zu verlieren, dann aber wieder als selbstähnliche Figuration zu erscheinen, et sic in infinitum (35).

Peitgen hat dieses Wechselverhältnis von Ordnung und Chaos durch ein simuliertes Würfelspiel darzustellen versucht, als wolle er die Verwandschaft dieses Welterklärungsmodells mit dem Kugelspiel des Nikolaus von Kues oder allen Kosmosentwürfen, die sich auf Salomos Selbstlob beziehen, illustrieren (36). So ist kein Zufall, daß der Auswurf mathematischer Formeln von den Informatikern in Hochgebirgs- und Weltraumbilder gebracht wird, im Film hinterlegt von Musik, die leicht erschauern läßt. Es fehlt nur „Also sprach Zarathustra", um sich am Beginn des Urknalls zu wähnen, allerdings als Betrachter aus sicherer Distanz (37).

Mit der Mandelbrot-Menge ist es wie mit dem Cyberspace: Die Visualisierung ist Kitsch, im Falle der Mandelbrot-Menge allerdings ein grandioser und bezwingender. Die unerhörte Brisanz liegt aber auch hier wieder im Bild- und Erkenntnistheoretischen. Das Prinzip ist bei der sogenannten Poincaré-Wiederkehr nachzuvollziehen. Hier werden digitalisierte Bilder durch Formeln so lange verstreckt, bis sie im Chaos verschwinden, um dann in selbstähnlicher Form eigentätig wieder aufzutauchen. Auch dieser Vorgang läßt sich nicht mehr in ein Verhältnis von Urbild – Abbild bringen, denn er ist unendlich zu wiederholen. Damit aber zerbricht die klassische Mimesistheorie, die Lehre von der nachahmenden Kunst, in eine Bildfolge, die allein selbstreferentielle Züge trägt (38). Jedes vermeintliche Urbild kann das Abbild eines Urbildes sein, das seinerseits nicht sicher ist, ob es Ur- oder Abbild ist.

In das Feld des Lebendigen übertragen, und dieses Verfahren hat gegenwärtig Konjunktur, kann der Demiurg nicht mehr sicher sein, ob er nicht selber der Affe einer äußeren Natur ist, nach deren Abbild er einen künstlichen Kosmos geschaffen hat. Der Mensch kann sich fragen, ob er aus Fleisch und Blut ist oder vielmehr ein virtuelles Gebilde eines gigantischen Cyberspace-Raumes darstellt, dem langsam der Strom ausgeht.

4. Konsequenzen

Für jene, die, wenn sie sich nun in den Arm zwicken, noch etwas verspüren, seien abschließend einige Fragen formuliert. Ich habe in groben Zügen darzustellen versucht, daß die jüngeren, sich als absolut originär empfindenden Entwicklungen älteren Denkmustern verhaftet sind. Vor allem der Zusammenhang von Kunst und Technik ist nicht etwa neu, sondern er nimmt eine von 600 vor bis 1800 nach Christus ausgebaute Tradition wieder auf. Nicht minder alt ist die Vorstellung von einem Künstleringenieur als einem „zweiten Gott". Eine Reihe von Formulierungen auch des INTERFACE-Symposiums lagen mit beängstigender Treffsicherheit im Kern dieses Sachverhaltes.

Das Bild vom Menschen als „zweitem Gott" ist schwer zu bewerten. Auf den ersten Blick erscheint es als ein hybrides Denkbild, aber zugleich erweist es sich als notwendiges Ferment einer über die Norm hinausgehenden, künstlerischen Freiheit. Zudem ermöglicht dieses Denkbild, sich selber distanzierend, quasi durch die Augen eines anderen zu betrachten. Von der Metaphorik des „zweiten Gottes" radikal zu trennen ist daher die Sehnsucht nach der Verschmelzung mit einer Maschine. Soweit hier historische Beispiele zu befragen sind, und diese bietet die Literatur des Futurismus in großer Menge, war ihnen ein außerordentlich starker dingerotischer Zug mit einem mächtigen Todes- und Gewalttrieb zu eigen; in Marinettis „Marfarka der Futurist" wird ein junggesellengeborener Zwitterautomat aus Fleisch und Metall besungen, der in einer Orgie aus Frauenhaß und Gewalt die Weltherrschaft antritt. Ihm gelingt dies, weil er einen höheren Evolutionsschub anzeigt, der nichts mit dem „secundus deus" und dessen Metaphorik zu tun hat, sondern der den Übermenschen repräsentiert, für den sich das traditionelle Spannungsverhältnis zwischen Gott und „zweitem Gott" nicht mehr stellt(39). Von der Sehnsucht nach derartigen, computergesteuerten Überichs ist die gegenwärtige Literatur übervoll.

Angesichts der digitalen Bildwelt bleibt die historische Distanzierung ein unabdingbares Instrument. Das eigentliche Abenteuer liegt nicht in der Zukunftseuphorie, sondern in der Frage, wie sich die neuen Medien historisieren und damit auf sichererem Boden begreifen, begründen, aber auch angreifen lassen. Was zum Beispiel im Zusammenhang mit der Computerkunst kaum diskutiert wird, ist der Preis, den die neue Verbindung von Kunst und Technik bislang zu zahlen hat. Dieser liegt darin, daß sie in gewisser Weise vor 1750 zurückgeht: als habe es Burkes Begründung des Erhabenen auf der Grundlage des Todesgrauens, und als habe es später Rosenkranz' Ästhetik des Schrecklichen nie gegeben(40). An die Stelle des abbildend Schönen ist historisch aber unweigerlich diese negativ aufwühlende Seite der Kunst getreten, ihre Funktion, die Kehrseite und die Unsicherheit alles Menschlichen in Formen zu setzen, also in der eigenen Harmonie Brechungen, Dialektik, Spannungen und Irritationen zu entäußern. Jakob Burckhardt hat dies Ende des 19. Jahrhunderts in seinen „Weltgeschichtlichen Betrachtungen" unübertroffen formuliert: Die Kunst „wirkt unaufhörlich modifizierend und zersetzend auf die beiden stabilen Lebenseinrichtungen (Staat und

Religion) ein (...). Sie ist die Kritik der beiden, die Uhr, welche die Stunde verrät, da in jenen Formen und Sache sich nicht mehr decken" (41). Eine Kunst, welche in diesem Sinn dem Computer die Echtzeit anzeigt, ist noch nicht in Sicht.

Es bleibt, wie könnte es anders sein, ein zwiespältiges Fazit von einem Kunsthistoriker, der sich im 11. Jahrhundert möglicherweise besser auskennt als in der Gegenwart.

Sub specie computeri wird die Philosophiegeschichte erneut umgeschrieben. Es versteht sich von selbst, daß Platon der Heros der neunziger Jahre werden wird, wie überhaupt der Computer eine späte Rache Platons an Aristoteles darstellt: Der Sieg des Geistes über den Leib und die Empirie. Zudem erleben Denkansätze des Mittelalters und der frühen Neuzeit wie die Zahlenkombinatorik des Raimundus Lullus, der messende Gott des Nikolaus von Kues, die „Mathesis universalis" von Leibniz und der Mathematiker-Gott Spinozas gegenwärtig eine Renaissance als frühe Zeugen von Computerkultur, zu schweigen von Wilhelm von Ockham. Die Kunstgeschichte als Wissenschaft vom Bild würde das vielleicht größte Versäumnis ihrer 200 jährigen akademischen Praxis begehen, wenn sie nicht ebenfalls die bildtheoretischen Konsequenzen der digitalen Bilderwelten beachten würde – auch in dem Bewußtsein, daß es Beträchtliches zu verteidigen gibt.

Anmerkungen

Teile des vorliegenden Vortrages erschienen in veränderter und erweiterter Form in: Mimesis, grundlos, in: Kunstforum international, Bd. 114, 1991, S. 278–288

(1)   Titelblatt des „ötv magazin", 3. März 1982

(2)   Alex Kempes, in: Bilder Digital, März 1990, S. 21. Eine Blütenlese von Theologismen dieser Art bietet das Buch von Ph. J. Davis/R. Hersh, Descartes' Traum. Über die Mathematisierung von Zeit und Raum, Frankfurt/M. 1990, z. B. S. 336

(3)   Gen. 3, 17–19

(4)   Paracelsus hat dies in eine prägnante Formel gebracht: „Wir seindt anfenglich zur Arbeit nit beschaffen, aber durch den Fluch (ausserhalb des Paradeiss) zur Arbeit verordnet" (zit. nach A. Stöcklein, Leitbilder der Technik. Biblische Tradition und technischer Fortschritt, München 1969, S. 39)

(5)   Hier nach der deutschen Ausgabe: A. Ramelli, Schatzkammer mechanischer Künste, Hannover 1976 (Reprint der Ausg. 1620), S. 121

(6)   Stöcklein (s. Anm. 4), S. 40

(7)   Buch der Weisheit, 11, 21

(8)   J. Zahlten, Creatio mundi. Darstellungen der sechs Schöpfungstage und naturwissenschaftliches Weltbild im Mittelalter, Stuttgart 1979, Abb. 287 ff

(9)   E. Berger, Zum Kanon des Polyklet, in: H. Beck/P. C. Bol/M. Bückling, Polyklet. Der Bildhauer der griechischen Klassik, Frankfurt/M. 1990, S. 156–184, hier: S. 169

(10) Zit. nach V. Rüfner, Homo secundus deus. Eine geistesgeschichtliche Studie zum menschlichen Schöpfertum, in: Philosophisches Jahrbuch der Görres-

Gesellschaft, Jg. 63, 1955, S. 248–291, hier: S. 264. Eine umfangreichere und aktualisierte Sammlung bietet F. Ohly, Deus Geometra. Skizzen zur Geschichte einer Vorstellung von Gott, in: N. Kamp/J. Wollasch (Hg.), Tradition als historische Kraft, Berlin/New York 1982, S. 1–52

(11) L. B. Alberti, Kleinere kunsttheoretische Schriften (Hg.: H. Janitschek), Wien 1877, hierzu Rüfner, S. 266 f. Zur Wendung gegen die Natur: E. Cassirer, Individuum und Kosmos in der Philosophie der Renaissance, Darmstadt 1969, S. 170

(12) Zit. nach Rüfner (s. Anm. 10), S. 267

(13) Zit. nach: W. Kemp, Disegno – Beiträge zur Geschichte des Begriffes zwischen 1547 und 1607, in: Marburger Jahrbuch für Kunstwissenschaft, Bd. 19, 1974, S.219–240, hier: S. 222

(14) H. Bredekamp, Der Mensch als Mörder der Natur. Das ,Iudicium Iovis' von Paulus Niavis und die Leibmetaphorik, in: Vestigia Bibliae, Bd. 6, 1984, S. 261–283, hier: S. 270

(15) Accademia, Venedig. Hierzu grundlegend F. Zöllner, Vitruvs Proportionsfigur. Quellenkritische Studien zur Kunstliteratur im 15. und 16. Jahrhundert, Worms 1987

(16) E. Panofsky, The Codex Huygens and Leonardo da Vinci's Art Theory, London 1940, S. 122 f

(17) Fol. 12, ebd.

(18) Text zu Fol. 11; übers. nach dem Zitat bei Panofsky (s. Anm.16), S. 24, Anm.1

(19) Zu möglichen Beziehungen zwischen beiden, auch vor dem Hintergrund des Codex Huygens: F. Zöllner, Agrippa, Leonardo and the Codex Huygens, in: Journal of the Warburg and Courtauld Institutes, Bd. 48, 1985, S. 229–234

(20) H. C. Agrippa von Nettesheim, Magische Werke, 5 Bde., hier: Bd. II, S. 285

(21) Agrippa von Nettesheim (s. Anm. 20), Bd. II, S. 9f

(22) P. Frieß, Restaurierung einer Automatenfigur, in: Uhren. Alte und moderne Zeitmessung, 1988, H. 4, S. 40–50. Eine umfassende Analyse bietet A. v. Herz, Androiden des 16. Jahrhunderts, Magisterarbeit, Ms.Mskpt., Hamburg 1990. Im Vortrag wurde der Ausschnitt eines Filmes von A. v. Herz vorgeführt.

(23) Sprüche, 8, 30 f; vgl. Stöcklein (s. Anm. 4), S. 85

(24) Nikolaus von Kues, Vom Globusspiel. De ludo globi (Übers.: G. v. Bredow), Hamburg 1978, Einführung, S. XXIX f. Den Spielcharakter der Erkenntnis hat J. Huinzinga, Homo ludens. Vom Ursprung der Kultur im Spiel, Reinbek bei Hamburg 1965, zu einer Spieltheorie menschlicher Kultur ausgebaut.

(25) J. V. Andreae, Christianopolis, Stuttgart 1975, S. 73f

(26) Andreae (s. Anm. 25), S. 69

(27) R. Fludd, Utriusque cosmi maioris scilicet et minoris metaphysica, physica atque technica historia, Oppenheim 1617, Frontispiz

(28) Zit. nach H. Bredekamp, Antikensehnsucht und Maschinenglauben, in: Forschungen zur Villa Albani. Antike Kunst und die Epoche der Aufklärung (Hg.: H. Beck/P. C. Bol), Berlin 1982, S. 507–559, hier: S. 546

(29) Das jüngste Elaborat dieser Denkrichtung bietet Hans Moravec, Mind Children. Der Wettlauf zwischen menschlicher und künstlicher Intelligenz, Hamburg 1990

(30) D. Sheff, Die Virtual Realities von Timothy Leary, in: Ars Electronica (Hg.: G. Hatttinger/P. Weibel), 1990, II, S. 239–258, hier: 253f

(31) Scott S. Fisher; vgl. Biographisches in: Ars Electronica 1990 (s. Anm. 30), II, S. 352; TV Buddha No. X, 1982; vgl. E. Decker, Paik. Video. Die Installationen 1963 – 1984, Köln 1988, S. 72ff

(32) J. D. Bolter, Turing's Man: Western Civilization and Natural Man, New York 1977, S. 187f

(33) V. Flusser, Gedächtnisse, in: Ars Electronica (Hg.), Philosophien einer neuen Technologie, Berlin 1989, S. 50

(34) B. B. Mandelbrot, Die fraktale Geometrie der Natur, Basel/Boston 1987. Hierzu, auch zum Folgenden, K. Clausberg, Am Ende der Kunstgeschichte? Künstliche Wirklichkeiten aus dem Computer, in: Kunstgeschichte – aber wie? (Hg.: C. Fruh u. A.), Berlin 1989, S. 259–293, hier S. 292, Anm. 21

(35) H. Jürgens/H.-O. Peitgen/D. Saupe, Fraktale – eine neue Sprache für komplexe Strukturen, in: Chaos und Fraktale (Spektrum der Wissenschaft: Verständliche Forschung), Heidelberg 1989, S. 106–118, hier S. 112. Vgl. in einem größeren Rahmen jüngst auch: J. Briggs/F. David Peat, Die Entdeckung des Chaos. Eine Reise durch die Chaos-Theorie, München/Wien 1990, S. 143ff

(36) Vortrag anläßlich des INTERFACE-Symposiums

(37) Wie nah sich in dieser evolutionären Metaphorik Computerkunst und Spiel des Informatikers kommen, zeigt beispielsweise die „Sequence from the Evolution of Form" von William Latham, für die ein Preis des Prix Ars Electronica 1990 vergeben wurde, deren computergeneriertes, wurmförmiges Schleimtier einem Gebilde gleicht, das der Mathematiker Pickover im selben Jahr in einem Buch vorgestellt hatte – dort allerdings unter dem schönen Titel: „I have Dreams at Night" (C. A. Pickover, Computers, Pattern, Chaos and Beauty, New York 1990, S. 16f und Farbabb.).

(38) Vgl. hierzu wie auch zu den bildtheoretischen Konsequenzen der Mandelbrot-Menge: Clausberg (s. Anm. 34), S. 266f

(39) F. Ph. Ingold, Literatur und Aviatik. Europäische Flugdichtung 1909–1927, S.75 und passim eine Fülle weiterer Belege für die geradezu manisch frauenfeindliche Seite der Verschmelzungssehnsüchte von Mensch und Maschine.

(40) E. Burke, A Philosophical Enquiry into the Origin of our Ideas of the Sublime and Beautiful, Oxford 1987; K. Rosenkranz, Ästhetik des Häßlichen, Königsberg 1853

(41) J. Burckhardt, Weltgeschichtliche Betrachtungen, Berlin 1969, S. 61

Anmerkung der Redaktion: Abweichend von dem geplanten Referat ist Vilém Flusser auf dem Symposium – frei gesprochen und unvorbereitet – direkt auf die Thesen und Vorträge seiner Vorredner eingegangen. Der Text wurde nach einem Tonbandprotokoll niedergeschrieben und von Frau Edith Flusser gegengelesen. Dieser Vortrag folgt im Anschluß an das Manuskript.

Vilém Flusser

Automation und künstlerische Kompetenz
(Manuskript)

Es sollte eigentlich einen selbstverständlichen Konsens darüber geben, daß alles Automatisierbare tatsächlich automatisiert wird. Daß es einen solchen Konsens nicht gibt, und daß es Menschen gibt, die sogar eine Gefahr darin sehen, läßt vermuten, daß es keine Einigkeit darüber gibt, was Menschenwürde genannt wird. Ich werde eine Definition dieses Begriffes vorschlagen, um die Diskussion betreffs Automation in einen anthropologischen Kontext zu stellen. Menschenwürde ist die Gesamtheit aller Charakteristika, die den Menschen von den übrigen Lebewesen unterscheiden. Das ist eine bescheidene Definition, denn in ihrem Sinn kann ebenso von einer Pferdewürde oder einer Ameisenwürde gesprochen werden. Die Schwierigkeit beginnt, wenn man versucht, die uns von allen Lebenwesen unterscheidenden Charakteristika aufzuzählen. Es stellt sich dann nämlich heraus, daß wir uns in jeder Beziehung nur graduell, nicht aber prinzipiell von den übrigen Säugetieren und besonders von den Anthropoiden unterscheiden und daß es daher mit der Menschenwürde im hier vorgeschlagenen Sinn nicht weit her ist. Aber wir können uns aus dieser Klemme doch irgendwie hinausdrehen, indem wir darauf hinweisen, was für unwahrscheinliche Dinge wir angestellt haben, seit wir auf der Szene erschienen. Danach ist es nicht irgendein spezifisches Charakteristikum (etwa die Sprechfähigkeit oder die Anatomie der Hand), sondern diese allgemeine Tendenz zum Immer-unwahrscheinlicher-werden (zum Beispiel zum Fliegen trotz Säugetierkörper oder zum Sehen über viele Kilometer und Berge hinweg trotz Säugetierauge), welche die Menschenwürde ausmacht. Dem soll hier nachgegangen werden.

Menschenwürde als Tendenz zum Immer-unwahrscheinlicher-werden ist ein mathematisch formalisierbarer Begriff, denn er kann als die Umdrehung der Gleichung der Entropie aufgefaßt werden. Das ist jedoch hier nicht meine Absicht, weil zweifellos dafür Kompetentere an diesem Symposium teilnehmen, um über Informatik zu sprechen. Aber ich kann darauf nicht verzichten, die erwähnte Umdrehung zu betonen. Die Tendenz zum Immer-unwahrscheinlicher-werden läuft der allgemeinen Tendenz der Welt zuwider, und daher ist Menschenwürde eine Weltverneinung. Das ist eine banale Behauptung, und sie erscheint seit langem unter verschiedenen Masken. Zum Beispiel als die Ansicht, der Mensch sei ein anti-natürliches (geistiges) Wesen, er sei entfremdet (verrückt), oder er sei die Antithese zur Tücke des So-seins. Aber die Behauptung wird etwas weniger banal, wenn man bedenkt, daß es dabei um eine Umkehrung der Zeit geht. Zeit ist die Tendenz zum Immer-wahrscheinlicher-werden, zum Zerfall von Unwahrscheinlichem in Wahrscheinliches, und sie wird tatsächlich auf diese Weise im Karbontest gemessen. Die Behauptung sagt, Menschenwürde sei, die Zeit wie einen Handschuh umzustülpen. Gegen den Strom schwimmen. Dafür gibt es einen Namen: ‚künstlich'. Menschenwürde ist, der ‚natürlichen' Zeit eine künstliche entgegenzusetzen. Oder: Kunst ist die Würde des Menschen.

Das klingt elegant, muß aber sofort von zwei Seiten her eingeschränkt werden. Einerseits gibt es allerorts natürliche Umstülpungen der Zeit, und ihnen ist alles Unwahrscheinliche auf der Welt zu verdanken. Vom Wasserstoffatom bis zum Zentralnervensystem geht es um unwahrscheinliche Strukturen, welche natürlicherweise (das heißt dank notwendig gewordenem Zufall) aus der allgemeinen Tendenz zur Entropie in Gegenrichtung aufgetaucht sind. Andererseits wird alles künstlich Hergestellte, alle diese ‚Kultur' genannten Unwahrscheinlichkeiten, notwendigerweise in die allgemeine Tendenz wieder untertauchen müssen. Nicht nur jedes einzelne Kunstwerk, auch ganze gewaltige Zivilisationen, werden in entropischen Schutt und Asche zerfallen und vergessen werden. Das heißt: der Mensch als Künstler, als Schöpfer von Unwahrscheinlichem, ist weder die einzige kreative Tendenz auf der Welt, noch ist er gegen die Entropie (den Tod und das Vergessen) gefeit, und es hapert wieder mit der Menschenwürde. Aber so schnell muß die Flinte doch nicht ins Korn geworfen werden.

Man vergleiche ein natürliches Atom mit einem künstlichen, etwa das erwähnte Wasserstoffatom mit einem jenseits der Mendeleyvschen Tabelle. Man kann vom künstlichen Atom sagen, es wäre mit einer zu berechnenden Wahrscheinlichkeit auch ohne menschlichen Eingriff auf natürliche Weise entstanden. Der Mensch hat nicht anderes getan, als diesen unwahrscheinlichen Zufall beschleunigt zu haben. Das gleiche Argument ist für alle Kunstwerke gültig. Die berühmten auf einer Million von Schreibmaschinen tippenden Schimpansen hätten zufällig und ohne Dante zu guter Letzt die „Göttliche Komödie" schreiben müssen, und wenn man genug lang warten würde, so würde ohne menschliches Zutun, durch bloße Zufallskombinationen, eine deux chevaux oder eine Flasche Coca-Cola entstehen müssen. Sobald man jedoch derart argumentiert, dann wird man sich dessen bewußt, die Menschenwürde gewissermaßen unter der Hand in den Griff bekommen zu haben. Es ist ja nicht nur so, daß dank des menschlichen Eingriffs die deux chevaux um einige Jahrmilliarden früher entstanden ist, als sie es auf natürliche Weise auch hätte machen müssen. Sondern es ist auch so, daß hinter den künstlichen Unwahrscheinlichkeiten eine Absicht zu erkennen ist: die Absicht hinter der deux chevaux ist, gefahren zu werden, und hinter der Coca-Cola, getrunken zu werden. Künstliches ist, im Gegensatz zu Natürlichem, absichtlich und nicht zufällig hergestellt worden, und das unterscheidet Natur- und Kulturwissenschaften: die ersten forschen nur nach dem Wie, die zweiten auch nach dem Wozu der Phänomene. Menschenwürde ist demnach, absichtlich Unwahrscheinliches, also Künstliches zu machen.

Man kann jedoch noch immer darauf bestehen, daß der Mensch doch nichts anderes ist als eben natürlich. Denn man kann die künstlerische Absicht eben doch als, allerdings abenteuerlich unwahrscheinliche, Zeitbeschleunigung definieren. Die Coca-Cola sieht so aus, als ob eine Trinkabsicht dahinter stände, weil sie um ein paar Milliarden von Jahren zu bald hergestellt wurde. Nimmt man die gleiche Perspektive im Fall von Erdbeeren ein, dann sehen sie so aus, als ob auch sie mit der Absicht gegessen zu werden, hergestellt worden wären. Argumente zugunsten der menschlichen Absicht (der Freiheit) laufen auf Argumente zugunsten eines Weltschöpfers aus, also auf den Menschen als Geschöpf, nicht als Schöpfer. Man kann auch hinzufügen, daß „l'art cache l'art", daß die Natur so gekünstelt ist, daß man ihr das Künstliche nicht ansieht und daß man beim Menschen die Absicht sieht, und daher verstimmt ist.

Bei einem solchen Purzelbaumargument, wonach das Natürliche künstlerischer ist als das Künstliche, ist man mitten im Problem des Automaten. Das Argument sagt nämlich, daß die Natur ein automatischer Künstler ist, weil sie dank notwendig werdender Zufälle Unwahrscheinliches herstellt. Und es sagt, daß wir nicht so gute Schöpfer wie Gott sind, weil wir in den automatischen Ablauf des Spiels von Zufall und Notwendigkeit eingreifen, um das Spiel zu beschleunigen, und daher Fehler begehen. Man muß auf dieses Purzelbaumargument nicht im einzelnen eingehen (etwa auf die natürlichen Schönheitsfehler weisen), sondern man kann es umdrehen. Man kann nämlich sagen: dies ist eben die Menschenwürde, daß wir nicht wie Automaten, also schlecht, funktionieren, und daß man dies den von uns hergestellten Unwahrscheinlichkeiten ansieht. Zum Beispiel sind unsere Bauten schlechter als Vogelnester oder Ameisenhaufen, weil wir nicht automatisch (,instinktiv') bauen. Von hier aus kann (und meiner Meinung nach muß) die Automation angegangen werden.

Wir sind selbstredend fast zur Gänze natürliche Wesen und funktionieren automatisch. Zum Beispiel verdauen wir automatisch, und nur wenn dieser Automatismus reibungslos vor sich geht, können wir gelegentlich nicht-automatische Bewegungen vollführen (zum Beispiel diesen Vortrag vorbereiten). In einem anderen und weiteren Sinn sind wir gänzlich natürlich, denn sowohl unser Verdauungsapparat wie dieser Beitrag werden zu Staub zerfallen. Und doch: was nicht automatisch an uns ist, das ist anti-natürlich, und es kann nur dann vor sich gehen, wenn das Automatische glatt vor sich geht. Anders gesagt: die Menschenwürde taucht aus dem Automatismus empor, wenn – und nur wenn – dieser Automatismus perfekt ist. Und dabei stellt sich heraus, daß das emporgetauchte Nicht-Automatische noch immer zu einem großen Teil automatisiert werden kann, damit der kleinere Teil tatsächlich immer unautomatischer menschenwürdiger werde. Zum Beispiel hat man lange geglaubt, das Rechnen (das mathematische Denken) sei eine typisch menschliche Bewegung, und jetzt stellt sich heraus, daß es automatisierbar ist, und daher menschenunwürdig wurde. Seit es Computer gibt, ist es unter der Würde des Menschen, sich mit komputierbaren Dingen zu befassen, und wir haben uns mit bisher unautomatisierbaren Dingen abzugeben.

Das läßt sich so formulieren: die Menschenwürde wird desto deutlicher, je mehr Bewegungen (seien sie materiell oder gedanklich) automatisiert werden, und je mehr daher der Mensch für das Herstellen von unautomatischen Unwahrscheinlichkeiten frei wird. Oder anders: wir werden für das eigentlich menschliche Schaffen, für künstliche und künstlerische Kreativität, desto kompetenter, je besser wir die automatisierbaren Aspekte daraus auf Automaten abschieben können. Auch der Begriff ‚Kompetenz' (wie jener der Unwahrscheinlichkeit) ist mathematisch formalisierbar, aber das ist für den vorliegenden Vortrag unnötig. Es genügt, sich dessen bewußt zu werden, daß es ein Begriff der Spieltheorie ist. Etwa so: insoweit Spiele (etwa das Schachspiel, das Sprachspiel, oder das Spiel mit Farben und Tönen) automatisierbar sind, insoweit sind Automaten kompetenter für sie als Menschen, und inwieweit sie nicht automatisierbar sind, insoweit sind Automaten völlig inkompetente Spieler. Menschenwürde ist, nicht mit Automaten zu konkurrieren, sondern für nicht-automatisierbare Spiele immer kompetenter zu werden.

Man kann die Meinung vertreten, daß überhaupt alle Spiele mit der Zeit automatisiert werden können. Das ist eine Variante der Meinung, daß eine Million Schimpansen mit der Zeit die „Göttliche Komödie" schreiben müssen. Gegen so eine Meinung ist nicht zu argumentieren. Man kann jedoch dazu sagen, daß inzwischen, bevor alles automatisch, das heißt natürlich wird, ein Spielraum für menschliche Würde offensteht, innerhalb dessen wir uns immer weiter dank Abschiebung von Automatisierbarem an Automaten, zu kompetenten Künstlern, das heißt zu Menschen im würdigen Sinn, aus der automatischen Natur herauswickeln können. Das ist ein komplizierter, gewundener Satz, weil die Sache selbst kompliziert ist, aber er kann einfacher ausgedrückt werden: je bessere und kompetentere Automaten wir erfinden, desto kompetenter werden wir für das Herstellen von Unwahrscheinlichkeiten.

Ich habe eingangs gesagt, es müsse eigentlich einen Konsens geben, wonach alles Automatisierbare an Automaten abzuschieben wäre. Jetzt kann ich hinzufügen, daß dies zu geschehen habe, damit wir für die Kunst, für das Herstellen von Unwahrscheinlichem, für Kreativität immer kompetenter werden. Nicht etwa, daß die uns umgebenden Automaten eine Garantie für gesteigerte kreative Kompetenz sind. Aber ohne sie müßte die Kreativität verkümmern. Um dies klassischer zu sagen: die Automaten sind eine notwendige, aber ungenügende Voraussetzung für immer kompetenter werdendes Schaffen. Denn wo es Automaten gibt, dort muß man sich nicht mehr um das kümmern, was sie machen (man kann es verachten), aber das hat nur dann einen Sinn, wenn man beginnt, sich darum zu kümmern, wofür die Automaten nicht kompetent sind. Das ist die Herausforderung, vor der wir stehen: nicht, uns über Automaten den Kopf zu zerbrechen, sondern darüber, was wir ohne sie machen müssen (und können).

Vilém Flusser

Automation und künstlerische Kompetenz
(Vortrag)

Ich möchte mich bei den Veranstaltern für die Einladung bedanken, weil mir dadurch nämlich Gelegenheit geboten wurde, einige meiner Zweifel öffentlich auszudrücken und vielleicht in der Diskussion dazu beizutragen, diese Zweifel teilweise zu beheben.

Das mir gestellte Thema hat einen Obertitel und zwar: „Neuverkörperung und elektronische Kommunikation. Zur Veränderung des Selbstbewußtseins des Menschen." Außerdem hat es einen Untertitel: „Automation und künstlerische Kompetenz." Wenn Sie sich diese beiden Titel überlegen, dann geht Sie wahrscheinlich das Grausen an. Ich habe einen Aufsatz geschrieben, den ich hier vorlesen wollte. Aber unter dem Eindruck dessen, was ich hier gehört habe, habe ich mir heute Nacht überlegt, etwas anderes zu sagen. Und was ich jetzt eben (Flusser bezieht sich hier auf Bredekamp, Anm. d. Redaktion) gehört habe, würde ich als einen Stützpunkt und Ausgangspunkt zu dem betrachten, was ich sagen will.

Es ist die Höflichkeit des Intellektuellen, zunächst einmal die Grundbegriffe, mit denen er arbeiten wird, zu definieren. Wir haben die Notwendigkeit dieser Höflichkeit in den letzten zwei Tagen sehr schmerzlich empfunden. Ich werde mich also bemühen, die zwei Grundbegriffe im vorhinein zu definieren.

Ich werde Automation ein System nennen, das nach einem vorgefaßten Programm funktioniert, abläuft und laut dem zweiten Prinzip der Thermodynamik zum Stillstand kommt. Ein Beispiel eines Automaten ist der Verdauungsapparat. Es gibt ein Programm, das, salopp gesprochen, genetisch programmiert ist, und das Zeug funktioniert, ohne Eingriff, ungefähr 70 bis 80 Jahre lang. Es hat allerdings einen Input, der nicht vollkommen automatisiert ist. Ich hatte einen Lehrer in der Mittelschule, der sagte: Solange man den Bissen im Mund hat, hat man ihn noch in der Hand. Aber dann läuft die Sache automatisch ab. Und wenn man eingreift, eingreifen muß, dann schaut es nicht gut mit der Automation aus. Der Automat ist so lange gut, so lange man ihn nicht bemerkt.

Diese meine Pseudodefinition erlaubt auch, die Gleichsetzung von Tieren mit Automaten im 16., 17. und 18. Jahrhundert einzusehen. Wir kehren nicht dazu zurück, denn wir glauben ja nicht mehr, daß die Tiere Automaten sind, sondern eher, daß die Klasse Automaten verschiedene Glieder hat, darunter Organismen, und es ist ja nicht so, daß wir, wenn wir Automaten konstruieren, etwa Tiere simulieren, sondern es ist eher so, daß Tiere Automaten simulieren.

Der zweite Begriff, den ich zu definieren habe, ist Kreativität oder Kompetenz. Das werde ich mir erleichtern, weil ich ja darüber des längeren zu sprechen haben werde. Ich werde sagen, kreativ ist jener Prozeß, der zu etwas Unwahrscheinlichem führt.

Wenn Sie sich die zwei Definitionen überlegen, werden Sie gleich merken, daß ich absichtlich einen Widerspruch zwischen Automat und Kreativität impliziert habe. Und jetzt werde ich also meinen ganzen Gedankengang ändern und werde zu diesem Ausgangspunkt etwas später zurückkehren.

Ich werde ausgehen von dem Versuch des de Kerckhove, drei Paradigmenwechsel in den letzten Jahren eingeführt zu haben. Soweit ich ihn verstanden habe, ist der erste Paradigmenwechsel die Televison, und das bringt eine Kultur der Masse mit sich. Das habe ich nicht ganz verstanden, denn der Nazismus ist ja, soweit ich weiß, vor der Television gewesen. Der zweite Paradigmenwechsel laut ihm war der Computer, und das brachte eine Kultur der Schnelligkeit mit sich. Und wir sind eben daran, den dritten Paradigmenwechsel zu erleben, nämlich eine Verbindung zwischen Computer und Television, also das, was man Telematik nennt. Und das bringt eine Kultur der Tiefe mit sich, soweit ich ihn verstanden habe. Das schließt natürlich einen seltsamen Algorithmus ein, nämlich Masse mal Geschwindigkeit gibt Tiefe.

Ich werde Ihnen eine andere, etwas höhere, noblere Einteilung vorschlagen. Eine Einteilung, die wir alle in den unteren Klassen der Mittelschule gelernt haben. Nämlich die Einteilung in Klassik, Mittelalter und Moderne. 'Untere Klassen' ist ungenau, denn ich hatte einen anderen Lehrer, der einmal sagte: Zuerst kam das Altertum, dann kam lange nichts, und dann kam die Neuzeit.

Ich werde zuersteinmal versuchen, den Paradigmenwechsel zwischen Altertum und dem langen Nichts festzuhalten. Nehmen wir an, rapid simplifizierend, im Altertum war das Problem: Wie lebe ich gut und richtig? Das Wort Kunst, mit dem hier ja kolossal umgegangen wurde, hat hier seinen Platz. Es gibt in so einem Kontext drei Künste, ich will es lateinisch sagen: ars vivendi, ars amatoria, ars moriendi. Es war die Kunst zu leben, die Kunst zu lieben und die Kunst zu sterben. Und es gab verschiedene Schulen und Anschauungen, zum Schluß zwei Hauptschulen: die Stoa und Epikur. Das ganze Denken, Handeln und Fühlen war darauf aus, ein richtiges, gutes Leben zu führen. Um es hebräisch zu sagen: „Chaim tovim". Da das Leben sich ja im Dorf abspielte, war es eine Frage der Politik, oder um es lateinisch zu sagen, der ‚res publica', und das war auch eine Form der Lebenskunst. Und dann kam ein Paradigmenwechsel. Ein seltsamer Paradigmenwechsel. Es dreht sich einem der Kopf, wenn man versucht, das zu verstehen. Plötzlich interessierte das alles nicht mehr so sehr. Sondern, wie es Augustin ausdrückt: deum adque animan cognescere cupisco. Nihil – nec plus? Nihil. Gott und die Seele begehre ich zu kennen. – Ich habe das Sexuelle bei cupisco noch nicht richtig erfaßt im Deutschen. Ich habe eine Konkubiszenz zum Wissen Gottes und der Seele. Nichts anderes. Nicht etwa, als ob nach diesem Paradigmenwechsel alles abgewischt worden wäre, nicht etwa, daß es nicht nachher auch noch eine Frage nach dem guten Leben und dem guten Sterben gegeben hätte – und natürlich nach dem guten Liebemachen. Aber es trat irgendwie in der Hintergrund, und alle Kunst, alle Technik bezog sich auf Gott und die Seele. Im Grunde genommen, wenn man die Sache überbrücken will, kann man sagen: Im Mittelalter war die Kunst des Sterbens im Zentrum, denn der Tod war das Abitur zum anderen Leben. Diese Welt war doch nichts anderes als eine technische Hochschule – ich habe das jetzt verfälscht, denn im Mittelalter, ist ja klar, daß man nicht in die Schule ging, um etwas für das Leben zu lernen, sondern umgekehrt, daß man lebte, um in die Schule zu kommen. Die Schule war ja der Zweck des Lebens, denn dann konnte man Gottes ansichtig werden. Das fühlen wir noch immer, denn Arbeit ist ja Abwesenheit der Muße.

Und dann kam der zweite Paradigmenwechsel, irgendwanneinmal so zwischen dem 14. und 15. Jahrhundert und plötzlich, nicht, daß man sich nicht mehr dafür interessieren würde, wie man zu sterben hat, und nicht etwa, daß man sich nicht mehr dafür interessieren würde, wie man zu Gott steht, alles das ging ja weiter, aber es kam etwas anderes in den Vordergrund: Man begann sich dafür zu interessieren, was bis dahin, sowohl in der Antike als auch im Mittelalter, als die bloße Erscheinung angesehen wurde. Man verlor jeden Realismus. Denn Realismus heißt doch Glaube an die Realität der Ideen. Man wurde völlig irrealistisch, man begann an die Erscheinungen zu glauben – wissen Sie, das ärgert mich: Ich habe mich zwei Tage lang über den Ausdruck ‚virtuelle Realität‘ geärgert, und jetzt kann ich diesem Ärger vielleicht Luft machen –, die Realität war ja ohne viel Zweifel die Form, die Idee. Und das Problem war ja, daß wenn ich die Form der Erscheinung aufdrücke, dann verfälsche ich die Form. (Das war ja der Grund der Gegnerschaft Platons, wie jemand richtig gesagt hatte: Platon steht vor uns. Nicht, daß wir zu Platon zurückkehren, er war noch nicht.)

Ich glaube, das Grundproblem der Erkenntnis des Unterschiedes zwischen Wissen und Meinen war doch, daß ich in dem Moment, wo ich die Idee ansichtig mache, also Technik oder Kunst treibe, die Idee verfälsche. Wenn ich ein Dreieck in den Sand male, dann hat es ja nicht mehr 180 Grad Winkelsumme. Wir würden heute sagen, daß jede Realisation einer Idee die Idee verfälscht (das Wort Realisation ist vollkommen ein Anachronismus, wenn es auf Altertum und Mittelalter angewandt wird). In dem Moment, wo ich also etwas in den Sand zeichne, in dem Moment verfälsche ich die Idee, und wenn ich das Dreieck ansehe, dann habe ich nur eine Meinung, eine doxa, in Bezug auf das Dreieck. Und plötzlich wandelte sich das, und man gewann ein mir unverständliches Vertrauen zu der Welt der Erscheinungen. Die Welt der Erscheinungen wurde als wirklich angenommen, und das Ziel des Lebens war, die Erscheinungen in den Griff zu bekommen, Macht über diese Erscheinungen zu gewinnen. Das, was wir die moderne Wissenschaft nennen, ist im Grunde genommen nichts anderes als die Methode, die Erscheinungen in den Griff zu bekommen und das, was wir Technik nennen, die Methode, die Erscheinungen zu beherrschen. Das ist eine verschlungene Problematik, und ich habe selbstverständlich nicht Zeit, darauf einzugehen. Aber ich möchte auf meinen Vorredner (Bredekamp, Anm. d. Red.) zurückgreifen, der Cusanus erwähnt hat. Und tatsächlich kann Cusanus als ein Phänomen, als eines der klarsten Phänomene des Paradigmenwechsels angesehen werden. Es heißt im Cusaner: Gott ist allwissend und ich nicht, aber die Tatsache, das eins und eins zwei ist, kann Gott nicht besser als ich wissen. Die Mathematik war ja immer das Göttliche, nicht nur bei den Phytagoräern und bei den Juden, in allen Kulturen ist Mathematik irgendwie mit der Divinität in enger Verbindung und wenn jemand, gestern oder vorgestern, gesagt hat: das ist ja ‚nur‘ Mathematik, habe ich gedacht, das ist ja kein Mensch, der kommt vom Mars. Wie kann man bei Mathematik ‚nur‘ sagen. Mag sein, daß das auf dem Mars nicht gilt, obwohl ich mir das nicht vorstellen kann.

Es war klar, daß die Mathematik plötzlich einen Stellenwechsel erlebt. Ich werde versuchen, ihn knapp zu schildern. Es wurde deutlich, daß es zwei mathematische Codes gibt. Den mathematischen Code des Denkens, das war die Arithmetik. Das

Denken hatte als Ziel, klar und deutlich zu sein. Das klare und deutliche Denken der Mathematik bedeutet ja ein diskretes Denken voller Löcher. Und die Welterscheinungen waren geometrisch. Infolgedessen war das Erkenntnisproblem der Neuzeit das der Adäquation der Arithmetik an die Geometrie; die ‚res cogitans‘, die eine arithmetische Sache ist, an die ’res extensa‘, die eine geometrische Sache ist, anzugleichen.

Dieses Angleichen schien unmöglich zu sein. Denn wenn ich den Code der Zahlen an die Ausdehnung anlehne, dann laufen mir ja praktisch alle Punkte der Ausdehnung durch die Intervalle zwischen den Zahlen durch. Das ist ein völlig ungeeignetes Netz, um die Erscheinungen damit zu fischen. Wie Sie wissen, hat Descartes versucht, diese Inadäquatibiliät mit Hilfe der analytischen Geometrie und Gottes zu überwinden. Und zwar, indem er sich gesagt hat: Ich hefte an alle Punkte drei Zahlen. Ich arithmetisiere die Geometrie und damit werde ich allwissend und allmächtig. Es hat sich aber erwiesen, daß trotzdem die meisten Punkte nicht in das Cartesische Netz eingefangen werden können.

Leibniz und Newton haben dann endlich die Lösung gefunden. Sie haben eine zweite Ebene von Zahlen eingeführt, deren Zweck es war, die Intervalle der ersten Ebene zu stopfen, die Differentiale zu integrieren. Und dank diesem Trick, dank der Differentialrechnung, ist es ihnen gelungen, dem arithmetischen Geist ein Instrument zu geben, das ihm tatsächlich erlaubt, alle Erscheinungen zu formalisieren. Ab da ist der Mensch allwissend, nicht ein „zweiter Gott", wie mein Vorredner sagte, sondern überhaupt der erste, denn der Mensch wurde allwissend, und damit selbstverständlich auch – laut Bacon – allmächtig. Der unerhörte Optimismus der Aufklärung und der ersten Hälfte des 19. Jahrhunderts ist im Grunde genommen auf die Differentialrechnung zurückzuführen, alles andere sind ja Beschönigungen.

Und dann stellte sich etwas außerordentlich Aufregendes heraus: Ich kann alles in Differentialgleichungen formalisieren. Auch das Komplexeste, wie uns Herr Peitgen gezeigt hat. Aber um sie anzuwenden, muß ich die Gleichungen rücknumerieren. Ich muß auf die sogenannten natürlichen Zahlen zurückgreifen, und das dauert lang. Nicht nur länger als ein Menschenleben, sondern bei den meisten Phänomenen länger als die voraussichtliche Dauer des Universums. Oder, um das etwas aktueller zu sagen, ein Computer, der das macht, müßte größer sein als das Universum. Also saßen zu Anfang des 20. Jahrhunderts in den Ingenieurbüros, also im Zentrum der Kultur, Hunderte und Hunderte von Leuten und füllten Papiere mit Zahlen und konnten dennoch auch die einfachsten Probleme nicht lösen.

Es war klar, daß die Vernunft nicht zur Macht führt. Ich glaube, diese kolossale Enttäuschung, dieser kolossale Kulturpessimismus, der darauf folgte, daß die Vernunft nicht zur Macht führt, ist die Wurzel für den Nazismus. Computer wurden erfunden, um der Vernunft ein bißchen besser zur Macht zu verhelfen. Computer waren Rechenmaschinen, um Differentialgleichungen zu numerisieren, Kalkulationsmaschinen. Ich werde gleich auf die kolossale Überraschung zu sprechen kommen, die in den Computern schlummert. Denn Sie wissen ja, wir erfinden zuerst und dann entdecken wir, was wir erfunden haben. Vielleicht werde ich noch darüber sprechen – oder Sie in der Diskussion –, über dieses Feedback von Mensch und Maschine, das ja die Geschichte ausmacht. Die Maschine ist der geronnene menschliche Geist, der schlägt auf den Menschen zurück. Der Mensch reagiert auf sich selbst, und in diesem Zwiegespräch zwischen Mensch und Maschine ist der Kern der Menschheitsgeschichte.

Ich möchte jetzt etwas anderes sagen. Spätestens seit dem Ende des 17. Jahrhunderts hatte man ein außerordentliches Vertrauen zu einer spezifischen Fähigkeit der Vernunft, zu dem, was man in allen anderen Sprachen außer dem Deutschen ‚ratio‘ nennt, und das spricht nicht für das Deutsche.

Zu ‚Raison‘, zu ‚reason‘, zu ‚ragione‘ (Sie wissen ja, in jeder italienischen Stadt gibt es ein ‚ragione‘). Und zwar hat diese Raison, diese Ratio, die Fähigkeit, alles in Rationen zu schneiden. Die Raison ist ein Messer, und tatsächlich ist ja auch eines der ersten Werkzeuge, die unsere vormenschlichen Ahnen erzeugt haben, das Messer. Und es bestand folgende, nicht ausgesprochene, Ontologie: Wir können alles in kleine Stücke zerschneiden, aber schließlich stoßen wir auf etwas Unzerschneidbares, auf etwas Überrationales. Ich will nicht darauf eingehen: Unsere Kultur ist auf einem Widerspruch aufgebaut zwischen Subjekt und Objekt. Ich habe nicht Zeit zu sagen, wie es zu diesem Wahnsinn gekommen ist. Aber man dachte, es gäbe eine Grenze, über die die Vernunft nicht hinaus kann, die rationelle Vernunft. Seitens des Objekts gibt es Atome, seitens des Subjekts gibt es Individuen. Wir vergessen ja oft, daß 'Individuum‘ und ‚Atom‘ Synonyme sind.

Man hat geglaubt, wenn ich die Vernunft nur fein genug anwende, dann werde ich schließlich auf die Bausteine der für jetzt angenommenen Wirklichkeit draufkommen. Bedenken Sie, die Wirklichkeit war jetzt das Atom und nicht mehr die Idee, das Harte und nicht mehr das Weiche, Hardware und nicht Software. Also gut, man hat gemeint, wenn ich die Vernunft anwende, dann komme ich einerseits zu den Bausteinen des Objekts, nämlich zu den Atomen, und andererseits zu den Bausteinen des Subjekts, den Individuen. Und das ist überhaupt die Basis der Aufklärung. Mit der Zeit muß man ja auf den Bauplan der Welt kommen. Aber die Aufkärung hat über ihr Ziel geschossen, wie Sie wissen. Es hat sich alles als teilbar erwiesen. Das Zerkörnern der Körner hat aber eine seltsame, unangenehme Folge. Wenn ich nämlich die Atome weiter zerklaube, und bei solchen Sachen kommen wir zu Quarks zum Beispiel, dann ensteht die falsche Frage: Ist das noch ein Teilchen des Objekts? Ist das noch, wie man hier gestern und vorgestern orthodoxerweise gesagt hat, ist das noch immer wirklich? Oder ist das vielleicht ein Symbol? Wissenschaftler stellen sich diese Frage nicht, aber für jemanden, der an die Wirklichkeit der Erscheinungen glaubt, für den ist das eine brennende Frage. Habe ich vielleicht die objektive Welt unterlaufen? Wenn ich das Individuum zerteile, komme ich auf Sachen wie Dezideme oder Atome. Man hat doch sehr oft gemeint, die menschliche Freiheit ist doch die Entscheidungsfreiheit. Wenn ich aber die Entscheidung formalisiere und einen Entscheidungsbaum aufstelle und die Entscheidung dann zerkleinere in Dezideme, und wenn ich das in einen Computer hineinfüttere, und der Computer beginnt Schach zu spielen, und der Computer entscheidet sich, zwar vollkommen idiotisch, aber schnell, und spielt daher besser als ich - vielleicht nicht besser als der Karpov, aber jedenfalls besser als ich, und – ich bin auch ein Mensch – dann also entsteht die Frage: Was ist denn das? Ist das noch immer subjektiv? All das, was man früher geistig oder schöngeistig genannt hat, all dieser Blödsinn – ist das noch immer das? Oder ist das ein Teil der objektiven Welt? Die Frage ist, ist der Computer eine Künstliche Intelligenz oder vielleicht ein Stück unbelebtes Zeug, das sich entscheidet? Es ist vielleicht noch unangenehmer zu sagen, er ist nur ein Objekt, aber er entscheidet sich besser als ich!

Ich kann doch gar kein Vertrauen mehr zu dieser Wirklichkeit haben, wo, wenn ich sie zerlege, ich nicht mehr weiß, ob sie subjektiv oder objektiv ist. Es kommt noch etwas anderes hinzu. Ich vertraue auf diesen Tisch und der Zec vertraut ihm, denn er hat ja ein Glas darauf gestellt und ist absolut sicher, daß das Glas weder hinauffliegen, noch durch die Tischplatte hindurchfliegen wird. Er ist ein gläubiger Mensch. Wie kann ich diesen Glauben teilen? Wo ich doch weiß, daß der Tisch ein Schwarm von Partikeln ist, die im Nichts herumsausen, und das Glas ebenso ein Schwarm von Partikeln ist und daß es zwar außerordentlich unwahrscheinlich, aber völlig im Bereich der Möglichkeit ist, daß das Glas durchfällt. Noch vertraue ich dem Tisch, nicht mehr lange – wenn die Hologramme besser werden.

Ich sage Ihnen meine Zweifel. Wieso vertraue ich der Sache? Die Neurophysiologie erzählt mir etwas davon. Die Neurophysiologie sagt mir, soweit ich das verstehe, meine Nervenenden empfangen Reize. Diese Reize sind binär codiert. Ich empfange einen punktuellen Reiz oder ich empfange ihn nicht. Es gibt keine schwachen oder starken Reize. Binär. Und jetzt geht der Nerv in mein Zentralnervensystem und dort gibt es eine Prozessierung, die teilweise elektromagnetisch ist, teilweise chemisch und teilweise noch nicht durchblickt wurde. Und, mein Nervensystem prozessiert die Reize und computiert sie zu Wahrnehmungen. Hier ist das Deutsche ausgezeichnet: Ich nehme etwas für wahr. Ich lasse mich vom Nervensystem reinlegen. Also ist das Nervensystem ein Computer, ein Künstler, das mir die Wahrnehmung ‚Tisch' macht. Und die Wahrnehmung ist derartig gut gemacht, die Technik ist derartig hervorragend, daß ich immer wieder darauf hereinfalle und dem Tisch vertraue.

Das ist aus verschiedenen Gründen eine außergewöhnlich unbequeme Erklärung. Ich weiß nicht, ob ich sie richtig geschildert habe. Vielleicht sind Neurophysiologen unter Ihnen, die sagen werden, was ich rede, ist ein Stuß. Aber was mich am meisten daran beunruhigt, ist, daß diese Erklärung vor der Erfindung des Computers ja nicht möglich gewesen wäre. Denn was sagt denn diese Erklärung? Die Erklärung sagt, das Zentralnervensystem ist ein außerordentlich kompetenter Computer. Er trifft es ausgezeichnet, das Zentralnervensystem trifft es ausgezeichnet, punktuelle Daten derart zu prozessieren, daß ich wahrnehme. Und hier kommen wir meiner Meinung nach zu den zwei Zentralbegriffen unserer Zeit: Warum wir nicht mehr in der Neuzeit leben. Was der Paradigmenwechsel ist.

Die zwei Zentraltermini sind Streuung und Raffung. Wir haben kein Weltbild mehr selbstverständlich. Denn seit die Zahlen, seit die Mathematik der Code der Wissenschaft wurde, stellt sich ja heraus, daß es nicht nur unmöglich ist, sich die Welt vorzustellen, sondern auch sie zu beschreiben. Die Welt ist unvorstellbar und unbegreiflich. Sie ist nur, und das perfekt, zählbar. Also haben wir kein Weltbild.

Jetzt stimmt das nicht mehr. Die Computer können uns Weltbilder geben. Und ich werde vielleicht in ein paar Minuten so ein Weltbild vorschlagen. Aber wir müssen uns die Sache doch irgendwie denkend zurechtlegen. Also ist für uns das Universum der Erscheinungen ein Schwarm von punktuellen Partikeln, die eigentlich nichts sind und die in einer Leere schweben, die eigentlich kein Raum ist, und sich nach verschiedenen Strukturen verteilen. Ich glaube, es gibt ihrer vier, die sich überschneiden; und, laut dem zweiten Grundsatz der Thermodynamik, dazu neigen, gleichförmig gestreut zu werden und alle Informationen zu verlieren, immer mehr zum Wahrscheinlichen hin zu tendieren. Dieser zweite Grundsatz der Thermodynamik ist nicht zu bezweifeln, außer wir würden an aller Wissenschaft zweifeln. Er ist eine außerordentlich unbequeme Sache, paßt uns nicht in den Kram. Aber ich glaube nicht, daß wir daran zweifeln können, ohne überhaupt alle Wissenschaft, mindestens seit Anfang der Neuzeit, aber wahrscheinlich schon seit den alten Griechen, alles was man Episteme nennt, aus dem Fenster werfen zu müssen. Warum nicht? Weil Zeit nichts anderes als die Tendenz des Schwarms ist, sich ständig zu desinformieren.

Das ist ungefähr das Bild, das wir haben. Aber das ist kein außerordentlich genaues Bild, denn innerhalb dieser Tendenz zur Entropie, wie man eleganterweise sagt, gibt es ja bekanntlich Klumpen. Und dort kommen die Punkte zusammen und bilden unwahrscheinliche Figuren. Das läßt sich doch nicht anders ausdrücken, als daß sich in diesen Klumpen die Zeit umdreht. Die Zeit wird gegenläufig. Anstatt daß sie zu immer Wahrscheinlicherem läuft, läuft sie zu immer Unwahrscheinlicherem hin. Beruhigen Sie sich, das ist kein Überwinden des Todes, sondern wo immer Informationen erscheinen, sitzen sie, wie Epizyklen, auf der Geraden in Richtung Entropie. Alles, was entsteht, ist wert, daß es zugrunde geht. Manche dieser Kreise sind sehr alt. Ich glaube, der erste Klumpen ist eine zehntel Nanosekunde nach dem big bang entstanden. Wer da Physiker ist, wird sagen, daß ich mich vielleicht um einige Dezimalstellen irre. Aber jedenfalls gibt es so einen alten Klumpen, das ist das Wasserstoffatom. Ein anderer solcher Klumpen sind zum Beispiel Spiralnebel. Wieder ein anderer solcher Klumpen ist zum Beispiel unser Zentralnervensystem. Ich wackele da in Dimensionen.

Also, das gibt es. Und wie ist das zu erklären? Wissen Sie, mathematisch ist das, das hat man uns ja gestern und vorgestern einige Male sehr gut erklärt, kein Problem. Bedenken Sie bitte: Es gibt also eine Menge von Punktelementen. Sehr viele, aber nicht unendlich viele. Denn wenn es unendlich viele gäbe, würden sie gar nicht existieren. Ich brauche Ihnen nicht die Spieltheorie hier in Erinnerung zu rufen; ein Spiel hat eine begrenzte Kompetenz, und wenn die Kompetenz unbegrenzt wäre, wenn alle Züge im Schach erlaubt wären, dann wäre es ja kein Spiel mehr. Tatsächlich ist die Menge der Punkte in der Welt eine begrenzte Zahl, und man kennt nicht nur ungefähr den Durchmesser der Welt; er ist, glaube ich, augenblicklich in der Größenordnung von 15 Milliarden Jahren, und infolgedessen hat die Welt einen Durchschnitt von 15 Milliarden Lichtjahren. Es ist eine große Zahl, aber eine begrenzte. Und ich berufe mich wieder auf meinen Vorredner und auf den Begriff des Spiels und auf die Spieltheorie. In der gegebenen Zeit, also in den 15 Milliarden Jahren, laufen die Teilchen auseinander. (Das ist nicht Demokrit, denn für Demokrit laufen ja die Teilchen parallel und stoßen zufällig durch Akzidente aneinander.) Dabei stoßen sie jedoch zufällig zusammen. In diesen Sätzen ist Demokrit doch wieder belebt. Alles, was ist, ist ein Resultat des Zufalls. Aber das ist kein Grund zum Wundern. Wenn Sie soviele Spielsteine haben, die solange zufällig spielen, dann müssen doch notwendigerweise beinahe alle möglichen Zufälle entstehen.

Bedenken Sie, der Zufall ist ja dabei notwendig. Wir müssen gar nicht auf die eine Million Schimpansen, die, wenn sie eine Million Jahre Schreibmaschine schreiben, zufällig notwendigerweise die „Göttliche Komödie" schreiben werden, warten. Sondern alles, alle Zufälle sind ja dann notwendig.

Und was heißt das? Alles, was möglich ist, wird nötig. Und das ist ja die Definition der Wirklichkeit meiner lieben Vorredner. Es kann keine virtuelle Realität geben, sondern Aristoteles definiert das Wirkliche als das Virtuelle plus das Notwendige. Wirklichkeit ist das Notwendigwerden von Virtuellem. Aber das Weltbild läßt noch eine ganz andere Idee zu, oder, wie man im Brasilianischen sagt „pulga atráz da orelha", d.h. „hat noch eine andere Idee hinterm Ohr". Vielleicht ist das Wort Wirklichkeit gar nicht etwas Absolutes, sondern etwas Relatives. Es kommt vielleicht darauf an, wie dicht diese Punkte gestreut sind. Vielleicht kann man sagen: je dichter gerafft, desto wirklicher. Vielleicht kann man sagen, ist die Wirklichkeit ein Grenzwert, zu dem sich die Wahrscheinlichkeit nähert, ohne sie je zu erreichen? Ist das nicht ein zivilisierterer Begriff als ‚Wirklichkeit', den ja Kant mit Recht verboten hat? Bei allen diesen Reden hier hatte ich den Eindruck, daß sie vor Kaliningrad sind.

Also kurz und gut, nehmen wir einmal an, daß das, was wir Wirklichkeit nennen, ein nie zu erreichender Grenzwert ist und daß man sich ihm nähert, je dichter man rafft. Für Raffen gibt es ein lateinisches Wort, das heißt: 'computieren'. Vielleicht ist die Wirklichkeit eine Funktion der Computation. Also angenommen, mein Nervensystem rafft mir die Potentialität der Reize so dicht, daß ich an diesen Tisch glaube. Und angenommen, der tschechische Herr (Oražem, Anm. d. Red.), der gestern gesprochen hat und der Hologramme macht, rafft diese Punkte nicht genauso gut wie das Nervensystem; ich sehe das Hologramm des Tisches, aber ich kann meine Brille nicht auf das Hologramm legen. Infolgedessen nehme ich es nicht eigentlich wahr, sondern ich halte es nur für wahrscheinlich. Das Wort ‚wahrscheinlich' ist herrlich. Das ist eine Chimäre, deren Kopf wahr ist und deren Schwanz scheinlich ist.

Ich hatte eigentlich von zwei Begriffen zu sprechen: Automat und Kreativität. Das Universum, das ich Ihnen eben geschildert habe, ist ein Automat. Es hat ein Programm, das mit dem big bang begann, und das Programm wird ablaufen, bis es erfüllt ist, und es gibt nichts Idiotischeres als das. Und in diesem Automaten gibt es wieder Unterautomaten. Und dann gibt es Kreationen, Umdrehungen der Zeit. Und diese Kreationen sind zufällig entstanden. Da gibt es das Zentralnervensystem. Und das Zentralnervensystem hat nicht zufällig die Fähigkeit, sondern absichtlich, gegen die Welt zu gehen. Das ist eine blöde Fähigkeit. Denn, wie gesagt, alles, was wir machen, würde zufällig auch entstehen. Wenn wir nur eine Weile warten würden, entstünde die „5. Sinfonie" ja auch. Nur die Weile ist eben groß. Und wir leben ja kurz. Infolgedessen ist der Beethoven die bessere Methode als die Affen. Das Resultat ist dasselbe. Wir haben zufällig die Fähigkeit, außerordentlich unwahrscheinlicherweise den Zufall zu beschleunigen. Und das ist Kreativität.

Lassen Sie mich jetzt ein bißchen ernst enden. Die Würde des Menschen ist, glaube ich, gegen die Tendenz, gegen die sture, blöde Tendenz der Welt, sich zu stemmen. Gegen diese Mathematik, von der Newton mit Recht gesagt hat: Gott ist ein Mathematiker, aber kein sehr guter. Wir müssen versuchen, und das ist vielleicht die menschliche Würde, diese Tendenz zu vergessen, auszulöschen, dem Tod zu widerstehen und im Antlitz des Todes Unwahrscheinliches herzustellen. Das nennt man Technik, das nennt man Kunst. Wir müssen uns dafür engagieren, im vollen Bewußtsein, daß das zweite Prinzip nicht außer Geltung gesetzt werden kann und daß wir alle sterben werden, ob mit Atombombe oder nicht, das ist völlig gleichgültig; wir werden alle sterben; das ist nur eine Frage der Zeit. Ich verstehe nicht, warum in Deutschland die Bombe so und andere, ökologische Katastrophen, so besprochen werden; zu Grunde gehen muß alles, und nicht nur wir müssen zu Grunde gehen, sondern alles, was wir schaffen. Und angesichts dieses absurden Wissens müssen wir uns trotzdem, glaube ich, für das Herstellen von Unwahrscheinlichem engagieren.

Richard Bolt

Human Interfaces
Neue Entwicklungen und Projekte im Bereich
der Mensch-Maschine-Kommunikation

In der „Advanced Human Interface Group" arbeiten wir daran, Kommunikation zwischen Mensch und Computer zu ermöglichen. Ein Zwiegespräch zwischen Menschen wird u.a. bestimmt durch Blickkontakte, Gestik und Sprache. Unser Ziel ist es, daß Menschen eben diese Mittel auch im Umgang mit Computern benutzen können: daß die Maschine Blicke, Gesten und Sprache eines Menschen im entsprechenden Kontext ‚richtig‘ interpretiert und darauf reagiert (z. B. mit einer grafischen Anzeige). Wir versuchen also, ein Zwiegespräch mit dem Computer zu führen.

Wenn Menschen sich unterhalten, dann befinden sie sich, wenn sie nicht gerade telefonieren, zusammen in einem Raum. Sie hören einander nicht nur, sie können sich sehen, können auf Dinge zeigen. Sie haben dieselbe Umgebung. Ein Zwiegespräch Mensch – Computer erfordert dagegen besondere Mittel: Erstens ein Instrumentarium, mit dem die Maschine die menschlichen Äußerungen (Blicke, Gesten, Sprache) aufnimmt und erkennt und zweitens eine Software, die die ‚richtigen‘ Reaktionen des Computers auf dieses menschliche Verhalten ermöglicht.

Das erfordert neue Technologien, z. B. brauchen wir eine automatische Erkennung der Sprache des Menschen durch den Computer. Zur Zeit arbeiten die Spracherkennungsmaschinen noch ziemlich langsam, sie können immer nur ein Wort zur Zeit erkennen und nicht – wie im normalen Gespräch – Satzzusammenhänge. Aber ich bin optimistisch, daß eine auf den Satzzusammenhang zielende Spracherkennung bald eingeführt werden wird. Dann kann man mehrere Worte hintereinander sagen, eine Pause machen und fortfahren. Auf diese Weise kann man natürlicher sprechen. Auch eine fortlaufende Sprache, ohne Pausen überhaupt, soll bald möglich sein.

Als ein technisches Mittel für die Spracherkennung braucht man ein möglichst kleines Mikrofon. Ich habe ein Mikrofon gesehen, das insgesamt nur drei Millimeter groß war, davon gab es vier Stück auf der Welt und zwei davon haben auch funktioniert.

Sprache wird von Gesten begleitet. Die Bewegungen der Hände gehen mit der Sprache einher, sie können Aussagen unterstreichen ohne selbst im Vordergrund zu stehen. Das war im Stummfilm z. B. völlig anders. Da waren die Gesten überzogen, überdeutlich. Als dann der Ton zum Film kam, da wurden die Gesten entlastet, man mußte nicht mehr so übertreiben. Das Visuelle konnte zurücktreten, und es kam zu einem Gleichgewicht, weil das Publikum jetzt auch hören konnte, was da vor sich ging.

Der Leiter unseres Labors erzählte folgende kleine Geschichte über Sprache und Gesten: man soll sich vorstellen, daß man in einem fremden Land ist und nur ganz wenig von der Landessprache verstehen und sprechen kann. Wenn man dann zu einem Abendessen eingeladen ist, kann man mit einigen Basisphrasen durchaus ein Gespräch bestreiten. Aber nur solange es um alltägliche, situationsbezogene Themen geht, z. B. den Wein und das Essen. Sobald man aber anfängt über Politik oder Philosophie zu diskutieren, ist man verloren. Unser Leiter meinte, daß der Hauptunterschied zwischen diesen beiden Gesprächsebenen nicht so sehr in der Schwierigkeit des Themas oder in der Sprachbeherrschung liegt, sondern in der Tatsache, daß die Themen Philosophie und Politik theoretisch und abstrakt sind. Es sind keine Dinge mehr, die mit dem Raum, in dem man sich aufhält, zu tun haben. Keine Dinge, auf die man mit Gesten eindeutig Bezug nehmen kann.

Ein weiterer technologischer Aspekt: Wie verfolgen wir Augenbewegungen? Es wird der Abstand zwischen dem Zentrum der Pupille und dem hellsten Punkt im Auge gemessen. Dieser Abstand ändert sich je nach dem wie der Augapfel sich bewegt. Man kann also messen, auf welchen Gegenstand, z. B. einer Grafik, geblickt wird. Dieses Bild nimmt die Kamera auf.

Teil eines Experiments, das wir als System beschrieben haben, das auf Blicke reagiert, ist eine Grafik aus der Geschichte „Der kleine Prinz" von Saint-Exupéry. Ein kleiner Junge lebt ganz allein auf einem Planeten. Die Grafik zeigt seine Umgebung dort: kleine Vulkane, Blumen und zwei Treppen. Eine grüne und eine blaue.

Von der linken oberen Ecke der Grafik schaut der kleine Prinz auf seine Welt und führt den Betrachter in das Bild ein. Das System verfolgt die Augenbewegungen des Betrachters und registriert, welche Dinge sein Interesse besonders fesseln, d.h. wo er besonders oft und lange hinsieht. Mit Hilfe eines Sprachsynthesizers erzählt der Prinz dann über diese Gegenstände, z. B. über die beiden Treppen.

Computerdarstellung nach der Erzählung „Der kleine Prinz"

Wenn ein größeres Interesse an der grünen Treppe registriert werden würde, dann würde der Prinz mehr über die grüne sprechen: Das sie ein Geburtstagsgeschenk sei, daß er vor kurzem heruntergefallen sei ... Er würde alles über diese Treppe erzählen. Und später würde er dann auch über die blaue Treppe sprechen, wenn er ‚bemerkt‘, daß der Betrachter daran interessiert ist.

In dieser kleinen Welt haben wir eine hierarchische Anordnung aller Möglichkeiten, es kann über einzelne Objekte und über das Gesamtbild gesprochen werden. Im Programm gibt es ein einfaches Vorgehen: Es wird digital gezählt, wie oft auf ein einzelnes Objekt geschaut wird. Wenn z. B. bei sechs Objekten auf einer Grafik Nummer zwei und Nummer fünf das meiste Interesse auf sich ziehen – vielleicht die zwei kleinen Vulkane oder eben diese zwei Treppen –, dann würde der Prinz darüber erzählen. Er würde eine gespeicherte Rede von sich geben und diese beiden Objekte beschreiben. Das System kann außerdem Verschiebungen bei der Intensität des Betrachterinteresses wahrnehmen und speichern.

Mit diesem einfachen Experiment will man ein Zwiegespräch erreichen. Der Betrachter zeigt, an was er Interesse hat. Der Computer reagiert, indem er den Prinzen darüber erzählen läßt. Worüber er spricht, hängt davon ab, wo der Betrachter hinblickt. Das berücksichtigt die Maschine genau bei ihrer Entscheidung darüber, über welchen Gegenstand informiert wird.

Wir haben in diesem Experiment die Spracherkennung nicht aufgenommen, wir hätten es aber machen können. Der Betrachter hätte dem Prinz z. B. sagen können: „Erzähl’ mir doch über deinen Planeten, Prinz!“ Es wäre im System programmiert gewesen, daß dann der Planet gezeigt und auch allgemein über ihn erzählt worden wäre.

Als letztes zur Initiative des Betrachters. Die meisten Zwiegespräche, die ein bißchen komplizierter sind, sind Wechselgespräche. Wie z. B. beim Schach oder beim Tennis: Einer ergreift die Initiative, einer greift an, der andere verteidigt sich. Und dieses Wechselspiel der Initiativen, dieses Hin und Her, gibt es auch bei einem Gespräch. Und es gab einen ansatzweisen Versuch, einen solchen Ablauf im System zu programmieren.

Auf dem Kopf des Betrachters wird ein eye-tracker angebracht, der mit einer sehr kleinen Kamera die Position der Pupille im Auge aufnimmt. Ein magnetischer Raumsensor, ebenfalls am Kopf installiert, mißt die Position des Kopfes im Raum. Mit beiden Angaben zusammen kann man feststellen, wohin der Betrachter blickt. Ideal wäre es, wenn man diese helmartigen Geräte nicht extra anziehen müßte. In Zukunft wird das so aussehen, daß die Kameras nicht mehr am Kopf der Person angebracht, sondern im umgebenden Raum installiert werden. Von dort aus filmen sie dann die Position der Person und die Position ihrer Augen. Das kann jetzt schon in Echtzeit gemacht werden.

Dazu kommt eine bewegliche Kamera, die das gesamte Augengebiet aufnimmt, also nicht nur wie bisher das Zentrum der Pupille. Es wird dann der Gesamteindruck – wie ein Gesicht aussieht – verarbeitet: z. B. die Dynamik beider Augen, die Haltung des Kopfes, wie weit sich die Augenlider schließen usw. Das alles wird einbezogen, das alles kann zu unterschiedlichen Zeiten nützlich sein. Die Bildverarbeitung, an der sehr viel gearbeitet wird, kommt dem eye-tracking zur Hilfe, so daß man diese Helme nicht mehr braucht. Ich bin sehr optimistisch, daß wir am

Ende dieses Jahrzehnts Augenbewegungsverfolgungen ohne diese komplizierten Helme betreiben werden.

Um Handbewegungen zu verfolgen, haben wir den data-glove, einen Datenhandschuh, wie er oft in der virtuellen Realität benutzt wird. Dort wird meist nur mit einem Handschuh gearbeitet: man zeigt damit in die Richtung, in die man in dieser virtuellen Realität fliegen will, und mit dem Daumen des Handschuhs reguliert man die Geschwindigkeit. Diese data-gloves kosten 8.000 $ pro Stück. Wir haben zwei davon, weil wir zweihändige Gesten im dreidimensionalen Raum erforschen wollen. Auch hier sollte es bald nicht mehr nötig sein, daß man diesen Handschuh umständlich anzieht, sondern daß die Person von einer Kamera aufgenommen wird, die Position und Bewegungen der Hände festhält. Das ist technisch keine einfache Angelegenheit, aber ich bin aus zwei Gründen sehr optimistisch. Erstens: Es gibt ein großes Interesse an der Bildverarbeitung im allgemeinen, und zweitens können diese Probleme von den neuartigen, leistungsfähigeren Computern besser angepackt werden.

Ich möchte noch etwas über das Zeigen erzählen. Wir haben eine Grafik – das Verteidigungsministerium unterstützt einiges in unserer Arbeit –, darauf sind Panzer und Hubschrauber zu sehen. Mit dem data-glove können wir z. B. auf einen Panzer zeigen, und die synthetisierte Sprache des Computers erzählt dann über die Stärke der Einheit und zu welcher Tankeinheit dieser Panzer gehört.

Dieses Programm soll auch schon auf Blick reagieren. Es reicht also, daß man eine Panzereinheit nur anschaut und das System weiß dann genau, welche gemeint ist und gibt darüber mit synthetisierter Sprache Auskunft. Genau wie in dem System mit dem kleinen Prinzen.

Die Art von Computerintelligenz, die wir zu konstruieren versuchen, soll unabhängig vom Objekt sein. Egal, ob das nun ein Planet mit Vulkanen und Treppen oder eine Militärkarte ist. Wir wollen den Computer mit einer Intelligenz ausstatten, die ihn praktisch zu einem Fachmann macht, der – Blicke und Gesten interpretierend – kompetent reagieren kann.

Eine führende Persönlichkeit der Kybernetik erzählte einmal diese Anekdote: Wenn ein Mensch mit der Hand irgendwo hinzeigt, dann schaut ein anderer Mensch in die Richtung, in die gezeigt wurde. Ein Hund aber guckt auf die zeigende Hand. Hier wollen wir den Computer weniger ,hundeähnlich' machen. Er soll die Gesten ,richtig' einschätzen können und feststellen, ob die Hände auf etwas hinweisen, ob sie zusätzlich Informationen zur Sprache geben und die Sprache nicht nur unterstreichen.

Eine mögliche Anwendung ist die Konstruktion in der Architektur. Der Computer könnte durch Interpretation von Sprache, Gestik und Augenbewegungen, teilweise die Rolle des Architekten übernehmen: er nimmt teil, er greift ein. Auch dynamische Situationen soll der Computer aufgreifen. Wenn z. B. beim Kampf zwischen zwei Flugzeugen – das eine kommt von rechts, das andere kommt von unten – eine Entscheidung zu treffen ist.

Wir versuchen also, nicht nur das Instrumentarium funktionieren zu lassen, sondern daß die Maschine, der Computer, die Äußerungen des Menschen wahrnimmt, interpretiert und darauf reagiert.

Noch ein Wort zu abstrakten Themen. Z.B.: Zwei Politiker befinden sich im Wahlkampf. Ich spreche darüber, inwieweit die Kandidaten auf die Probleme ihres Wahlkreises wirklich eingehen und in welchen Fragen sie übereinstimmen bzw. nicht einer Meinung sind. Auch diese abstrakten Äußerungen werden von Gestik begleitet. Aber der Computer kann hier nicht entsprechend reagieren. Die Sachverhalte sind für ihn zu kompliziert. Es gibt also Grenzen zwischen dem Konkreten, z. B. eines Tischgesprächs und dem Abstrakten, z. B. eines Gesprächs über Politik. Dieser Unterschied ist sehr interessant und wir müssen die Möglichkeiten und Grenzen beider Bereiche ausloten.

In unserem Labor konzentrieren wir uns auf die Kommunikation zwischen Mensch und Computer. In einer Rede anläßlich des fünften Geburtstags des Media Labs hieß es: Menschen mögen Computer lieber, wenn Computer menschlicher sind. Und in Bezug auf dieses Thema möchte ich jetzt den Gedanken vorbringen – er ist nicht nur von mir: Wenn man mit Computern zu tun hat oder mit anderen Menschen, dann ist eines der befriedigensten Dinge dabei, wie man sich selbst erfährt. Die subjektive Erfahrung der eigenen Integrität und Ganzheit, die stehen hier auf dem Spiel. Je mehr man beim Umgang mit Computern so sein kann, wie man sowieso immer ist, wenn man sich ganz natürlich verhalten kann, desto einfacher und angenehmer ist es. Wir möchten, daß ein Zwiegespräch zwischen Mensch und Computer zustande kommt. Das mag die Beziehung zwischen Mensch und Computer ändern, wenn die Computer die Menschen besser verstehen können, als die Menschen die Computer verstehen – wenn die Computer menschlicher werden. Es ist weniger eine technische Beziehung zwischen den beiden, als eine soziale Beziehung. Ein alltägliches Beispiel: Man hat mit einem Schreiner zu tun. Ein Geländer soll gebaut werden. Eine Möglichkeit wäre: es einfach selbst zusammenzuzimmern. Eine andere Herangehensweise, man könnte sagen: „Bitte bauen Sie mir ein Geländer" und beschreibt dem Schreiner, wie das Geländer aussehen soll. Der Hammer ist wie die Maus, die man selbst in die Hand nehmen kann. Oder man delegiert die Aufgabe. Man kann Aufgaben an Maschinen delegieren. Man kann sagen: „Bitte mach mir einen Entwurf für das Geländer!" Man macht es nicht selber mit der Maus, sondern man delegiert die Aufgabe an die Maschine.

Das Wichtigste all dieser Arbeit zum Schluß. Die meisten Menschen auf der Welt beschäftigen sich nicht so intensiv mit Computern, sie kennen keine komplizierten Systeme, sie beherrschen sie nicht. Aber die meisten Menschen können sprechen, sehen und gestikulieren. Und mit unserer Arbeit bauen wir für die meisten Menschen der Welt ein Interface zum Computer.

Joseph Weizenbaum

Künstliche Intelligenz als ein Schlüssel zur elektronischen Produktion von Wissen?

Mein Vortrag wird aus vielen kleinen Vorbemerkungen bestehen. Ersteinmal zum Titel: „Künstliche Intelligenz als ein Schlüssel zur elektronischen Produktion von Wissen". Der wurde mir vorgegeben, ich habe ihn mir nicht ausgesucht. Aber ich habe darauf bestanden, ein großes Fragezeichen dahinter zu setzen. Wenn man den Titel als Frage sieht, dann ist es sehr einfach. Dann kann man darauf antworten: nein. Ich weiß überhaupt nicht, ob Wissen produziert werden kann. Und ganz sicher bin ich, daß es keine Schlüssel zur Produktion von Wissen gibt, außer vielleicht Lesen zu lernen und seine eigene Sprache zu beherrschen.

Ich habe meinen vorbereiteten Text etwas geändert, um auf die ersten beiden Vorträge eingehen zu können, die mich etwas aufgeregt haben. Noch etwas hat mich gestört, nämlich der Satz: „Ein Computer kann im Prinzip alles". Darüber wurde gestern gesprochen. Dann könnte man ja weiter fragen: Wenn der Computer wirklich alles kann, warum brauchen wir dann überhaupt Künstler? Oder sogar: Warum brauchen wir überhaupt Menschen? Und ich habe Kollegen, die schon seit fast 20 Jahren dabei sind, diese Fragen zu beantworten. Und ihre Antwort lautet: Richtig, wir brauchen keine Menschen. Sie vertreten die Meinung, wir sollten es zu unserem Forschungsziel machen, die Menschen los zu werden. Sie werden mir entgegenhalten, daß Sie das nicht glauben, daß Sie das für eine Übertreibung halten. Diese Reaktion begegnet mir immer wieder, in Deutschland, im Ausland überall. Und trotzdem muß ich Ihnen sagen: Doch, es stimmt. Es ist keine Übertreibung.

Jetzt kommt etwas zu meiner Unterstützung. Bald erscheint die Übersetzung eines Buches, das in Amerika vor eineinhalb Jahren veröffentlicht wurde. Geschrieben hat es Hans Moravec, er ist Wissenschaftler und Leiter des „Mobile Robot Laboratory" an der Carnegie Mellon Universtität in Pittsburgh, Pennsylvania. Das Buch heißt auf Englisch: „Mind Children". Das heißt „Kinder unseres Geistes". Ich freue mich, daß dieses Buch herauskommt. Es ist die erste Veröffentlichung zu Themen, über die wir schon lange, lange diskutieren. Kurz gesagt, in diesem Buch wird behauptet: In ungefähr 40 Jahren wird es Roboter geben, die ungefähr die Intelligenz eines Menschen haben. Und es wird dann nicht mehr lange dauern, bis die Computer einsehen, daß sie ohne uns Menschen viel besser auskommen können. Dann fangen sie an, uns loszuwerden. Und das dauert gar nicht so lange. Wir stehen also vor dem Ende der Menschheit, einem post-biological-age, in dem z. B. die DNA keine Funktion mehr hat.

Die nächste These dazu lautet: Es geht dadurch nicht viel verloren. Das ist zweideutig. Man könnte zuerst sagen, es wird nicht viel verloren gehen, in dem Sinn, daß die menschliche Kultur und alles was wir hervorgebracht haben, nicht viel wert ist. Oder man könnte sagen: Diese Roboter werden das alles bewahren und weitertragen. Wir können uns auf sie verlasssen. In diesem Fall ist das Zweite gemeint. Sie werden es nicht glauben, aber bald werden Sie es mit eigenen Augen lesen können. Was da behauptet wird, ganz kurz, ist: Man kann den ganzen Menschen in einem Computer erfassen. Es ist nicht eine Frage des Simulierens des Menschen, wie der erste Redner (Bredekamp, Anm. d. Redaktion) es m.E. falsch dargestellt hat, es ist eine Frage des Wiederherstellens des Menschen und zwar sogar eines besseren Menschen.

Die Stichworte ‚Gott als Architekt‘, ‚Gott als Ingenieur‘ usw. wurden schon erwähnt. Mein Kollege Minsky verwendet auch solche Begrifflichkeiten, aber was er sagt ist: Leider war Gott nur ein mittelmäßiger Ingenieur und jetzt können wir das viel besser. Der Mensch hat z. B. viele Fehler: Er ist schwach, er wird krank und es dauert lange, bis er intelligent ist usw. Und dann, wenn es schießlich in einigen wenigen Fällen gelungen ist - meistens gelingt es überhaupt nicht -, einen richtig ‚guten‘ Menschen, mit hoher Intelligenz natürlich, sozusagen ‚herzustellen‘, dann stirbt der, und es geht alles verloren. Das ist eine Fehlentwicklung der Evolution oder vielleicht ein Fehler des Architekten und Ingenieurs Gott. Wir können das heute viel besser.

Wie gesagt, in diesem Buch wird behauptet: Wir können den ganzen Menschen im Computer erfassen. Nicht nur so im Prinzip oder abstrakt, sondern einen ganz bestimmten Menschen. Ich kann in einen Computer gefaßt werden. Und wenn das geschehen ist, dann ist dieser Computer ich. Keine Kopie, keine Simulation, keine Darstellung, er ist ich. Auch in diesem intellektuellen Kreis hier kann ich vielleicht annehmen, daß jeder die amerikanische Fernsehserie „Star Treck" kennt. In dieser Serie fliegen Menschen in einem Raumschiff durch den Weltraum und verlassen es von Zeit zu Zeit, um fremde Planeten oder Sterne zu besuchen. Von dort müssen sie ins Raumschiff wieder heraufgeholt werden. Dazu sprechen sie in das Mikrofon ihres Senders: „Beam me up, Scotty!". Scotty ist der Mann, der das Instrument bedient, mit dessen Hilfe sie zurückgelangen. Und dann erscheinen sie auf einmal wieder im Raumschiff. Wie wird das in dieser Geschichte des „Star Teck" gemacht? Der Mensch, der außerhalb des Raumschiffs ‚abgebeamt‘ werden soll, der wird von einem Instrumentarium in seine kleinsten Teile zerlegt, sozusagen analysiert. Und diese Analyse wird dann zum Raumschiff gestrahlt und dort wird er wieder zusammengesetzt. Und dann ist er wieder da. Das ist tatsächlich aber nicht derselbe Mensch, es sind nicht dieselben Atommoleküle, es ist eine Wiederherstellung. Ich erwähne das, weil Hans Moravec selbst dieses Beispiel als eine Analogie anführt für das, was in naher Zukunft möglich sein wird.

Dazu möchte ich noch etwas sagen. In Amerika gibt es drei Universitäten, die auf dem Gebiet der Künstlichen Intelligenz führend sind. Das ist die Stanfort-University in Kalifornien, die Carnegie Mellon University in Pittsburgh, Pennsylvania und das MIT in Cambridge, Massachusetts, wo ich bin. Es ist bemerkenswert, daß dieser Hans Moravec der Leiter des „Mobile Robot Laboratory" an dieser führenden Universität ist, nicht an irgendeiner beliebigen Universität. Vielleicht noch bedeutender ist, daß das Buch von der „Havard-University-Press" herausgegeben wurde. Das heißt, daß es von vielen Leuten in Havard gelesen wurde, die es für seriöse Wissenschaft, also serious science, halten. Eben nicht für Science-Fiction.

Hans Moravec hat verstanden, daß, wenn er die These aufstellt: Der Mensch kann völlig vom Computer erfaßt werden, er zu der Frage kommen muß: Was ist überhaupt das Wesentliche des Menschenseins? Und zu seinem Verdienst stellt er die Frage sogar an der richtigen Stelle in diesem Buch. Seine Antwort ist, ich verkürze das jetzt ein bißchen: Der Mensch ist eine Menge von Informationen. Und was soll man mit dem Körper machen? Auch das beantwortet er. Ich werde das erstmal auf Englisch sagen: "The body is only jelly". Er ist nichts anderes als Gelee, das das Ganze zusammenhält. Wenn wir z. B. die „9. Sinfonie" von Beethoven auf einer CD haben, dann haben wir die riesig lange Zahlenfolge, die die Information „9. Sinfonie" ausmacht, auf dem Medium CD festgehalten. Und der Körper hat ungefähr dieselbe Funktion: das Speichermedium einer bestimmten Menge von Informationen zu sein.

Jetzt komme ich zu zwei ‚Fehlern' von Horst Bredekamp. Erstens geht es nicht um ‚simulieren', sondern um wirklich ‚herstellen' und zweitens ist es nicht die Frage, einen „zweiten Gott" herzustellen oder ein „zweiter Gott" zu sein. Es ist die Frage, Gott zu sein. Ganz einfach. Es gab mal die Sitte im MIT, wenn ein neuer Student oder Doktorand zum Labor für Künstliche Intelligenz kam, ihn zu fragen: Willst du Gott sein oder willst du reich sein? Und die, die sagten, sie wollten reich werden, sind dann in die praktische Richtung gegangen und die anderen - wie soll ich sagen - in die philosophische.

Ich habe vorher eine Reihe von Fragen aufgeschrieben und ich möchte jetzt einfach die Fragen mal vorlesen und dann etwas dazu sagen. Die erste Frage: Kann der Computer verstehen? Hat Verstehen etwas mit Kunst zu tun, mit Kreativiät? Mit Produktion von Wissen? Kann der Computer überhaupt produzieren? Dazu eine Nebenfrage, die vielleicht auch schon eine Antwort ist: kann ein Kernkraftwerk Energie produzieren? Es ist doch ganz klar: Nein. Es kann Energie verwandeln, umwandeln, aber nicht produzieren. Ist Verstehen eine notwendige Voraussetzung für Kreativität? Und hier möchte ich etwas zitieren, auch nicht gerade mein liebstes Buch, Sherry Turkle in „Die Wunschmaschine". Sie erzählt von einem Kind. Die Sache ist die: der Computer tut etwas Unerwartetes. Mal reagiert er auf die eine Weise, mal auf die andere. Da sagen die Kinder, die mit ihm spielen: Der Computer betrügt uns. Darauf sagt ein anderes Kind: Um zu betrügen, muß der Computer wissen, daß er betrügt. Daraus mache ich: Um kreativ zu sein, muß das kreative Instrument, zum Beispiel der Mensch oder der Computer wissen, daß er kreativ ist. Ich weiß nicht, ob ich das bis zum letzten Ende verteidigen kann oder nicht, jedenfalls scheint mir das plausibel zu sein. Sind wir dabei, einen neuen Menschen herzustellen? Und wenn ich das sage - ein neuer Mensch - denke ich an die Hoffnungen, die erweckt wurden in der Russischen Revolution. Die Hoffung war, daß der Kommunismus einen neuen Menschen hervorbringt, natürlich einen besseren Menschen.

Ich will jetzt zurückkommen zu der Frage: Kann der Computer verstehen? Wenn die Antwort darauf ‚nein' wäre, und im großen und ganzen glaube ich, sie ist ‚nein', dann sind viele der Arbeiten, die hier diskutiert wurden, hoffnungslos. Oder jedenfalls so beschränkt, daß die große Euphorie, mit der sie daherkommen, nicht verdient ist. Kann der Computer verstehen? Man könnte auch fragen: Kann der

Mensch verstehen? Und da würde ich weiter fragen: Kann der Mensch absolut verstehen? Kann ein einzelner Mensch einen anderen vollkommen verstehen? Auch hier ist die Antwort: nein, das können wir nicht. Ich will ein paar Beispiele geben. Dr. Flusser hatte eine Frage gestellt und benutzte dabei eine bestimmte Geste. Ich benutze dasselbe Handzeichen, aber anders, nämlich dann, wenn ich dem Hund meiner Tochter zeigen will, daß ich nichts mehr für ihn zu fressen habe. Die Geste Dr. Flussers habe ich nicht richtig interpretieren können. Wie kommt das? Das hat mit meiner ganzen Lebensgeschichte zu tun. Ein Deutscher z. B. hätte diese Verständnisschwierigkeiten nicht gehabt.

Ich möchte noch eine andere Geschichte erzählen. Es gab mal ein Quartett in der Musikwelt, das gleiche werden wir nie wieder sehen. Das waren Rubinstein, Piatigorsky, Haifez und Primrose, die älteren Menschen unter uns werden sich vielleicht an die vier Helden der Musik erinnern, und sie spielten in der New Yorker Carnegie Hall. Und der Rubinstein hatte, wie es ihm oft passierte, den Faden verloren. Da flüsterte er zu Piatigorsky: Wo sind wir? Und Piatigorsky antwortete: In der Carnegie Hall in New York.

Noch eine Geschichte, die die meisten von Ihnen nicht verstehen werden, obwohl es ganz einfache Worte sind und ich ein ganz einfaches Erlebnis beschreibe, das ich tatsächlich gehabt habe. Und trotzdem werden die meisten von Ihnen das nicht verstehen. Manche ja, aber nicht alle. Ich war in New York, in Manhattan. Auf der Straße, so um drei Uhr nachmittags, sehr viele Menschen, sehr viele Autos. Ich stehe an einer Ampel und warte, daß die Ampel grün wird, damit ich rübergehen kann. Und da steht ein Mann neben mir, kleiner als ich, älter als ich damals war. Er stößt mich ein bißchen an und fragt mich auf Englisch: Sind Sie Jude? Sage ich: Ja. Er: Wie spät ist es? Ende. Das ist die ganze Geschichte. Wie soll man das verstehen? Ich würde sagen, die meisten unter Ihnen haben das nicht verstanden. Vielleicht würden Sie lachen, wenn es erklärt wird, aber es kann nicht erklärt werden. Man muß eben eine Lebensgeschichte haben, die dazu führt, daß das verstanden werden kann.

Ich spreche hier vom Verstehen der natürlichen Sprache und ich glaube, das ist das Maß, wie weit wir kommen können. Der Computer kann z. B. verstehen, wenn ich sage: Ich möchte das da haben. Wir haben gesehen, daß es Geräte gibt, die darauf entsprechend reagieren können. Aber das ist nur in einem äußerst beschränkten Kontext möglich. Jetzt kommt die Frage: Ist die maschinelle Übersetzung von natürlicher Sprache umfassend möglich? Und die Antwort ist einfach: nein, sie ist nicht möglich. Man kann auch das Wort ‚maschinell' weglassen. Also: Ist die Übersetzung von einer Sprache in eine andere umfassend möglich? Und die Antwort ist wieder: nein. Ein Japaner, der ein Buch von mir übersetzt hatte, sagte mir einmal: „Ihr Autoren habt es sehr leicht. Ihr schreibt, was immer euch einfällt. Aber ich als Übersetzer muß versuchen, es zu verstehen." Und es stimmt, man kann nicht übersetzen, ohne erst zu verstehen. Das war der große Fehler, als vor etwa 25 Jahren Leute an der Havard-Universität hart daran gearbeitet haben, Englisch ins Russische zu übersetzen und umgekehrt. Der Computer sollte diese Arbeit erledigen. Sie dachten, da nimmt man ein englisches Wörterbuch und ein russisches Wörterbuch und übersetzt. Ersetzt Wort für Wort und dann muß man ein bißchen rumspielen, damit man die Syntax richtig hinkriegt. Das ist natürlich nicht gelungen. Es fehlte die Grundvoraussetzung, das Verstehen.

Warum kann der Computer so wenig verstehen? Weil der Computer keine semantische Beziehung zu den Dingen in der Welt hat. Im Computer ist alles abstrakt, die Bits oder die Elektronen rasen herum und was sie bedeuten, kann der Coputer nicht wissen, er kümmert sich nicht darum. Das ist schon zuviel gesagt, ‚er kümmert sich nicht darum'. Er kann sich auch nicht 'kümmern'. Ich habe eine kleine Geschichte hier. Nehmen wir an, ein leistungsfähiger kleiner Computer, ein PC, der vielleicht mit Sonnenergie oder Batterien funktioniert, der wird von irgendeinem Ort in Nevada an einen anderen Ort nach Arizona gebracht. Unterwegs fällt er vom Lastwagen runter. Mitten in der Wüste liegt er da. Etwas später kommen Wesen aus dem Weltall gerade an diese Stelle und sie finden diesen Computer. Es stellt sich heraus, daß diese Wesen wirklich hervorragende Elektroingenieure sind, mit Instrumenten bestens ausgerüstet. Sie wollen wissen: Was ist das überhaupt für ein Ding? Und sie fangen an zu messen und sie sind sehr, sehr vorsichtig, um nichts zu zerstören und sogar - obwohl das nicht ganz möglich ist –, um die Abläufe innerhalb des PC's nicht zu stören. Nach einer gewissen Zeit kennen sie den Zustand des Computers, ich meine das jetzt technisch, the state of the computer, zu einer bestimmten Nanosekunde. Und da sie so sehr klug sind, haben sie die Zustandsveränderungsregeln auch erfaßt, so daß sie jetzt alles wissen, was man überhaupt über den Computer wissen kann. Jetzt kann man vorhersagen, ganz genau, was dieser Computer in den nächsten Millionen Jahren rechnen wird. Das ist auch nicht ganz richtig, aber es genügt für diesen Zweck. Jetzt wissen sie alles über den Computer. Sie wissen, wie in der nächsten Nanosekunde und wie in zehn Minuten der Zustand des Computers sein wird. Jetzt kommt die Frage: Wissen sie, was der Computer macht? Wir wissen, weil ich es verraten habe, daß der Computer gerade eine Wettervorhersage ausrechnet. Könnten die Wesen da - oder könnte ein Mensch - das herausfinden? Obwohl sie jetzt alles wissen, was es über den Computer zu wissen gibt, könnten sie es im Prinzip nicht.

Zu der These: Der Mensch ist bloß Information. Ich möchte nicht darüber diskutieren, ob das, was in dem Buch „Mind Children" beschrieben ist, möglich oder unmöglich ist. Ich halte es für unmöglich. Es gibt viel wichtigere Fragen und eine Frage wird jetzt - ich habe ja erwähnt, daß diese Themen schon 20 Jahre lang in Seminaren usw. im MIT und an der Carnegie Mellon und der Stanfort Universität diskutiert wurden - zum ersten Mal öffentlich. Wer sind die Menschen, die solche Entwicklungen nicht nur voraussehen, sondern zu ihrem Problem machen? Was motiviert diese Menschen?

Ich möchte etwas dazu sagen, an welchen Problemen man in der Naturwissenschaft arbeitet. Es ist völlig klar, daß wir unendlich viele Fragen an die Natur stellen könnten, aber tatsächlich haben wir, da wir sterben, nur endliche Zeit. Deshalb müssen wir die Fragen, die wir der Natur stellen, vorsichtig auswählen. Es ist eine Auswahl und die ist mit Werten verbunden. Es ist kein Zufall, daß Wissenschaftler zu dieser oder jener Problematik gekommen sind. Nein, sie haben sie sich ausgewählt. Ich kenne alle diese Leute und muß sagen, im üblichen Sinn sind sie nette Menschen: Sie haben Kinder und sie sind so gut zu ihren Kindern, wie alle anderen Menschen. Manchmal gut, manchmal weniger gut. Sie sind keine Teufelsfiguren oder so etwas. Aber wie kommen sie dazu, sich gerade mit diesen Themen zu beschäftigen und ihre Forschung gerade in diese eine bestimmte Richtung zu treiben? Ich muß sagen, ich kann diese Frage nicht beantworten und ich hoffe, daß sich Studenten an den Universitäten das als Aufgabe stellen: zu analysieren, wer diese Leute sind und was sie gemein haben.

Eines ist klar: es sind Männer. Es sind keine Frauen dabei. Und das nicht, weil es zuwenig Frauen im Computerwesen gibt, es gibt viele Frauen im Computerwesen. Oder weil es zuwenig Frauen im Bereich der Computerwissenschaft an den Universitäten in Amerika gibt, das stimmt auch nicht. Wir haben zwei, drei Professorinnen im Computerbereich am MIT. Es stimmt auch nicht, daß Frauen überhaupt nicht im Gebiet KI arbeiten, aber sie arbeiten ganz anders, nicht in dieser Richtung und das ist bemerkenswert. Ich möchte dazu sagen, daß ich mich schon sehr lange mit dem zwanghaften Programmieren auseinandergesetzt habe. Es gibt zwanghafte Programmierer in der ganzen Welt, überall. In der Sowjetunion, in China, in Südamerika, in USA, in Kanada, überall. Auch hier in Europa. Und das Komische dabei ist, daß es alles Männer sind. Es gibt keine Frauen, die zwanghafte Programmiererinnen sind. Es gibt keine. Ich habe lange gesucht, mindestens 20 Jahre, in der ganzen Welt und manchmal sagt mir jemand: Oh doch ... Und ich frage: Ja wer denn? Na, ich kenne sie nicht, aber mein Freund hat gesagt, er kennt jemanden ... usw. Man kann sie nicht finden. Das muß einen Grund haben. Ob es da eine Verbindung zwischen zwanghafter Programmierung und diesem Trieb, Gott zu werden, gibt? Ich weiß es nicht, obwohl heute etwas gesagt wurde, das mich dazu bringt, noch mehr als bisher zu glauben, daß es so eine Verbindung gibt.

Sehen wir uns diese Leute an. Was ist da zu sagen? Erstens, sieht man da eine Verachtung des biologischen Lebens und später werden wir sehen, daß es eine Verachtung des Lebens überhaupt ist. Es ist schon lange, lange her, da hat Minsky, einer der Gründer des ganzen Fachs, gesagt: „The brain is merely a meat machine." Das kann man nicht ganz genau ins Deutsche übersetzen, ein Versuch könnte lauten: das Gehirn ist bloß eine Fleischmaschine. Aber in dieser Übersetzung fehlt etwas. Im Englischen gibt es zwei Worte für Fleisch: ‚flesh‘ und ‚meat‘. ‚Flesh‘ ist lebendiges Fleisch. Aber ‚meat‘ ist totes Fleisch, das gebraten werden kann, das gegessen werden kann, das weggeschmissen werden kann. So ausdrücklich zu sagen: „The brain is", und dann das Wort ‚merely‘, also ‚bloß‘, ‚nichts anderes als‘, „a meat machine", das zeigt schon in der Frühzeit der Künstlichen Intelligenz die Tendenz der Verachtung des Lebens. Das geht soweit, daß der Mensch als eine Fehlentwicklung der Natur oder des Gottes angesehen wird, der, wie gesagt, ein mittelmäßiger Ingenieur ist.

Wir können das heute viel besser. Diese Haltung ist sehr weit verbreitet. Douglas Hofstadter, den sicherlich viele von Ihnen kennen oder zumindest sein Buch „Gödel, Escher und Bach", hat mal in meiner Anwesenheit auf einer öffentlichen Veranstaltung auf die Frage, ob er daran denke, daß seine Arbeit Konsequenzen haben könnte und für die Menscheit vielleicht gefährlich werden könnte, geantwortet: Erstens, daß er sich nicht darum kümmere und zweitens, daß die menschliche Rasse nicht das Wichtigste im Universum sei. Das widerspiegelt sich in diesem Buch „Mind Children". Wenn man sich jetzt diesen Satz etwas überlegt: Die menschliche Rasse ist nicht das Wichtigste im Universum, dann muß man daraus schließen, daß etwas anderes wichtiger ist. Wenn man jetzt das Unwichtige, also die menschliche Rasse wegdenkt, dann könnte man fragen: Ja, wem ist das Andere wichtiger? In Amerika haben wir heute einen der vielleicht wichtigsten Philosophen, Daniel Dennett an der Tufts Universität, der sagt: „Wir müssen unsere Ehrfurcht gegenüber dem Leben loswerden, um weitere Fortschritte in der Künstlichen Intelligenz machen zu können." Nicht irgendwer, ein anerkannter Professor vertritt und lehrt eine solche These an seiner Universität und ich war, glaube ich, der Einzige, der ein Wort des Protestes dazu geäußert hat. Niemand sonst hat dagegen protestiert. Vielleicht hat das mit Amerika zu tun. Wenn ich früher so etwas im deutschsprachigen Raum berichtet habe, dann wurde mir nicht geglaubt und deshalb freue ich mich, daß dieses Buch herauskommt und Sie das selber lesen können. Sie müssen nicht denken, das sei etwas Neues. Das ist eine Diskussion, die schon 20 Jahre umgeht und ganz besonders am MIT.

Dazu könnte man erstens sagen: Solche Roboter können doch gar nicht gebaut werden. Noch etwas über diese Roboter. Ich habe gesagt, Maschinen können nicht verstehen, weil sie keine aktuelle Verbindung mit der Welt haben, mit den Dingen in der Welt keine semantische Verbindung haben. Aber das könnte korrigiert werden, indem man Roboter herstellt, die sich bewegen können und die das gesamte Instrumentarium haben, was wir hier gesehen haben. Die spüren können, tasten, die sehen können, die hören können usw. Und wenn man die auf die Welt losläßt, etwa vier oder fünf in einem Raum zusammenbringt, dann fangen sie an, eine Geschichte zu haben. Und diese Geschichte verändert sie und diese Veränderung ist dann nicht programmiert. Die Möglichkeiten sind programmiert, nicht aber die Veränderung selbst. Die 'Erlebnisse', die so ein Roboter haben kann, die sind nicht programmiert. Ich würde soweit gehen zu sagen, wir können hier von einem Selbstbewußtsein sprechen. Dann haben diese Roboter semantische Verbindungen zu Dingen in der Welt, in ihrer Welt. Dann haben sie eine Geschichte, ihre Geschichte.

Kann man jetzt vielleicht bestreiten, daß der Computer nicht verstehen kann? Das Argument wäre ganz einfach. Denn jetzt hat auch der Computer eine Geschichte. Wir sind alle das Ergebnis unserer Geschichte. Alle Wesen sind Ergebnisse ihrer Geschichte, nicht nur, aber auch das. Aber wir können einander nicht absolut verstehen, weil wir ja alle eine andere Geschichte haben. Jeder Mensch ist ein Sonderfall, jede menschliche Geschichte ist ein Sonderfall. Aber wir können uns verstehen, erstens, weil wir einen gewissen Teil unserer Geschichte teilen müssen. Ich spreche jetzt auch von den Aborigines in Australien oder Menschen, die vor 3000 Jahren gelebt haben. Jedenfalls wurden sie alle von einer Mutter geboren, jedenfalls hatten sie alle die Aufgabe, sich von ihrer Mutter zu trennen und ich meine jetzt nicht nur körperlich, sondern auch geistig. Keine einfache Aufgabe. Und sie haben alle auch biologische Bedürfnisse, die für alle Menschen gleich sind. So beginnt unsere gemeinsame Geschichte. Wenn wir dann sozialisiert werden, werden wir sozialisiert als Deutsche, als Amerikaner usw. Und dann fangen wir an, anders zu werden. Aber wir leben doch meistens in einer Welt. Das kann in Cambridge, Massachusetts oder in Hamburg sein. Wir haben immer Erfahrungen, die uns verbinden. Aber nicht absolut. Die Geschichten von Menschen des Abendlandes, ob jetzt aus Amerika oder aus Deutschland, gleichen einander viel mehr als die eines Amerikaners und die eines Japaners. Ihre Sozialisierung ist einfach anders verlaufen. Es gibt Bereiche, wo wir uns nicht verständigen können.

Das bedeutet nicht, daß der Japaner mir nicht sagen kann, was ihm schwer fällt oder irgendetwas über sein Leben oder das seiner Kinder erzählen kann. Es ist auch nicht so, daß ich zu wenig verstehe, um gescheit antworten zu können. Das kann ich. Aber ich kann z. B. nicht entscheiden, ob es richtig wäre, daß seine Tochter auf die Universität gehen soll oder nicht. Oder ob diese Universität oder eine andere zu empfehlen sei. Das kann ich nicht, weil ich eben nicht als Japaner sozialisiert bin. Ich kann seine Probleme im eigentlichen Sinn nicht verstehen. Ich höre zu, ich kann - im Sinne von Sprachverständnis auf einer bestimmten Ebene - verstehen, aber ich sollte nicht eingreifen.

Und ich glaube, genauso verhält es sich mit dem Computer. Der Computer, natürlich auch der sich bewegende Roboter, haben eben eine völlig andere Erfahrung und Geschichte als wir Menschen. Vielleicht könnte ein Roboter oder ein Computer unsere Sätze in einem einfachen sprachlichen Sinn auseinandernehmen, aber er könnte sie nicht richtig interpretieren, weil er nicht unsere Sozialisation und Lebenserfahrung hat.

Die „Havard-University-Press" hat das Buch „Mind Children" herausgegeben und es wird, wie gesagt, sehr, sehr ernst genommen. Was kann man dazu sagen? Dort wird behauptet, daß der Mensch eine Fehlentwicklung ist und daß wir es heute besser wissen und besser können. Dann stellt sich die Frage: Besser als was? Better than what? Und die Antwort ist: Besser als Frauen es können. Frauen können Leben gebären. Wir sehen, daß diese armen Wesen, die da geboren werden, schwach sind, daß wir sie vielleicht, ganz langsam, nützlich machen können, aber es dauert lange und es ist sehr problematisch. Es sind also Fehlentwicklungen. Wir können es heute besser machen. Wir können künstliches Leben herstellen, das viel besser ist als der Mensch, viel intelligenter als der Mensch und das unsterblich ist. Das ist ein großes Thema in diesem Buch, daß Roboter unsterblich sind. Warum unsterblich? Eben weil das Wesentliche im Menschen Information ist. Und Information kann in digitaler Form, wie eine CD-Platte, ganz genau kopiert werden. Z.B. sagt Hans Moravec, wenn er sieht, daß er in der nächsten Minute von einem Auto überfahren und getötet werden wird, dann kann er sich ganz schnell, das Wort ist ‚downloading', ganz schnell in einen Computer transferieren, also seine Informationen übergeben und dann lebt er weiter. Und er lebt nicht nur weiter, er ist auch unsterblich. D.h., wenn dieser Computer mal ein bißchen rostet, wenn er nicht mehr gut genug funktioniert, dann kann dieses Wissen, diese Information, einem anderen Computer übergeben werden. In diesem Sinne ist die menschliche Kultur dann gerettet und wird weiterentwickelt.

Zum Schluß: ich glaube, es ist wichtig zu sagen, daß der Tod eine wichtige Rolle in der Entwicklung der menschlichen Kultur spielt. Der Tod ist notwendig - nicht nur ein Fehler, den Gott leider gemacht hat. Da wir sterben müssen, müssen wir unsere Kultur immer wieder der neuen Generation übergeben. Meine Kollegen sehen hier die Schwierigkeiten, die mit der Übergabe einer Riesenmenge von Informationen verbunden sind. Und sie meinen, daß eine genaue Kopie des Infosets die beste Lösung sei. Ich meine aber, daß die nächste Generation die Aufgabe hat, das überlieferte Wissen und die Erfahrungen aufzunehmen und wiederherzustellen: to recreate. Das kann sie nicht durch eine Übernahme ‚bit by bit' erreichen. Und weil diese nächste Generation eine andere Lebensgeschichte hat als ihre Eltern, wird die Wiederherstellung mehr als nur die bloße Kopie des übernommenen Wissens und der übernommenen Erfahrungen sein. So entwickelt sich Kultur, nicht einfach durch das Kopieren von Informationen.

Friedrich Kittler

Gleichschaltungen
Über Normen und Standards der elektronischen Kommunikation

Die elektronische Kommunikation ist nachgerade, in Tiefdruckanzeigen, Werbefernsehsendungen und selbst in Tagungsprogrammen, zum einzigen Inhalt von Kommunikation arriviert. Nur ihre Normen und Standards fristen weiterhin das Dasein von Kleingedrucktem. Auf ASCII und DOS, ISA und ANSI stoßen die sogenannten Endanwender immer erst dann, wenn etwas sehr schiefgeht. Und seitdem das Mensch-Maschinen-Interface auch noch Benutzerfreundlichkeit vorspiegelt, ist die Katastrophe kaum wieder gutzumachen, weil Normen und Standards jedem Benutzereingriff entzogen bleiben und entzogen bleiben sollen.

Elektronische Kommunikation, die nicht ausschließlich zwischen elektronischen Geräten irgendwo im Weltraum läuft, sondern als Medium auch noch Leute oder Sinnesorgane einschleift, ist allemal Dissimulation ihrer Standards. Es gäbe schlichtweg kein Fernsehbild zu sehen, wenn die Augen im Fünfundzwanzigstelsekundentakt auch noch einzelne Bildzeilen und Pixel unterscheiden könnten. Es gäbe auf CD-Platten gar keine Musik zu hören, wenn die Ohren bei einer Abtastfrequenz von 43 Kilohertz lauter diskrete Amplitudenwerte wahrnehmen würden. Medienstandards, wie Pflichtenhefte und Normungsausschüsse, Postverwaltungen und Ingenieurbüros sie aufgestellt haben, sind also strategische Maßnahmen, deren Sieg über unbewaffnete Sinne von vornherein eingeplant oder gar garantiert ist. Jedes Interface unterläuft Wahrnehmungsschwellen und trägt seinen Namen Interface aus purem Spott.

Die ungeschriebene Geschichte technischer Normen ist demnach eine Kriegsgeschichte. Nur in der guten alten Zeit, als Gutenberg seine Druckerpresse nicht etwa zur Vervielfältigung, sondern zur Verschönerung von Büchern entwickelte, fiel ein Medienstandard, der wohl überhaupt der erste war, mit einem Stil zusammen. Nach Lacans Diktum praktizierten die Setzerkästen mit ihren Bodonis und Garamonds, lange vor jeder entsprechenden Theorie, schon einen Strukturalismus der Ersetzungen und Platzvertauschungen(1). Um aber solche Ersetzbarkeiten aus Handwerkergeheimnissen in Massenware zu verwandeln, mußten erst, aus einem eben vermessenen Boden, moderne Generalstäbe ihre Nationalheere stampfen. Das revolutionäre Urmeter, dessen Maß der Erdumfang zwar nicht war, aber doch sein sollte, gab bekanntlich die erste Norm im technischen Wortsinn ab. Weniger bekanntlich ermöglichte dasselbe Meter auch eine erste Standardisierung, deren ganzer Zweck es war, die Waffen von Napoleons Großer Armee einigermaßen austauschbar zu machen. Mit industriell hergestellten Ersatzteilen, die nicht mehr nur an ein einziges Gewehr paßten, hörte der sogenannte Mensch auf, das sehr buchstäbliche Maß aller Dinge sein. Anstelle von Zoll, Fuß und Elle, diesen körpereigenen, deshalb aber auch nur relativen Maßen, die den Griechen ihre Menschendefinition vormals eingegeben hatten, trat eine menschenlose Direktschaltung zwischen Erde und Waffe, wie sie in zwei Weltkriegen denn auch zur Pulverisierung ganzer Erdstriche geführt hat.

Napoleons Große Armee war darin allerdings nur ein Vorspiel. Auf seinen Begriff kam das „amerikanische Laster modularer Wiederholung", wie Thomas Pynchons Weltkriegsroman es getauft hat (2), selbstredend erst in den USA. Ein Vierzehn-jähriger namens Samuel Colt segelte 1828 als Schiffsjunge nach Ostindien und erfuhr noch an Bord seine technische Erleuchtung: den nach ihm benannten Revolver. Colts, wie sie nicht zufällig von jedem Westernfilm gefeiert werden, zielen mit ihren sechs Schüssen nicht mehr von einem Mann auf einen anderen Mann, sondern von einem Weißen ziemlich gleichzeitig auf sechs Indianer oder Mexikaner. Weshalb Colonel Colt, dessen Waffenfabrik 1842 schon wieder Bank-rott gemacht hatte, erst fünf Jahre später, im amerikanisch-mexikanischen Krieg, Ruhm und Vermögen erwarb: Auf Bestellung der US-Regierung verließen 1000 Handfeuerwaffen pro Tag Colts Revolverfabrik in Hartford/Connecticut.

Der Colt brachte aber nicht nur die Neuerung, sechs bewegte Ziele in raschester Folge abschießen zu können, während zeitgenössische Soldaten noch immer eine ganze Minute brauchten, um die nächste Patrone in ihren Vorderlader-Gewehrlauf zu schieben, sondern er revolutionierte den industriellen Herstellungs-prozeß ganz allgemein und grundsätzlich. Wie Colonel Colt zu Werbezwecken seinen staunenden Besuchern immer wieder gern vorführte, war es machbar, sechs Colts mit je sechs Schüssen auf einen Tisch zu legen, sie dann alle in ihre kleinsten Bauteile auseinanderzunehmen, daraufhin kräftig zu schütteln und am Ende – trotz dieser artifiziellen Einführung von Statistik oder Rauschen – aus den geschüttelten Einzelteilen doch wieder sechs funktionstüchtige Colts zusammen-zubauen (3). Mit anderen Worten: Colt erfand das Prinzip der industriellen Serien-produktion. Die Schußserie in der Zeit und die Geräteserie im Raum waren nur zwei Aspekte einer einzigen Standardisierung, die Amerika bitter nötig hatte. Während nämlich alle möglichen Auswanderer mit allen möglichen anderswo unverlangten Berufen ins Land der unbegrenzten Serialität strömten, hielten nur zwei Berufsgruppen an Europa und ihren besseren Arbeitsbedingungen fest: die Facharbeiter und die Militärs. Und siehe an: Colts Revolver machte in seiner Herstellungstechnik den einen Mangel wett, in seiner Schußtechnik den anderen.

Das Zeitalter der Gleichschaltung starteten also weder Kunstwerke noch Unterhal-tungsmedien, sondern Waffensysteme. Schnellfeuerwaffen, von Colts Revolver über Gatling und Maxim bis zum Maschinengewehr, haben zunächst dafür gesorgt, daß fast alle Gelben, Braunen, Roten dieser Erde zu Untertanen von Kolonialimperien, Telegraphenagenturen und Medienkonzernen werden mußten, wenn sie nicht – wie 1898 in der Schlacht von Omdurman – vor sechs britischen Maschinengewehren 80 Prozent ihrer Mannschaften einbüßen wollten. Erst spä-ter, im Ersten Weltkrieg nämlich, griff diese Gleichschaltung auch auf entsetzte Weiße über (4), die aber im Überlebensfall einen neuen Trost erfahren durften: Spielfilmabende und Radiosendungen (5).

So wurden ausgerechnet die Opfer waffentechnischer Gleichschaltung zum Publi-kum der medientechnischen. Denn was im Frontkino oder Heimatlazarett an Spielfilmen lief, hatte auch nur den Revolver zum Modell: Alle Aufnahmegeräte für bewegte Bilder gehen auf Mareys chronophotographische Flinte zurück, die ihrerseits, wie der Name schon sagt, auf Gatlings Revolvergeschütz zurückgeht (6). Mit ihren 25 Einzelbildern pro Sekunde überbietet die Filmkamera knapp, aber gerade noch hinreichend die Bewegungsauflösung des Auges, leistet also für die Medientechnik, was das Maschinengewehr (nach Jüngers Analyse) für die Kriegstechnik geleistet hat: die historische Liquidierung von „freiem Willen, Bildung, Begeisterung" und allen übrigen Ehrentiteln des Individuums (7).

Alles andere als Zufall ist es deshalb, daß der Deutsche Normenausschuß DNA mit seiner Deutschen Industrienorm DIN im Ersten Weltkrieg entstand. Nach Michael Geyers Analysen hat dieser Krieg das alteuropäische Verhältnis von Soldat und Waffe radikal verkehrt, also nicht mehr Waffen den Soldaten, sondern Soldaten den neuen Massenvernichtungssystemen untergeordnet (8). Als Maß aller Dinge und Soldaten jedoch brauchte die Waffe selber ein Maß, das ihr das nach Hindenburg benannte, aber von Ludendorff geplante Rüstungsprogramm denn auch bescherte: In Zusammenarbeit zwischen WUMBA, dem Waffen- und Munitionsbeschaffungsamt der Obersten Heeresleitung, und VDI, dem Verein Deutscher Ingenieure, wurde an einem sonnigen Maitag 1917 die DIN-Vorschrift verbindliche Norm für alle Rüstungsbetriebe (9). Wobei der federführende Ingenieur, Unteroffizier Heinrich Schaechterle, wie um die historische Brücke zum Bürgerkrieg, dieser ersten industriellen, aber eben noch nicht nationalen Standardisierung zu schlagen, das amerikanische Laster modularer Wiederholung vorher im Ursprungsland studiert hatte (10).

Aus dem Hindenburgprogramm gingen aber neben Ludendorffs letzter gescheiterter Offensive auch Massenmedien wie das Mittelwellenradio und der Tonfilm hervor. Bei Unterhaltungsmedien, die durch massenweise Distribution nachgerade definiert sind, also Tausende von Filmprojektoren auf dieselbe Tonwiedergabe und Millionen von Radioempfängern auf dieselbe Amplitudenmodulation normieren müssen, kam das neue Verfahren, Leute Maschinen anzupassen, wie gerufen. Nur daß dieser Übergang von der Waffenstandardisierung zur Medienstandardisierung die Militanz noch steigerte. Gerade weil Analogmedien – von der Schallplatte über Radio und Film bis zum Fernsehen – ohne Normierung gar nicht auskommen, stehen ihre Normen im Kreuzfeuer industrieller und nationaler Konkurrenzen. Bereits um die schlichte Glühbirne von 1890 entbrannte ein Krieg zwischen Edison und Westinghouse, Gleichstrom- und Wechselstromspeisung, den Westinghouse als größerer Konzern für sich entscheiden konnte (11). Damit aber standen auch schon die ersten elektrischen Normen fest: die Netzfrequenz von 50 europäischen oder 60 amerikanischen Hertz und die Netzspannung von 220 Volt als höchstem Wert, bei dem Edisons Glühlampenwendel noch nicht in Flammen aufgingen (12). Und weil elektronische Medien Informationen sind, die das Medium Elektrizität als ihre Energie oder Umwelt immer schon voraussetzt, hatte selbst die Glühlampennormierung ebenso ungeplante wie durchschlagende Effekte. Die Bildwechselfrequenz etwa beträgt beim europäischen Fernsehstandard 50 Hertz und 60 Hertz beim amerikanischen – nicht aber, um sinnesphysiologisch optimale Bilder zu liefern, sondern einfach um Interferenzen oder Brummschleifen der jeweiligen Netzspannung zu vermeiden. Die Maße oder Normen eines Mediums sind eben nicht der sogenannte Mensch, sondern – frei nach McLuhan – immer ein anderes Medium. Und je mehr die Unterhaltungselektronik in Medienverbundschaltungen aufgeht, also wie das Radio die Plattenindustrie oder wie das Fernsehen den Spielfilm gleichschaltet, desto enger, aber auch gespannter wird ihr Normengeflecht. Alle Schwierigkeiten, die die drei ehemaligen Weltkriegsfunker Vogt, Engl und Massolle bei der Entwicklung des Tonfilms hatten, rührten aus der Verschiedenheit optischer und akustischer Speichernormen, die gleichwohl synchronisiert werden mußten.

In diesem Normengeflecht erscheint dann, was den Endanwendern unter Medienbedingungen Schönheit heißt und fast immer ein Kompromiß zwischen Ingenieuren und Marketingexperten ist. Nach Ingenieursmaßstäben könnte das Fernsehbild völlig problemlos – wie in Japan seit mehr als zwei Jahren - mit einer Bildwechselfrequenz und einer Einzelpunktauflösung glänzen, die mit den analogen Standards des 36-mm-Spielfilms gleichziehen würden. Aber gegenüber der wohl teuersten Umrüstung in der Mediengeschichte ziehen die Marketingexperten es vor, den Übergang zu einer inkompatiblen Zukunftstechnologie in lauter halbkompatible Schritte aufzulösen(13). Die Folge ist bis heute ein Fernsehbild, das die Gesichter von Quizmastern und Sonntagspolitikern schon deshalb über alle Maßen privilegiert, weil seine Pixelauflösung nur Nahaufnahmen und keine Totalen wie im Spielfilm gestattet.

Dem Normengeflecht gegenüber kommen aber auch jene selbsternannten Künstler, die im Radio Radiokunst oder auf dem Computer Computerkunst versprechen, immer schon zu spät. Das Medium als durchstandardisiertes Interface hat, lange vor jeder Einzelproduktion, nicht bloß diejenigen Entscheidungen bereits getroffen, die einstmals im freien ästhetischen Ermessen von Künstlern oder Handwerkern lagen, sondern eben auch Entscheidungen, deren Effekte die Wahrnehmung gar nicht mehr kontrollieren kann. Mit anderen Worten: wo unter den handwerklichen Bedingungen alteuropäischer Künste der Stil – nach Buffons Wort – als Mensch selber paradieren konnte, einfach weil keine Grammatik die Wortstellung und keine Malerschule die Farbenpalette restlos zu regeln vermochte, leeren technische Standards den Spielraum stilistischer Selektionen. Und solange die selbsternannten Medienkünstler, statt die Normungsausschüsse zu besetzen und das heißt an den elementaren, aber nicht selten unmöglichen Voraussetzungen ihrer Produktion zu rütteln, diese Voraussetzungen einfach hinnehmen, liefern sie auch nur Eigenreklamen der jeweils herrschenden Norm. Als eine Rundfunkredakteurin namens Ingeborg Bachmann ein Hörspiel namens „Zikaden" schrieb, die ja bekanntlich im obersten Frequenzbereich von Menschenohren singen, setzte das den eben eingeführten UKW-Funk so zwingend voraus, wie Mittelwelle und Amplitudenmodulation, bei einer mageren Grenzfrequenz von 9 Kilohertz, all die schönen Zikaden herausgefiltert hätten.

Es gibt also keine Medienkunst, sondern nur eine Kunst der Medien, die die Umwelt mit ihren Normen überzieht. Als die Waffenfirma Remington & Sons, weil unmittelbar nach einem siegreich beendeten Bürgerkrieg begreiflicher Absatzmangel herrschte, die eben entwickelte Schreibmaschine in ihre Produktionspalette aufnahm, war gar nicht zu ahnen, welche Seiteneffekte diese Standardisierung auch des Einzelschreibtischs nach Gutenberg-Norm noch zeitigen würde. Die Schreibmaschine entließ zwar keine Medienkunstwerke, aber sie schuf mit der

Sekretärin einen Beruf, der mehr als alle anderen die sogenannte Frauenemanzipation trug, und mit ihren unwandelbaren Typen einen Standard, der alsbald vom schlichten Alltag bis zur höchsten Mathematik durchgreifen sollte. „Unter allen Innovationen der industriellen Revolution", schrieb kürzlich der Direktor des französischen Nationalinstituts für Dokumentartechniken, „ist die Schreibmaschine ohne jede Einspruchsmöglichkeit die Innovation mit den einschneidendsten Wirkungen auf den Tertiärsektor und die Organisation des Bürolebens gewesen."(14) Den Alltag von Wohnen, Bauen, Denken, wie Heidegger es nannte, erreichte die Schreibmaschine im Zweiten Weltkrieg, als Deutschlands Städte mit ihrem altehrwürdigen, aber brennbaren Stil in Schutt und Asche sanken. Für die jungen Architekten in Albert Speers Ministerium für Rüstung und Kriegsproduktion ein willkommener Anlaß, den Wiederaufbau dieser Städte von vornherein als Normierung zu planen. So entwickelte ein gewisser Neuffer, nachmals Architekturprofessor an der TH Stuttgart, noch mitten im Weltkrieg den Rasterbau aus standardisierten Betonzellen, die ein winziger Eingriff dann in Wohnzimmer, Schlafzimmer, Küchen usw. verwandeln konnte. Zur ästhetischen Begründung seiner Innovation jedoch berief sich der Architekt auf die gute alte Schreibmaschine mit ihren Standardtypen(15).

Dieselbe Schreibmaschine avancierte ziemlich gleichzeitig aber auch ganz prinzipiell zur Norm der Norm. Alan Turings „Diskrete Universale Maschine", dieser Prototyp aller Computer, die gebaut wurden und gebaut werden können, entstand 1936 aus dem Versagen eines britischen Schulkindes, den Anforderungen seiner Public School an eine individuell durchstilisierte Handschrift zu genügen. Turing brauchte das „ungemein primitive" Schreibmaschinenmodell(16), das er einst als tintenklecksender und schlecht benoteter Mathematikschüler entworfen hatte, nur noch auf das reine Prinzip zu reduzieren, um eine Maschine zu erfinden, die alle anderen Maschinen und damit auch alle Menschen, sofern sie nur rechnen, sein kann. Diese Mathematik vollständig beschreibbarer endlicher Schritte auf einem Papierband, das lediglich das Lesen, Schreiben und Löschen einzelner Zeichen erlaubt, erwies sich als Inbegriff von Berechenbarkeit überhaupt. Computer, mit anderen Worten, sind genormte Mathematik. Schon als Charles Babbage, ein ganzes Jahrhundert vor Turing, im Auftrag einer britischen Admiralität, der ja an Navigations- und Ballistiktabellen dringend gelegen sein mußte, zwei mechanische Rechenmaschinen plante, war der Nutzeffekt zwar noch kein einsatzfähiger Computer, aber eine weitgehende Normierung aller Schrauben, Muttern und Gewinde bei Britanniens Feinmechanikern(17). So legte ausgerechnet eine ungebaute Maschine den Grund für eine Weltmarktposition. Wovor Babbage allerdings zurückschreckte, war die nur konsequente Normierung auch der Mathematik selber. Deshalb durften die Lochkarten, die seiner Rechenmaschine (nach dem Vorbild von Jacquards Webstuhl) Daten vom Typ mathematischer Variabeln eingaben, nie und nimmer vom selben Format wie die Lochkarten sein, die seiner Rechenmaschine Befehle vom Typ mathematischer Algorithmen eingaben.

Genau dieser Unterschied zwischen Herren und Knechten, Befehlen und Daten ist es aber, dessen Abschaffung zur elektronischen Kommunikation von heute geführt hat. Computerisierung heißt bekanntlich, alle Daten, Adressen und

Befehle intern völlig unterschiedslos als Binärzahlen zu behandeln und zwischen diesen Typen lediglich im Interface zu unterscheiden, also wenn Input oder Output des Systems auf Leute treffen sollen, die im Unterschied zu Alan Turing mit nackten Binärzahlen noch nicht zurechtkommen(18). Turings Prinzipschaltung von 1936 allerdings war unendlich langsam, ihr Papierband unendlich lang. Um die auf Zeichenmanipulation reduzierte Mathematik auch praktizieren zu können, mußte die Zeit selber auf einen digitalen Standard kommen. Es war, wie Wolfgang Hagen gezeigt hat, die erste Atombombenexplosion in den Wüsten New Mexicos, die John von Neumann die nach ihm benannte Computerarchitektur eingab(19). Denn nur unter der Prämisse eines Arbeitstaktes, der im selben Nanosekundenbereich wie jene kriegsentscheidende Explosion lief, wurde es machbar, beliebige Berechnungen in strikt sequentielle Programme aus einem Digitalspeicher aufzulösen, der gleichermaßen Befehle, Adressen und Daten enthält. Diese „Punktzeit-Logik der Atomexplosion"(20), statt nur ein Standard unter anderen zu sein, besorgt auch die Standardisierung aller übrigen Variabeln im System. Irgendwelche Spannungsschwankungen etwa, wie sie physikalisch gar nicht zu verhindern sind, aber irgendwann zwischen den einzig relevanten Taktflanken auftreten, spielen in einer diskret gemachten Zeit(21) überhaupt keine Rolle.

Damit aber implementiert die Computerarchitektur jenes Basistheorem aller Signalverarbeitung, das nach Nyquist und Shannon beliebige analoge Funktionen digital zu zerhacken und gleichwohl zu rekombinieren erlaubt, sofern nur die Abtastfrequenz höher als das Doppelte der höchsten Netzfrequenz liegt. Die diskrete Zeit normiert also nicht bloß, wie die Lochkarten seit Babbage und IBM, Datensätze aus Zahlen oder Lettern, sondern kann auch die Signale sämtlicher einstiger Analogmedien verarbeiten. Und weil die ehedem handwerklichen Funktionen von Schnitt und Montage im Nanosekundentakt ablaufen, ist diese Verarbeitung immer schon Manipulation auf einer Ebene, die den Spielraum herkömmlicher Künste weit übersteigt. Deshalb dürften die Unterschiede, die heute noch zwischen Fernsehnorm und Spielfilmnorm, aber auch zwischen Fernsehnorm und Computermonitornorm bestehen, bald in einem allgemeinen Computerstandard aufgegangen sein. Dafür sprechen nicht nur die von der Werbung herausgestellten ästhetischen Gründe, sondern vor allem technische. Nur ein Medium, bei dem auch die Übertragung, statt Signale einfach abzuschicken, immer als Zwischenspeicherung über eine diskrete Zeit läuft, erlaubt es, die mühsamen Abgleichverfahren für jedes einzelne Gerät durch digitalen Selbstabgleich, also durch Selbstnormierung zu ersetzen. Schon die Überlegenheit von SECAM und PAL über die amerikanische Farbfernsehnorm NTSC, deren Akronym Spötter als ‚Never The Same Colour' entziffert haben sollen, beruhte auf solcher Zwischenspeicherung. Für eindimensionale Signale wie in der Musik oder zweidimensionale wie im elektronischen Imagining, zu dessen Untermenge Fernsehen und Film dann absinken werden, setzt die Digitalisierung also einen Standard, der zum erstenmal in der Mediengeschichte Verbesserungen oder Fortschritte gar nicht mehr nötig hat. Die Mensch-Maschine-Schnittstelle wird, wenigstens solange Leute unter Medienbedingungen nicht selber mutieren und wie einige Romanhelden Pynchons schon eine Signalverarbeitung mit bloßen Sinnen lernen(22), perfekt geworden sein.

Im Reich der Macht dagegen, etwa bei Wettervorhersagen, Weltraumfahrten und Geheimfunksystemen, gibt es dreidimensionale, vierdimensionale und n-dimensionale Probleme der Signalverarbeitung. Für ihre Echtzeitanalyse sind Computer der heutigen vierten Generation noch viel zu langsam und Von-Neumann-Architekturen der Flaschenhals selber. Deshalb wird, jenseits oder vielmehr diesseits der Unterhaltungsindustrie, kein digitaler Standard je Bestand haben können.

Das gilt auch und gerade für die Befehlscodes, auf denen als Interface zum Siliciumlayout alle Softwareprogramme und Softwarestandards aufbauen. Im Unterschied zu den natürlichen Sprachen, deren sogenannte Natur eher ein Steuerprogramm von Lauten ist, müssen Maschinensprachen die zulässige Länge ihrer Wörter beschränken, erlauben also immer nur endlich viele Befehle. Das wiederum limitiert die Größe der Daten oder Operanden, die durch einen einzigen Befehl adressierbar sind, und setzt der Rechenleistung demnach Grenzen. Woraus schließlich für jede Steigerung des Datendurchsatzes folgt, daß der auf größere Operanden erweiterte Befehlscode entweder nicht mehr kompatibel oder aber redundant wird. Beide Optionen können fatale Folgen haben. Als die Firma Motorola von 8-Bit- und 16-Bit-Mikroprozessoren auf den 32-Bit-Prozessor 68000 überging, entwarfen die Ingenieure einen neuen, bewundernswert orthogonalen Befehlssatz um den Preis, alle Kompatibilität zu den Vorgängermodellen opfern zu müssen und die Position der Firma im Personal-Computer-Markt mithin zu gefährden. Als die Firma Intel, schon aus Konkurrenzgründen, denselben Schritt nachvollzog, nahm sie sehr umgekehrt für die Kompatibilität mit Standard-Software in Kauf, daß der erweiterte Befehlssatz von Redundanzen und Homonymien wimmelte. Damit hat Intel zwar die Marktführerschaft erlangt, aber auch eine Wucherung der Codes ausgelöst, die unter Betriebssystemen und Programmiersprachen nur Unheil anrichtet. Wenn die Kompatibilität mit Microsoft DOS einerseits zum Euphemismus für Veraltetsein und andererseits zur Unumgänglichkeit wird, einfach weil Milliardeninvestitionen den einmal etablierten Standard festschreiben, ist ein Zustand schon absehbar, wo auch formale Sprachen an Undurchsichtigkeit und das heißt an Macht jenen Alltagssprachen gleichkommen, die sie am Ende aller Geschichte abgelöst haben. Software wird, nach Wolfgang Hagens Formulierung, zum babylonischen „Turm mit undokumentierten Fehlern, heillos verworrenen Dialekten und einer Aufhäufung von sprachlichen Akten, die niemand mehr nachvollziehen kann".(23)

Es gibt eine alte Geschichte von 1681 über das Schicksal von Sprachen und Normen. Ein Grammatiker aus Braunschweig, Justus Georg Schottel, der gerade eine ebenso voluminöse wie normative Sprachlehre des Deutschen vorgelegt hatte, schrieb die Geschichte als Anhang oder Erklärung des Rätsels, warum die Deutschen nicht immer und überall seine Sprachnorm befolgten. Sie beginnt mit einem feierlichen Reichstag, der kurz nach der Katastrophe des babylonischen Turms und dem Untergang Trojas alle deutschen Wörter zusammenruft. Der Reichstag beschließt erstens ein Kaiserreich der Wörter, die fortan in Erz gemeißelt und damit unwandelbar werden sollen, zweitens eine Reichsverfassung, die die Wortarten von den Substantiven über die Verben und Adjektive bis zur flüchtigsten Interjektion in lauter Königtümer, Herzogtümer, Grafschaften, Baronien usw. organisiert. Alle anderen Sprachvölker beneiden das deutsche um sein normiertes und eben darum ‚Heiliges Römisches'. Kaum aber ist dieses politische Modell – unter Umgehung des sogenannten Menschen – so buchstäblich auf die Linguistik übertragen, kommt es nur folgerecht zum Dreißigjährigen Krieg. Nach einigen diplomatischen Verwicklungen, die die Ereignisse von 1618 nachspielen, überfällt das Königreich der Verben mit allen seinen Vasallen das der Substantive mit allen seinen Vasallen. In mörderischen Schlachten werden Endsilben wie Gliedmaßen abgehauen, Wortarten wie Länder ausgerottet, Grammatikbücher wie Städte verbrannt und Deklinationsregeln wie Brunnen vergiftet. Nach dreißig Kriegsjahren überleben in den Ruinen des Reichs nur ein paar verstümmelte Wörter ohne Gedächtnis, Speicherung und Norm. Woraufhin Schottel trocken anmerkt, genau diese Worttrümmerlandschaft sei, seit mehr als tausend Jahren, die deutsche Sprachgeschichte selber (24). Man braucht das Königreich der Verben nur mit Intel und das der Substantive mit Motorola gleichzusetzen, um den Zukunftskrieg der elektronischen Normen und Standards zu beschreiben.

Literatur

(1)   Vgl. Jacques Lacan, Das Drängen des Buchstaben im Unbewußten. Schriften, hrsg. Norbert Haas, Olten-Freiburg/Br. 1973–1980, Bd. II, S. 26.

(2)   Thomas Pynchon, Gravity's Rainbow, New York 1974, S. 405.

(3)   Vgl. William H. McNeill, The Pursuit of Power, Chicago 1982.

(4)   Vgl. John Ellis, The Social History of the Machine Gun, London 1975.

(5)   Vgl. Friedrich Kittler, Grammophon Film Typewriter, Berlin 1986, S. 149 und 199.

(6)   Vgl. Paul Virilio, Guerre et cinéma, I: Logistique de la perception, Paris 1984, S. 121f.

(7)   Vgl. Ernst Jünger, Der Arbeiter. Herrschaft und Gestalt, Hamburg 1932, S. 104.

(8)   Vgl. Michael Geyer, Deutsche Rüstungspolitik 1860–1980, Frankfurt/M. 1984, S. 101f.

(9)   Vgl. Bruno Holm, 50 Jahre Deutscher Normenausschuß, hrsg. vom Deutschen Normenauschuß, Berlin-Köln 1967, S. 22.

(10) Vgl. Holm, 50 Jahre, S. 21.

(11) Vgl. Ronald W. Clark, Edison. Der Erfinder, der die Welt veränderte, Frankfurt/M. 1981, S. 152–156.

(12) Vgl. Clark, Edison, S. 153.

(13) Vgl. zum letzten Stand der deutschen HDTV-Diskussion den Artikel „Alle wollen, aber keiner weiß wie. Nationale HDTV-Plattform gegründet. Koordinationsausschuß soll Zukunftsfernsehen forcieren" in FAZ, 6. 11. 1990, S. T1.

(14) Bruno Delmas, L'introduction de la machine écrire dans l'administration française (vers 1880 – vers 1910). In: La machine écrire hier et demain.

Colloque organisé par l'Institut de l'tude du Livre, hrsg. Roger Laufer, Paris 1982, S. 19: „De toutes les innovations de la révolution industrielle, la machine écrire est, sans conteste possible, celle qui a produit les effets les plus profonds dans le secteur tertiaire, dans les méthodes, l'organisation et la vie des bureaux."

(15) Vgl. Werner Durth, Deutsche Architekten. Biographische Verflechtungen 1900–1970, 2. Aufl. Braunschweig-Wiesbaden 1987, S. 152–156.

(16) Andrew Hodges, Alan Turing: The Enigma, New York 1983, S. 14.

(17) Vgl. Anthony Hyman, Charles Babbage, 1791–1871. Philosoph, Mathematiker, Computerpionier, Stuttgart 1987, S. 250–255.

(18) Vgl. Hodges, Alan Turing, S. 399.

(19) Vgl. Wolfgang Hagen, Die verlorene Schrift. Skizzen zu einer Theorie der Computer. In: Arsenale der Seele. Literatur- und Medienanalyse seit 1870, hrsg. Friedrich Kittler und Georg Christoph Tholen. München 1989, S. 214–221.

(20) Hagen, Die verlorene Schrift, S. 218.

(21) Vgl. Alan Turing, Intelligence Service. Schriften, hrsg. Bernhard Dotzler und Friedrich Kittler. Berlin 1988, S. 192.

(22) Vgl. etwa Pynchon, Gravity's Rainbow, S. 746 f. und Pynchon, The Crying of Lot 49. New York 1967, S. 104f.

(23) Hagen, Die verlorene Schrift, S. 221.

(24) Vgl. Justus Georg Schottelius, Der schreckliche Sprachkrieg. Horrendum Bellum Grammaticale Teutonum antiquissimorum, hrsg. Friedrich Kittler und Stefan Rieger. Leipzig 1991, S. 146–150.

Nachwort

Nancy Princenthal hat jüngst in einem Artikel „Artist's Book Beat" (PCN/USA, Vol 23, No 2, 1992, S. 67 ff) mit Bezug auf das Medium Buch und die Kunstform der Literatur zusammengestellt, was davon noch in den gegenwärtigen Arbeiten der experimentell orientierten und von der elektronischen Kommunikation beeinflußten Künstlern übrig blieb: „Farewell conventional books – and conventional collecting, and reading and remembering. Hello electronic communication."

Die dort vorgestellten Publikationen der letzten Jahre, im Umfeld von „Art Com" in San Franciso und der „Voyager Company" in Santa Monica entstanden, haben sich nicht nur von den Printmedien verabschiedet und sich zu den ganz von der Elektronik bestimmten Realisationsformen entwickelt, sondern ihre Autoren u.a. Robert Edgar, Judy Malloy, Stephen Moore, Michael Joyce, Paul Zelevansky und Fred Truck (der zusammen mit Carl Eugene Loeffler „Art Com" begründete) verstehen sich nicht mehr als solche.

Peter Zec schrieb 1990 im Programmheft von INTERFACE über „Das Medienwerk" (wiederabgedruckt in: Digitaler Schein. Ästhetik der elektronischen Medien. Hrsg. von Florian Rötzer im Suhrkamp Verlag 1991) und versuchte, die dem bisherigen Kunstwerk gegenüber wesentlich andere Ausdrucksform zu definieren. Programm und prozeßhafte Informationsstruktur, flüchtige und immaterielle Beschaffenheit, sowie interaktive neue Kommunikationsmuster sind demnach nur einige Kennzeichen, die ahnen lassen, was in Fortsetzung der Thesen Benjamins hinsichtlich der ästhetischen Konturen und ethischen Werte uns zum Um- und Neudenken zwingen könnte.

Betrachten wir die Entwicklung der Mediengeschichte, dann ist auffällig, daß sich mit dem Einbruch der technischen Medien (wie Schallplatte, Fotografie und Film) um die letzte Jahrhundertwende das Selbstverständnis von Kunstwerk und Künstler ebenso radikal gewandelt hat, wie sich heute mit dem Einbruch der elektronischen Medien zu dieser Jahrhundertwende hin die Kommunikationssysteme zunehmend verändern.

Zugespitzt heißt das: auch mit dem Einfluß der technischen Medien entstanden seit der letzten Jahrhundertwende zwar noch Kunstwerke, wie sehr sie sich auch von der Tradition entfernten und sich gegen überkommene ästhetische Gesetze sperrten, und es gab Künstler, die es auch noch waren, selbst wenn sie sich lieber in der Rolle des Produzenten und Ingenieurs sahen.

Demgegenüber steht nun aber eine Vision, die Florian Rötzer 1991 in dem Beitrag „Für eine Ästhetik der elektronischen und digitalen Medien" (Jahresbericht des Siemens Kulturprogramms, S. 39 ff) so formulierte: "Kunstwerke der medialen Netze müßten, so stelle ich mir das vor, eine Art von Viren sein, die sich von ihrem Urheber lösen und nicht vorhersehbare Effekte auslösen: eine Kunst ohne Künstler und ohne Werk". Wird mit dieser Vision eingelöst, was Flaubert bereits prophetisch voraussagte, wenn er schrieb: „Die Kunst von morgen wird unpersönlich und wissenschaftlich sein" und Karel Teige, ein Künstler der tschechoslowakischen Avantgarde 1924, als er diesen Satz Flauberts zitierte, zu der Frage veranlaßte: „Wird es also noch Kunst sein?" (Karel Teige, Poetismus. In: Tschechische Avantgarde 1922 – 1940. Katalog Kunstverein Hamburg 1990, S. 174).

Nehmen wir an, daß diese Vision Wirklichkeit wird, dann könnte sich eine Entwicklung vom Originalkunstwerk über den Verlust der Aura des Originals zum reproduzierbaren, kopierbaren Objekt und von dort vom materiell erfaßbaren zum immateriell denkbaren Produkt, vom geschlossenen Kunstwerk zum offenen Kommunikationsangebot zeigen.

Diese Entwicklungslinie markiert zugleich den Weg des aus sich heraus schaffenden Künstlers, ausgestattet mit wenigen technischen Hilfsmitteln, der sein Werk persönlich und ohne Fremdmaterialien erfindet und vollendet – über den Organisator, der mit allen denkbaren Materialien, erfundenen und vorgefundenen, und vielen technischen Hilfsmitteln konstruiert – bis zum Veranlasser aktiver und interaktiver Kommunikationsformen, vom Happening bis zur Benutzung digitalisierter elektronischer Kommunikationssysteme.

Künstler und Kunstwerk verschwinden scheinbar fast ganz, ihre Funktion und Existenz sind kaum mehr erkennbar und an deren Stelle tritt der aktivierte Rezipient, durch den kraft seines Vorstellungs- und Handlungsvermögens das „Kunstwerk" erst entsteht.

In diesem historischen Entwicklungsprozeß gibt es eine ganze Reihe tiefgreifender Veränderungen, die die sogenannte Reinheit der Gattungen betreffen, ihre Medien, die Mischung und Aufhebung betreiben, bis zur generellen Frage, was Kunst überhaupt noch sein kann, wenn die elektronischen Medien die Printmedien und die technischen Medien zu verdrängen beginnen.

Roy Ascott hat dies während des Symposiums mit der Diskussion der einzelnen Tode der Kunst, des Kunstwerks und des Künstlers problematisiert und den Katalog der Kennzeichen hinsichtlich des neuen „Medienwerks" erweitert: „Innerhalb dieses Medienflusses sind die höheren Werte der alten Kunst – Inhalt, Ausdruck, Wirkung, Intention – auf den zweiten Platz hinter Kontext, Zufälligkeit und Unbestimmtheit zurückgefallen. Alles ist provisorisch. Es gibt keine Teleologie. Wir haben auch festgestellt, daß es keine Philosophie mehr gibt. Anstelle fundamentaler Wahrheiten, tiefer Einsichten, Darstellungen einer autorisierten Wirklichkeit oder Nachahmung des Göttlichen (einer Ordnung der Welt von oben nach unten) haben wir vergängliche Hypothesen, vielfache Realitäten, Vergegenwärtigung des Unsichtbaren und Verwirklichung des Unbeschreiblichen (eine von unten nach oben verlaufende Wiedererschaffung der Welt)."

Kehren wir zu unserem Ausgangsbeispiel, zur Literatur zurück, wird Ascotts allgemeine Beschreibung in einem Beitrag von Vilém Flusser „Hat Schreiben Zukunft?" (Spuren, H. 10, Hamburg 1985, S. 20 ff) konkreter faßbar: „Das Aufschreiben ist der Ausdruck eines falschen Bewußtseins … Von allen Seiten tauchen Bilder auf (Fotografien, Filme, Fernsehen, Videos, Computerbilder), ein Universum von technischen Bildern, welche den wahnsinnigen Strom der Aufschriften durchbrechen. Es sind dies neuartige Bilder. Sie tauchen nicht aus der Vorgeschichte, den Mythen, dem Vorbewußten empor, sondern aus einer neuen Schriftart. Nicht aus Inschriften oder Aufschriften, sondern aus Vorschriften, aus „Programmen". … Wir haben eine neue Literatur zu erwarten: nicht mehr eine aufschreibende, sondern eine vorschreibende, nicht mehr Dokumente, sondern

Programme ... Die künftige Literatur wird nicht mehr gesprochene Sprachen, sondern (ungefähr wie die chinesische) ‚Ideen' notieren".

Flusser scheint das Ende des Buchzeitalters zu prognostizieren und würde damit die laufende Diskussion bestätigen, für die die Arbeit von Michael Wetzel steht: „Die Enden des Buches oder die Wiederkehr der Schrift. Von den literarischen zu den technischen Medien" (Weinheim 1991), der darzulegen versucht, daß das Ende des Buches noch keineswegs das Ende der Schrift einschließt, wobei allerdings im Blick bleiben muß, was Marshall McLuhan bereits 1964 in „Understanding Media" schrieb: „Unsere westliche Werteskala, die auf dem geschriebenen Wort aufbaut, ist durch die elektronischen Kommunikationsmittel Telefon, Radio und Fernsehen bereits beträchtlich ins Wanken geraten" (Neuauflage: Die magischen Kanäle. Düsseldorf 1992, S. 100 f).

Doch was bedeutet „Ende" in diesem Zusammenhang, was bedeutet das am Anfang erwähnte „Verschwinden" von Kunstwerk und Künstler? Natürlich tritt an diese Stelle etwas anderes und dies muß nicht weniger sein, wie die Kulturpessimisten uns einzureden versuchen. Denn auch das können wir aus der Mediengeschichte lernen: die Ängste und Horrorszenarien vom Untergang der Kultur werden in schöner Regelmäßigkeit immer wieder neu formuliert, mal am Beispiel der Droge Fernsehen, mal am Beispiel der Allmacht des Computers. Ein Befund, der nicht nur auf die Gegenwart zutrifft (und nicht nur auf diese beiden Medien), sondern in ebenso schöner Regelmäßigkeit mit dem Aufkommen jeweils neuer Medien erkennnbar ist.

Da drohte das Aufkommen der technischen Medien Fotografie und Film die Kreativität von bildender Kunst und Literatur zum Versiegen zu bringen und der Untergang des Theaters stand bevor. Da drohte der Flächenbrand des Fernsehens der Filmkultur und dem Leseverhalten. Da scheinen nun Audio- und Videokassetten das Buch zu verdrängen, und da geht es mit dem Computer gleich allen menschlichen Fähigkeiten an den Kragen, nachdem auf den Spuren der Künstlichen Intelligenz nicht nur Texte, Farben und Töne hergestellt werden, sondern auch die Hersteller längst schon Teile künstlicher Welten sind, jenseits von Echtzeiten und Realräumen: virtuell – wirklich und zugleich nicht wirklich.

Klaus Bartels hat in seinem Aufsatz „Das Verschwinden der Fiktion. Über das Altern der Literatur durch den Medienwechsel im 19. und 20. Jahrhundert" (In: Ansichten einer künftigen Medienwissenschaft. Berlin 1988, S. 239 ff) diese Ängste, oder besser gesagt, noch nicht bewältigte Herausforderung, auf den Punkt gebracht. Er spricht von der „Derealisierung des Wirklichen durch die elektronischen Medien, das Unwirklichwerden des Wirklichen" – mit der wir uns schwertun. Von der Aufklärung her wurden die visuellen Lerntechniken verworfen. Gegen Ende des 18. Jahrhunderts wurde ein bilderloses, vernünftiges Lesen postuliert. Dies wurde nun durch die oben skizzierte Entwicklung gründlich aufgehoben und aus Sorge um „den Bestand der literarischen Kultur" wird die Einsicht verweigert, daß „die visuelle Fiktion das Monopol der literarischen Fiktion auflöst" und „daß dies keineswegs den Untergang der Kultur bedeutet. Denn nicht die Existenz des Buches, der Literatur oder gar der Kultur steht auf dem Spiel, sondern nur die Herrschaft der literarischen Fiktion über die visuelle", so Bartels.

Doch diese innovative Entwicklung mit Hilfe der Visualisierung kann zu Problemen führen, die jüngst Paul Virilio anläßlich der Vergabe des Medienkunstpreises 92 im ZKM in Karlsruhe ansprach. Er begann seine Rede: "Wenn es früher ein Kunsthandwerk des Sehens, eine ‚Kunst der Sehens' gab, sehen wir uns heute einem ‚Unternehmen sinnlich wahrnehmbarer Erscheinungen' gegenüber, das durchaus die Form einer wie ein Geschwür bösartig um sich greifenden Industrialisierung des Sehens annehmen könnte". Er spricht von einer Mechanisierung des Sehens, die zur Inflation und Störung, aber nicht mehr zu einer weiteren Sensibilisierung der Sinnesreize führen könnte.

So fragt Virilio: „Angesichts dieser ‚Wahrnehmungsstörung', die jeden von uns befällt, wäre es vielleicht ratsam, die Ethik der gewöhnlichen Wahrnehmung ernsthaft zu überdenken: Werden wir schon bald unsere Stellung als Augenzeugen der sinnlich wahrnehmbaren Wirklichkeit zugunsten technischer Ersatzmittel, zugunsten von Prothesen jeder Art (Video und Kameraüber-wachung) verlieren, die uns zu Hilfsbedürftigen, zu Blick-Behinderten machen werden – eine Art paradoxaler Blindheit, die sich der Überbelichtung des Sichtbaren und der Entwicklung dieser blicklosen Sehmaschinen verdankt, die an dieses ‚indirekte Licht' der Elektrooptik angeschlossen sind, die künftig die ‚direkte Optik' der Sonne oder der Elektrizität ergänzt?" (Medienkunstpreis 1992. Hrsg. ZKM Karlsruhe 1992, S. 44 ff).

Beginnt hier die Aufgabe der Künstler, das Medienangebot beherrschen und kreativ nutzen zu lernen, Kommunikationsformen anzubieten, in denen die Nutzung erfahren und geübt wird? Am Ende liegt die Gefahr vielleicht weniger im Medienangebot, weniger in der rasanten Technologieentwicklung als in der unkundigen Nutzung. Wobei nicht zutrifft, was McLuhan 1964 formulierte: „Unsere übliche Antwort, mit der wir alle Medien abtun, nämlich, daß es darauf ankomme, wie wir sie verwenden, ist die befangene Haltung des technischen Dummkopfs" (a.a.O., S. 29). Selbst wenn das Medium allein schon die Botschaft ist, bleibt die Entscheidung beim Rezipienten, ob und wie er es nutzt.

Das Kunstwerk der Zukunft wäre dann in der Tat ein unsichtbares, nämlich die Entwicklung intelligenter und sinnlicher Kommunikationsmodelle. Seine Qualität wäre daran zu messen, ob und mit welchen Ergebnis Kommunikation stattfindet. INTERFACE hat auf diesem Weg wichtige Denkanstöße gegeben.

* * *

Zur Vorgeschichte von INTERFACE gehörte die Idee, in Hamburg eine interdisziplinäre Arbeitsgruppe zu gründen, die sich mit dem Thema „Kunst und Technologie" befaßt, Informationen zwischen den verschiedenen Fachgebieten austauscht, Projekte entwickelt, die aktuellen internationalen Diskussionsprozesse aufnimmt und für die Medienstadt Hamburg gewinnbringend vertieft.

So entstand die AG KUNST UND TECHNOLOGIE, der u.a. Kurd Alsleben, Zorah Mari Bauer, Hartmut Böhme, Horst Bredekamp, Karl Clausberg, Karel Dudesek, Stephan von Huene, Bernd Kracke, Matthias Lehnhardt, Michael Lingner, Leo Lorez, Eckhard Maronn, Ruscho Hans Scholz, Peter Zec und Klaus Peter Dencker angehören.

Die AG hat als erstes Projekt ein internationales Symposium vorgeschlagen und Peter Zec beauftragt, die Konzeption zu entwickeln sowie die Moderation der Veranstaltung zu übernehmen.

Es ist vor allem ein Verdienst der AG und insbesondere von Peter Zec, daß es gelang, fast alle Wunsch-Referenten nach Hamburg einzuladen und damit dem ersten INTERFACE eine prägnante Kontur zu geben.

Das Ergebnis des Symposiums liegt nun gedruckt vor. Die Texte dieser Dokumentation sind von den Referenten für den Druck durchgesehen worden. Sie basieren im wesentlichen auf Tonmitschnitten und Umschriften der Vortragsfassungen. Daneben gibt es Beiträge (insbesondere bei den Erfahrungsberichten aus der künstlerischen Praxis), die in Kurzform zusammengefaßt wurden. Die teilweise ohne Textvorlage, nur anhand von Stichworten vorgetragenen Referate wurden so in eine lesbare Textfassung umformuliert. Auch die Vorträge, bei denen Video- und Diavorführungen im Mittelpunkt standen, wurden für die Publikationsform ‚Buch‘ weitgehend bearbeitet.

In einem Fall konnte der Beitrag nicht mehr autorisiert werden. Vilém Flusser konnte die Umschrift seines Vortrags nicht mehr redigieren. Hier hat freundlicherweise Frau Flusser geholfen. Sie hat die Erlaubnis für den Abdruck des Textes erteilt, ebenso für einen weiteren Text, den Flusser ursprünglich vortragen wollte, dann aber – wie es seine Art war – über Nacht zur Seite legte, um besser auf die vorangegangenen Referate antworten zu können.

Frau Flusser und allen Referenten bin ich sehr zu Dank verpflichtet, daß INTER-FACE 1 in der vorliegenden Form erscheinen kann. Vor allem möchte ich Frau Ute Hagel danken, die mit großer Umsicht die Redaktion des Bandes betrieben hat sowie Uwe Hasebrink, der engagiert seine Mitarbeit und die des Hans-Bredow-Instituts bei der Herausgabe einbrachte.

Bleibt zu hoffen, daß die Beiträge zum weiteren Nachdenken anregen und daß viele weitere INTERFACE-Symposien und Dokumentationen folgen mögen.

Klaus Peter Dencker
Hamburg, Sommer 1992

ANHANG

Bio-Bibliographien

Namenregister

Sachregister

INTERFACE I
Programm
Ausstellungen und
Projekte

Kurd ALSLEBEN

Hamburg
Hochschule für bildende Künste,
Interdisziplinäre Computerei

Biographie

- * 1928 in der Neumark; Prof.
- ab 1949 Studium der freien Kunst an Staatlichen Akademie Karlsruhe
- 1958 – 1959 Mitwirkung am kybernetischen Verlag von E. Schnelle
- 1960 freie Computerzeichnungen mit C. Passow bei DESY
- 5 Jahre Dozent für Schaltalgebra an der Hochschule für Gestaltung Ulm
- 1968 Gastdozent für Informationsästhetik an der Hochschule der Künste Berlin
- 1969 Goldmedaille des Internationalen Kongresses für Ästhetik, San Marino
- seit 1970 Professor an der HfbK Hamburg. Studienreform (Medienstudium), Arbeiten mit Lochkarten, Gründung eines Medienladens mit M. Lehnhardt, dialogische Materialform
- 1984–1985 Computertypografie (Illuminierung und Hypertext)
- 1988 Gründung und Leitung der interdisziplinären Computerei der HfbK. Verwirklichung des Diskussionskreises KükoCokü (Künstlerkonferenz zur Förderung dialogischer Computerkünste) gemeinsam mit A. Eske
- Mitglied der Gesellschaft für Informatik; der Computer Art Society, London und der Internationalen Akademie der Wissenschaft, San Marino

Auswahlbibliographie

- La Scienza e l'Arte (zs. m. U. Eco u. U. Volli). Mailand 1972
- Antwortnot und Spiel (Manifest). Hamburg 1986
- Farbwörter. San Marino 1988
- Diskettentypografie (Hypertext-Software). Hamburg 1988

Ausstellungen (Auswahl)

- Ausstellung bei W.E. Simmat, Frankfurt/Main, 1967
- „Cybernetic Serendipity", London, 1968
- „Some more Beginnings", Museum of Modern Art und Brooklyn Museum, New York, 1968
- „Komputeri i vizuelna istrazivanja", Zagreb, 1968
- „On the Eve of Tomorrow", Hannover, 1969
- „Impulse Computerkunst", internationale Wanderausstellung (Goethe-Institute), 1970/71
- Computerkorrespondenz in „Kunst und Wort", Hamburg, 1988

Roy ASCOTT
Gwent College, Wales
Interactive Arts

Biographie

- * 1934 in Bath, England; BA, Prof.
- Studium am Kings College, Durham University, Newcastle on Tyne
- 1959 BA Fine Art Honours; 1968 Mitglied der Association Mem. Inst. Computer Sciences, London; 1972 Fellow Royal Society of Arts, London
- seit 1972 Herausgeber von „Leonardo", Journal of the International Society for the Arts, Sciences and Technology
- 60er und 70er Jahre: Lehrtätigkeit in London, Toronto, Minneapolis, San Francisco u.a.
- 1975 – 1978 Dekan am San Francisco Institute, California
- seit 1980 Head of Interactive Arts, Faculty of Art & Design, Gwent College, Wales
- 1986 International Commissioner, Arte e Sienza, Biennale di Venezia
- seit 1990 Jurymitglied beim Prix Ars Electronica, Linz
- seit 1991 Professeur an der Ecole des Beaux Arts, Aix-en-Provence
- seit 1991 Board Member bei der European League of Institutes of the Arts

Auswahlbibliographie

- „Behaviourist Art and the Cybernetic Vision". In: Cybernetica, Jg. (1966)
- „La Plissure du Texte". In: Electra, Jg. (1983)
- „Kunst und Telematik". In: Art Telecommunication, Jg. (1984)
- „Netze und Spuren". In: Artificial Intelligence in the Arts, Jg. (1985)
- „Arte, Tecnologia e Computer". In: C. Pirovano (Hg.): Arte e Scienza, Biologia, Tecnologia e Informatica. Venedig 1986
- Le Moment Télématique. Printemps (Quebec) 1986
- „Supervernetzung im unendlichen Datenraum". In: P. Purgathofer (Hg.): Zwischen Null und Eins. TU Wien 1988
- „Gesamtdatenwerk. Konnektivität, Transformation und Transzendenz". In: KUNSTFORUM International, Jg. (1989), Bd. 103
- „Kunst und Erziehung in der telematischen Kultur". In: M. Eisenbeis u. H. Hagebölling (Hg.): Synthesis. Die visuellen Künste in der elektronischen Kultur. Offenbach 1989
- „Art as Interaction". In: Newsletter. Int. Fed. for Systems Research, Jg. (1990), Nr. 25
- „Is there Love in the Telematic Embrace?" In: Art Journal, Jg. (1990), Nr. 3
- „Connectivity: Art and Interactive Telecommunications". In: Leonardo, Jg. (1991)
- „Die Kunst intelligenter Systeme". In: Der Prix Ars Electronica. Linz 1991
- „Das Museum – neugedacht / In den Gärten der Hypothesen". In: UND. Das Buch zur Museumswelt und darüber hinaus. Graz 1991
- „Reti di Trasformazione e Rinascita dell'Arte". In: Artmedia, Jg. (1991)

Richard A. BOLT

Cambridge/Massachusetts
Massachusetts Institute of Technology, The Media Laboratory

Biographie

- * 1934 Haverhill/Massachusetts; Dr.
- 1975 PhD an der Brandeis University Waltham, Mass.
- vor dem Studium Arbeit in der freien Wirtschaft: Computereinsatz in Wissenschaft und Medizin
- 1976 Beitritt zur Architecture Machine Group am MIT, einem Vorläufer des MIT Media Laboratory: „Work on innovative human interfaces into computer based information systems"
- Pionierarbeiten im Bereich des Spatial Data-Management System (SDMS)
- Arbeit im MIT Media Lab: Erforschung von Augenbewegungen im Mensch-Computer-Dialog unter Einbeziehung von Gestik und Sprache

Auswahlbibliographie

- „Gaze-orchestrated Dynamic Windows". In: Proceedings of ACM SIGGRAPH Computer Graphics Conference. ACM, New York 1981, S. 109-119
- The Human Interface. New York 1984
- „The Integrated Multi-modal Interface". In: The Transactions of the Institute of Electronics, Information and Communication Engineers, Japan, Jg. (1987), Vol. J-70D, Nr. 11, S. 2017-2025
- „A Gaze-responsive Self-disclosing Display" (zs. m. I. Starker). In: J. C. Chew u. J. Whiteside) (Hg.): Proceedings of CHI. Seattle, Washington, April 1-5, 1990, ACM, New York 1990, S. 3-9

Holger van den BOOM

Braunschweig
Hochschule für Bildende Künste,
Institut für Visualisierungsforschung und Computergrafik

Biographie

- * 1943 in Kiel; Prof. Dr.
- Gelernter Grafik-Designer, 10 Jahre Berufspraxis
- Studium der Philosophie, Mathematik und Psychologie
- 1974 Promotion in Köln
- 1982 Habilitation in Berlin
- seit 1982 Professor für Industrial Design, Schwerpunkt Designinformatik
- Geschäftsführender Leiter des Instituts für Visualisierungsforschung und Computergrafik (IVC) der Hochschule für Bildende Künste Braunschweig
- Drittmittelforschungen für die Industrie auf dem Gebiet der Benutzeroberflächen

Auswahlbibliographie

- Digitale Ästhetik. Zu einer Bildungstheorie des Computers. Stuttgart 1987
- „Künstliche Intelligenz – ihr technischer Zauber und dessen philosophische Konsequenzen". In: Forum für interdisziplinäre Forschung, Jg. (1988), Nr. 1, S. 9–14
- „Arno Schmidt – Oder: Vom Typoskript zum Desktop-Publishing". In: K. Großklaus u. E. Lämmert (Hg.): Literatur in einer industriellen Kultur. Stuttgart 1989, S. 537–554
- Das Dritte. Grundlagen einer Philosophie der Informationstechnik. Bielefeld 1992
- Essays zur technischen Gesellschaft. Bielefeld 1992

Horst BREDEKAMP

Universität Hamburg
Seminar für Kunstgeschichte

Biographie

- * 1947 in Kiel; Prof. Dr.
- 1967 – 1974 Studium der Kunstgeschichte, Archäologie, Philosophie und Soziologie in Kiel, München, Berlin und Marburg
- 1974 Promotion in Kunstgeschichte an der Universität Marburg
- 1974 Dr. Richard-Hamann-Stipendium des Landes Hessen
- 1974 – 1976 Museumstätigkeit am Liebighaus, Frankfurt/Main
- 1976 – 1982 Assistent am Kunstgeschichtlichen Seminar der Universtität Hamburg
- 1980 Aby-M.-Warburg-Preis (Stipendium) der Stadt Hamburg
- 1982 Berufung zum Professor für Kunstgeschichte an der Universität Hamburg
- Arbeitsschwerpunkte: Paragone (Wettstreit Kunst/Technik) seit der Renaissance, Geschichte der Androiden und Automaten seit dem Spätmittelalter

Auswahlbibliographie

- Kunst als Medium sozialer Konflikte. Bilderkämpfe von der Spätantike bis zur Hussitenrevolution. Frankfurt/Main 1975
- Kunst um 1400 am Mittelrhein. Ein Teil der Wirklichkeit (zs. m. H. Beck). Ausstellungskatalog. Frankfurt/Main 1975
- „Die Erde als Lebewesen". In: Kritische Berichte, Jg. (1981), Nr. 9/4 – 5, S. 5 – 37
- „Antikensehnsucht und Maschinenglauben". In: H. Beck u. P. C. Bol (Hg.): Forschungen zur Villa Albani. Antike Kunst und die Epoche der Aufkärung. Berlin 1982, S. 507 – 559
- „Der Mensch als Mörder der Natur". In: „Das Iudicium Iovis" von Paulus Niavis und die Leibmetaphorik. In: Vestigia Bibliae, Jg. (1984), Nr. 6, S. 261 – 283
- Vicino Orsini und der Heilige Wald von Bomarzo. Ein Fürst als Künstler und Anarchist. 2 Bde. Worms 1985 (m. Fotografien von W. Janzer)
- „Johann Beckmanns Aufnahme in den Kreis der Unsterblichen". In: Johann-Beckmann-Journal, Jg. (1989), Nr. 2/2 u. 3/1, S. 32 – 39
- Sandro Botticelli / La Primavera. Florenz als Garten der Venus. Frankfurt/Main 1990
- „Mimesis, grundlos". In: KUNSTFORUM International, Jg. (1991), Bd. 114, S. 278 – 288

Klaus Peter DENCKER

Kulturbehörde Hamburg

Biographie

- * 1941 in Lübeck; Prof. Dr.
- Studium der deutschen Literaturwissenschaft, Germanistik, Japanologie und Philosophie in Hamburg und Erlangen-Nürnberg
- 1965 – 1974 Assistent und Lehrbeauftragter (für Literaturwissenschaft/Medien) an der Universität Erlangen-Nürnberg
- seit 1970 Beteiligung an internationalen Ausstellungen der Visuellen Poesie. Künstlerische Arbeiten befinden sich in Sammlungen u.a. im Marvin Sackner Archiv, Miami Beach; Visual Poetry Center, Oxford; Letterkundig Museum, Den Haag; Institut für moderne Kunst, Kunsthalle Nürnberg und in den Museen der Stadt Lüdenscheid
- 1972 Kulturpreis der Stadt Erlangen
- 1975 – 1985 Filmemacher/Regisseur und 1. Redakteur beim Saarländischen Rundfunk/Fernsehen
- 1982 Förderpreis (Film/Fernsehen) zum Kunstpreis Berlin, Akademie der Künste
- seit 1982 regelmäßige Lehre an der Universität Trier im Fach „Medientheorie und Medienpraxis"
- seit 1985 Leitender Regierungsdirektor in der Kulturbehörde Hamburg

Auswahlbibliographie

- Textbilder. Visuelle Poesie international – von der Antike bis zur Gegenwart (Hg.). Köln 1972
- „Entwurf einer eigenständigen TV-Poesie". In: Akzente, Jg. (1973), Nr. 4, S. 221–231
- Über das langsame Verschwinden der ganzen Wahrheit – wie informiert das Fernsehen". In: L.A.U.T. (Linguistic Agency University Trier), Series B, July 1984, Paper No 104
- „Der zweite Tod des Theaters? Mit der Elektronik zurück in die Zukunft". In: Inthega Kultur Journal, Jg. (1989), Nr. 2, S. 12 ff
- „Über die wechselseitige Befreiung der Künste. Zum Medieneinfluß und zur Veränderung des Kunstbegriffs auf dem Weg ins 20. Jahrhundert". In: Sprache im technischen Zeitalter, Jg. (1989), Nr. 110, S. 151–170
- Wortköpfe. Visuelle Poesie 1969 – 1991. Siegen 1991 (= experimentelle texte nr. 26–28, hg. v. k. riha u. s. j. schmidt)
- „Visuelle Poesie und Film". In: Lund Art Press, Lund University 1992, Vol II, No 3, S. 158–173

Karel DUDESEK

Hamburg
Ponton/European Media Art Lab

Biographie

- *1954 in Prag
- Buchbinderlehre
- Studium der Freien Kunst in Wien und Düsseldorf
- bildet gemeinsam mit M. Hentz, B. Heidersberger und S. Vanasco die Gruppe PONTON – European Media Art Lab in Hamburg

Auswahlbibliographie

- Rocksession. Minus Delta t. Reinbek 1980
- Minus Delta t + das Bangkok Projekt. Berlin 1982
- Minus Delta t Wörterbuch. Hamburg 1987
- Cyberspace. Die digitale Droge. Reinbek 1991
- Universcity TV Buch. Hamburg 1991

Projekte (Auswahl)

- „Ponton Containercity", Ars Electronica, Linz (Mobile Unit), 1986
- „Radiostation (Van Gogh Radio)", documenta 8, Kassel (Medienbus); „Van Gogh Radio", Frankfurter Buchmesse, Frankfurt (Radioprojekt), 1987
- „Van Gogh TV", European Media Art Festival, Osnabrück (TV-Projekt); Videonale, Bonn (Medienbus); Unesco-Medienkonferenz, Offenbach (Vortrag), 1988
- Ost-Tournee (DDR, Polen, USSR) (Mobile Unit); „Van Gogh TV", Ars Electronica, Linz (Satellite TV-Projekt); Hochschule für bildende Künste, Hamburg (Internationales TV-Symposium); European Media Art Lab Gründung in Hamburg, 1989
- Universcity TV Gründung in Hamburg; „Van Gogh TV", Sommerfestival, Amsterdam (Kabel TV-Projekt); „Hotel Pompino – Van Gogh TV", Ars Electronica, Linz (Satellite TV-Projekt); „Universcity TV", European Media Art Festival, Osnabrück (Live); „Universcity TV", INTERFACE [Internationales Symposium], Hamburg (Work in progress); Hochschule für bildende Künste, Hamburg (Internationales TV-Symposium); „Universcity TV", Offener Kanal, Hamburg (Kabel TV-Projekt), 1990
- „All American Tour – Van Gogh TV", USA (Lecture Tour/ TV-Projekt); Alternative News Network Gründung in Hamburg; „Ballroom TV", Berlin (Kabel TV-Projekt); Universcity TV Europe Gründung in Hamburg; Design Labor, Bremerhaven (Vortrag); „Universcity TV", Arnheim Festival (Kabel TV-Projekt); St. Archangelo Festival, Italien (Vortrag); Konzept für die Expo 92 in Sevilla (Radioskulptur), 1991
- „Piazza Virtuale – Van Gogh TV", documenta 9, Kassel; „Rauschende Apparate" (NDR-Fernsehprojekt), 1992

Vilém FLUSSER

Boersch
Angenommen/Supposé-Network/
Réseau des Amis de Vilém Flusser

Biographie

- *1920 in Prag; Prof. Dr.
- 1940 Auswanderung nach Brasilien
- 1959 Dozent für Wissenschaftsphilosophie an der Fakultät für Kommunikation und Geisteswissenschaft an der Universität Sao Paulo
- 1963 Mitglied des Brasilianischen Philosophischen Instituts
- 1964 Mitglied des Beirates der Sao Paulo Bienale
- seit 1957 zahlreiche Beiträge zu brasilianischen, nordamerikanischen und europäischen Zeitschriften; Gastvorlesungen an nordamerikanischen und europäischen Universitäten
- 1972 Übersiedlung nach Europa. Gastprofessur für Kommunikation an der Hochschule für Bildende Künste in Aix-en-Provence
- † 1991 in der CSFR

Auswahlbibliographie

- Lingua e Realidade. Sao Paulo 1963
- A Histria do Diabo. Sao Paolo 1965
- Da Religiosidade. Sao Paulo 1967
- La Force du Quotidien. Paris 1972
- Le Monde Codifié. Paris 1972
- Natural:mente. Sao Paulo 1972
- Für eine Philosophie der Photographie. Göttingen 1983
- Ins Universum der technischen Bilder. Göttingen 1985
- Pos-história. Sao Paulo 1982
- Die Schrift. Göttingen 1987
- Angenommen. Eine Szenenfolge. Göttingen 1989
- Krise der Linearität. Bern 1989
- Nachgeschichten. Essays, Vorträge, Glossen. Düsseldorf 1990
- Im Gespräch. Diskussion mit Klaus Nüchtern. Göttingen 1991
- Überflusser. Festschrift. Düsseldorf 1990
- Gesten. Düsseldorf 1991
- „Digitaler Schein". In: F. Roetzer (Hg.): Digitaler Schein. Frankfurt/Main 1991

Michael GRILLO

Essen
Krupp Industrietechnik GmbH
KDESIGN

Biographie

- * 1947 in Düsseldorf; Dipl.-Designer
- 1967 – 1972 Industrie-Design Studium
- 1974 – 1975 Gastdozent für technische Gestaltung an der Fachhochschule Niederrhein, Krefeld
- 1986 – 1988 Jury-Mitglied „Design-Innovationen" Haus Industrieform, Essen
- seit 1988 Gastdozent für Entwurf im Fachbereich Design der Universität GH – Essen
- seit 1989 Mitglied im Präsidium VDID
- 1990 Nordrhein-Westfälischer Staatspreisträger für Design-Innovation
- seit 1981 Leiter der Designabteilung bei der Fa. Krupp Industrietechnik GmbH, KDESIGN, Essen

Auswahlbibliographie

- „Einfluß des Design auf Konstruktion und Fertigung". In: Kammerzeitschrift der IHK Essen, Jg. (1986), Nr. 10
- „Mehr Zeit für kreatives Wirken". In: VDID Nachrichten, Jg. (1988), Nr. 12
- „Mit CAD durchgestylt". In: Konstruktion und Elektronik, Jg. (1988), Nr. 16
- „Design-Prozeß". In: VDID-Extra, Jg. (1988), Bd. III
- „Strukturanalyse im Design-Prozeß". In: Wirtschaftministerium NRW (Hg.): Design Management. Essen 1990
- „Design als Integrator für Utopie und Realismus?" In: S. Lengyel u. H. Sturm (Hg.): Design-Schnittpunkt-Essen. Berlin 1990

Ingo GÜNTHER
New York

Biographie

- * 1957 in Bad Eilsen; Prof.
- 1978 – 1983 Studium an der Staatlichen Kunstakademie Düsseldorf, Meister-schüler
- arbeitet in USA, Japan, BRD
- seit 1979 Installationen und Video-Bänder
- 1984 Studienstiftung des Deutschen Volkes
- seit 1984 zeitweilige journalistische Tätigkeit u.a. für „taz", „NDR", japanisches Fernsehen und japanische Magazine
- 1987 Kunstfonds Werkstipendium
- 1987 Artist in Residence am San Francisco Art Institute
- 1988 Kunstpreis Glockengasse, Köln
- 1988 Preis des Kulturkreises im BDI
- 1991 Professor für Medienkunst an die Kunsthochschule für Medien Köln

Auswahlbibliographie

- „S.D.I. – Satellite Derived Intelligence". In: P. Weibel (Hg.): Jenseits der Erde. Wien 1987
- „Hintertür für Raketen". In: Chancen-Magazin, Jg. (1987), Nr. 7
- World Processor. Tokio 1990

Projekte

- „Fernsehschleudern", Kunsthalle Düsseldorf, 1982
- „Ceterum Censeo...", Biennale Venedig, 1984
- „Nuclear Desire ELAC", Lyon 1987
- „K4(C³I)", documenta 8, 1987
- „World Processor", Hamburg 1989, Tokio 1990, Bonn 1992
- „Kanal X", Leipzig 1990
- „The Return of the West Wind", Sezon Museum, Japan 1991
- „Shaheed", Hamburg 1991

Stephan von HUENE

Hamburg

Biographie

- * 1932 in Los Angeles als Sohn deutscher Einwanderer; B.A., M.A.
- 1950 – 1965 Studien der freien Künste, der Malerei, Zeichnung und Design, der Kunst und Kunstgeschichte an verschiedenen Hochschulen, u.a. University of California, L.A., Chouinard Art Institute, L.A.
- seit 1963 Skulpturen aus diversen Materialien, seit 1964 Klangskulpturen und Untersuchungen zur Akustik, seit 1976 Forschungen mit Orgelpfeifen und optoelektronischen Programmen
- seit 1963 Lehrtätigkeit und Gastdozenturen: Pasadena Art Museum, Chouinard Art Institute, Nova Scotia School of Contemporary Art, California Institute of the Arts, L.A. u.a.
- 1975 – 1976 amtierender Dekan des California Institute of the Arts
- 1976 – 1977 DAAD-Stipendium, Berlin
- 1976 – 1980 Weiterentwicklung einer elektronischen Programmierung, Beschäftigung mit Systemtheorie und Kommunikationstheorie im Zusammenhang mit Sozialwissenschaften und ihrer Anwendung auf die künstlerische Produktion
- seit 1979 u. a. Gastprofessuren in Berlin, Hamburg, Hannover, Salzburg

Einzelausstellungen

- Staatliche Kunsthalle, Baden-Baden; Kestner-Gesellschaft, Hannover, 1983
- Museum Ludwig, Köln; Schloß Charlottenburg, Berlin, 1984
- Romanischer Keller, Salzburg, 1985
- The Faith and Charity in Hope Gallery, Hope Idaho, 1986
- Galery Alfred Kren, Köln, 1987
- „Tisch-Tänzer", Weißes Haus Hamburg, 1989
- „Lexichaos", Hamburger Kunsthalle; Galerie Hans Mayer, Düsseldorf, 1990

Gruppenausstellungen:

- „Post and Columns in Contemporary and African Trible Arts", L. Kahan Gallery, New York; „Zauber der Medusa", Künstlerhaus Wien; „documenta 8", Kassel; „Welt-Musik-Tage 87", Künstlerhaus Köln, 1987
- „Klangräume", Stadtgalerie Saarbrücken, 1988
- „Maschinen Menschen", Neuer Berliner Kunstverein, 1989
- „American Audio Art on WDR", Whitney Museum of American Art, New York, 1990

Derrick de KERCKHOVE

University of Toronto
McLuhan Program in Culture and Technology

Biographie

- 1975 Promotion in Romanistik, Universität Toronto
- 1979 Doctorat du 3ᵉ cycle in Kunstsoziologie, Universität Tours (Frankreich)
- 1972 – 1980 Mitarbeit im Center for Culture and Technology. Über zehn Jahre Mitarbeiter von Marshall McLuhan als Übersetzer, Assistent und Mitautor von Veröffentlichungen
- Direktor des McLuhan Program in Culture and Technology, Universität Toronto
- Außerordentlicher Professor im Fachbereich Französisch, Universität Toronto
- Arbeit in der 'Neurokulturellen Forschung', die den Einfluß der verschiedenen Medien auf das menschliche Nervensystem untersucht
- Teilnahme an der Planung des Ontario-Pavillons für die Expo 1992 in Sevilla
- Mitglied einer Arbeitsgruppe zur Entwicklung von kulturpolitischen Richtlinien für die frankophone Bevölkerung in Ontario
- Mitarbeit an einem Projekt zur landesweiten Medienbeobachtung in Kanada

Auswahlbibliographie

- McLuhan e la metamorfosi dell'uomo (zs. m. A. Iannucci) (Hg.). 2 Bände. Bulzoni 1983
- Understanding 1984. UNESCO 1984
- The Alphabet and the Brain (zs. m C. Lumsden) (Hg.). Heidelberg, New York 1988
- „A New Kind of Man: Redefining the Role of Museums in the Light of Electronic Art and Technologies". In: M. Eisenbeis u. H. Hagebölling (Hg.): Synthesis. Die visuellen Künste in der elektronischen Kultur. Offenbach 1989
- La civilisation video-chrétienne. Frankreich 1990
- Les Transinteractifs. Paris 1990
- „Virtuelle Realität für kollektive kognitive Verarbeitung". In: Ars Electronica. Band 2. Virtuelle Welten. Linz 1990, S. 171

Friedrich KITTLER

Ruhr-Universität Bochum,
Fachbereich Germanistik

Biographie

- * 1943 in Rochlitz/Sachsen; Prof. Dr.
- bis 1986 Privatdozent an der Universität Freiburg
- Gastprofessuren an den Universitäten Stanfort, Berkely, Santa Barbara und Basel
- seit 1987 Professur für Neugermanistik an der Universität Bochum, Arbeitsschwerpunkt Diskursanalyse
- Mitarbeit am DFG-Projekt „Literatur und Medienanalyse" in Kassel und am College International de Philosophie in Paris

Auswahlbibliographie

- Aufschreibsysteme 1800/1900. München 1985
- Grammophon, Film, Typewriter. Berlin 1986
- Arsenale der Seele (Mitautor). München 1989
- „Synergie von Mensch und Maschine. F.K. im Gespräch mit Florian Rötzer". In: KUNSTFORUM International 98, Jg. (1989), S. 108–117
- Dichter Mutter Kind. München 1991

Rolf KREIBICH

Berlin
Institut für Zukunftsstudien
und Technologiebewertung

Biographie

- * 1938 in Dresden, Dipl.-Phys.; Prof. Dr.
- Studium der Physik, Mathematik und Soziologie in Dresden und Berlin
- 1968 – 1969 Leiter des Instituts für Soziologie der Freien Universität Berlin
- 1969 – 1976 Präsident der Freien Universität Berlin
- 1977 – 1981 Wissenschaftlicher Direktor und Geschäftsführer am Institut für Zukunftsforschung in Berlin (IFZ)
- seit 1981 Wissenschaftlicher Direktor und Geschäftsführer des Instituts für Zukunftsstudien und Technologiebewertung in Berlin (IZT) und seit 1990 des Sekretariats für Zukunftsforschung in Gelsenkirchen (SFZ)
- Wissenschaftlicher Direktor der Internationalen Bauausstellung Emscher Park des Landes Nordrhein-Westfalen
- Arbeitsschwerpunkte: Organisationskybernetik, Wissenschafts- und Technologiepolitik, Umwelt-, Infrastruktur- und Innovationsstrukturpolitik, Zukunftsforschung und Technikbewertung

Auswahlbibliographie

- Rationelle Energieverwendung durch dezentrale Wärme-Kraft-Koppelung: Energiebilanzen – Umweltbilanz – Wirtschaftlichkeit – praktische Erfahrungen (Hg.). München, Wien 1979
- Die Wissenschaftsgesellschaft. Von Galilei zur High-Tech-Revolution. Frankfurt/ Main 1986
- „Grundlagen politischer Technikgestaltung". In: C. Zöpel (Hg.): Technikgestaltung durch den Staat. Bonn 1988
- Zukunft der Telearbeit (zs. m. H. Drüke, H. Dunckelmann, G. Feuerstein). Köln, Eschborn 1989
- Ökologisch Produzieren (zs. m. H. Rogall) (Hg.). Weinheim, Basel 1990
- Evolutionäre Wege in die Zukunft (zs. m. H. Balck) (Hg.). Weinheim, Basel 1991
- Zukunftsforschung und Politik (zs. m. K. Burmeister u. W. Canzler). Weinheim, Basel 1991

Richard KRIESCHE

Graz

Kulturdata

Biographie

- * 1940 in Wien; Prof.
- Studium an der Akademie der bildenden Künste in Wien
- 1963 Lehrtätigkeit an der Höheren Technischen Bundeslehranstalt Graz. Dort Gründung und Aufbau der Abteilung „Audiovisuelle Medien"
- 1968 Assistent an der Hochschule für angewandte Kunst in Wien
- 1977 Leiter des Experimentalteils des AVZ-Graz (audiovisuelles Zentrum)
- 1984 Gründung von Kulturdata
- 1989 Lehrauftrag an der Universtität Wien
- 1991 Professor an der Hochschule für Gestaltung Offenbach/Main
- Forschungsaufenthalte in London, Berlin (DAAD), Cambridge/Mass. (MIT)
- Organisation internationaler Kunstveranstaltungen
- im Rahmen von Kulturdata Arbeit am Kunst- und Forschungsprojekt „Ästhetisches und Humanpotential digitaler Bildproduktionen"

Auswahlbibliographie

- Wirklichkeit gegen Wirklichkeit. documenta Kassel 1977
- Strahlen. DAAD Berlin 1984
- La Biennale di Venezia. Venedig 1986
- Animal Art. Steirischer Herbst. Graz 1987
- W.Y.S.I.W.Y.G. Graz 1989
- „Weltmodell 2". In: KUNSTFORUM International, Jg. (1989), Bd. 103, S. 134-141

Ausstellungen (Auswahl)

- Antwerpen; Basel; documenta 8, Kassel; Graz; Venedig u.a.O., 1987
- Los Angeles; Boston; Osnabrück; Rotterdam; Graz; München; Linz u.a.O., 1988
- Graz; Akademie der Künste, Berlin; Saarbrücken; Manchester; Academia de bellas Artes, Madrid; Kunstverein, Köln; München; Cité des Artes, Montreal u.a.O, 1989
- Wien; Basel; Kunsthalle Mucsarnok, Budapest; Museum of Modern Art, Oxford; Stadtgalerie, Saarbrücken; Ny Carlsberg Glyptotek u.a.O., 1990
- „ARTSAT", Graz 1992

Carl Eugene LOEFFLER

San Francisco
Art Com Television

Biographie

- 1975 Gründungsdirektor von Art Com, einer Kulturorganisation, die sich auf die Schnittstelle von zeitgenössischer Kunst und neuen Kommunikationstechnologien spezialisiert hat
- 1977 West Coast Director von Send/Receive, einer Reihe von transkontinentalen interaktiven Performances via Satellit
- 1980 Direktor von Artist's Use of Telecommunications, einer internationalen Video-Konferenz mit Computervernetzung nach Australien, Europa, Kanada, Japan und New York
- 1984 Gründer von Art Com Television, einer internationalen Verleihagentur von unabhängigem Video für Sendeanstalten und kulturelle Veranstalter
- 1986 Gründer des Art Com Electronic Network, eines internationalen Netzwerks für neue Kunst
- 1992 Projekt Director von Telecommunications and Virtual Reality, im Studio for Creative Inquiry, Carnegie Mellon Universität, einer Umgebung für ein vernetztes Museum virtueller Kunst, Pennsylvania

Vorträge

- „Electronic Networking and the Arts", First International Symposium on Electronic Art, Niederlande, 1988
- „Dimension of Interactivity", CADRE (Computers in Art and Design, Research and Education), Kalifornien, 1989
- „Interactivity Computer Art", NGCA 90, National Computer Graphics Association, Kalifornien, 1990
- „Virtuality", Ausgraph, Australien, 1990
- „Virtual Reality and Interactive Contemporary Art", Second International Symposium on Electronic Art, Niederlande, 1990
- „From Real Time to Virtual Reality", Art in Transition, Center for Advanced Visual Studies, MIT, Massachusetts, 1990
- „Interactivity and Virtuality", Studio for Creative Inquiry, Carnegie Mellon University, Pennsylvania, 1991
- „Networked Virtual Reality Art Museum", Hiji-Hypernet Conference, Japan, 1992

Onno ONNEN
Fachhochschule Karlsruhe

Biographie

- * 1930 in Wittmund/Ostfriesland; Dipl.-Ing.
- 1956 Dipl.-Ing. für Maschinenbau an der Technischen Hochschule Karlsruhe
- 1956 – 1972 Industrietätigkeit: Entwicklung von Geräten der Meß- und Regelungstechnik, Management
- 1972 bis heute: Dozent an der Fachhochschule Karlsruhe: Geräteentwurf, Meßtechnik
- Arbeitsschwerpunkte: Windenergie, Kunst-Technik-Beziehungen, Flug- und Laufobjekte

Auswahlbibliographie

- Veröffentlichungen und Vorträge über Dehnungsmeßstreifen, Geräteentwicklungen (bis 1972)
- Veröffentlichungen und Vorträge über Windenergie, Konstruktionsmethodik (seit 1972)
- „Kunst und Technik". Sonderdruck. Fachhochschule/Zentrum für Kunst und Medientechnologie. Karlsruhe 1990

Vito ORAŽEM

Holografielabor Osnabrück

Biographie

- * 1959 in Ljubljana/Slowenien; M.A.
- 1979 – 1984 Studium der Medienwissenschaft, Kunstgeschichte und Germanistik in Osnabrück und Münster
- 1981 – 1985 Mitherausgeber der Zeitschrift „Vipecker Raiphan – Revue für Medientransformation"
- 1982 – 1983 Studium der Fotografie in Kassel (bei Floris M. Neusüß)
- 1985 Mitbegründer des Holografielabors Osnabrück (HOLO GmbH)
- 1989 Mitbegründer der Deutschen Gesellschaft für Holografie e.V.
- seit 1990 Redaktion der Zeitschrift „Interferenzen"
- 1990 Aufbau des Holografielabors an der Hochschule für Bildende Künste Braunschweig, anschließend Lehrtätigkeit.

Auswahlbibliographie

- „Die Erotik des Fotokopierens entdecken". In: Vipecker Raiphan, Jg. (1981), Nr. 1, S. 32 ff.
- „Die Falle". In: Kunstlandschaft Bundesrepublik. [Sektion] Berlin. Stuttgart 1984 (Ausstellungskatalog), S. 64 ff.
- „Olfactus et Tele Visia". In: N. Nowotsch u. R. Weißenborn (Hg.): Unser Fernsehen! Drensteinfurt 1985, S. 89 ff.
- „Holografie und kosmische Welten". In: Museum für Holografie und neue visuelle Medien (Hg.): Holographie in Wien. Faszination und Zukunft eines neuen Mediums. Pulheim 1986 (Ausstellungskatalog)
- „Holografie und Gesellschaft". In: F. Rötzer (Hg.): Digitaler Schein. Frankfurt/ Main 1991

Ausstellungen (Auswahl)

- „Razstava fotografij", Likovni Salon, Kočevje/Slowenien, 1977
- „Photo Recycling Photo", Fotoforum Kassel, 1982
- „German Experimental Films 1980 – 1984", Goethe Institut-Programm, 1984
- „Fotovision", Sprengel Museum Hannover*), 1988
- „Fotokopie, Fotografie und Imitation (Gruppe O.Z.L.O.)", Museum für Gestaltung, Basel; „Holografie in der Bundesrepublik Deutschland", Bad Rothenfelde*), 1989
- „Hologramme aus fünf Kontinenten", National Museum Budapest*), Budapest 1990
- Images du Futur 90 und 91, La Cité des Arts et des Nouvelles Technologies, Montreal*), 1990 u. 1991
- „Räume aus Licht", Akademie Galerie, Berlin*); Multi Mediale2, Opelgelände Karlsruhe*) 1991

---

*) Zusammen mit Thomas Lück

Heinz-Otto PEITGEN

Universität Bremen
Institut für Dynamische Systeme

Biographie

- * 1945 in Bruch bei Köln; Prof. Dr.
- 1967 – 1971 Studium der Mathematik, Physik und Ökonomie in Bonn
- 1973 Promotion
- 1977 Habilitation, Privatdozent in Bonn, Professur für Mathematik in Bremen, Aufbau des Instituts für Dynamische Systeme
- 1985 – 1991 zusätzlich Professor für Mathematik an der University of California, Santa Cruz
- seit 1991 zusätzlich Professor für Mathematik an der Forida Atlantic University, Boca Raton
- Gastprofessuren in Belgien, Kanada, USA, Mexiko, Italien
- Arbeitsschwerpunkte: Nichtlineare Analysis, Dynamische Systeme, Fraktale Geometrie, Computergrafik

Auswahlbibliographie

- The Beauty of Fractals (zs. m. P. H. Richter). Heidelberg 1986
- The Science of Fractal Images (zs. m. D. Saupe). New York 1988
- Fraktale in Filmen und Gesprächen (zs. m. D. Saupe und C. Zahlten).Video. Heidelberg 1990
- Fractals for the Classroom (zs. m. H. Jürgens und D. Saupe). Bd. 1 und 2. New York 1991

Ausstellungen

- „Schönheit im Chaos" (zs. m. H. Jürgens, D. Saupe und P. H. Richter), Goethe-Institute, seit 1985 in über 90 Städten in 20 Ländern gezeigt

Hans Ulrich RECK
Basel

Biographie

- * 1953 in Schönenwerd (Schweiz); Prof. Dr.
- seit 1981 Dozent für visuelle Kommunikation, Kunst-, Architektur- und Design-geschichte an der Höheren Schule für Gestaltung in Basel, seit 1991 in Zürich
- 1983 – 1986 Vorsitzender des Arbeitsrates des Internationalen Design-Zentrums Berlin
- 1989 Promotion an der Bergischen Universität/Gesamthochschule Wuppertal
- 1991 Habilitation
- seit SS 1992 Professur für Kommunikationstheorie an der Hochschule für angewandte Kunst in Wien
- Arbeitsschwerpunkte: Kunst, Architektur, Film, Ästhetik, kulturphilosophische und semiotische Fragen der Medienkultur, Philosopie und Alltagsästhetik, Kul-tur- und Kunstwissenschaft

Auswahlbibliographie

- Serge Brignoni. Eine Auseinandersetzung mit dem Surrealismus. Basel 1985
- Design im Wandel – Chance für neue Produktionsweisen? Internationales Design Zentrum Berlin. Berlin 1985
- Wider das Unverbindliche (zs. m. J. Huber u. M. Schaub) (Mithg.). Film, Kino und politische Öffentlichkeit. Jahrbuch Cinema. Basel, Frankfurt 1985
- Ludwig Stocker. Arbeiten 1956 – 1986. Basel 1986
- Zeichen, Zeit, Symbolzerfall. Basel 1986
- Stilwandel als Kulturtechnik, Kampfprinzip, Lebensform oder Systemstrategie in Werbung, Design, Architektur, Mode (zs. m. B. Brock) (Hg.). Köln 1986
- Kanalarbeit. Medienstrategien im Kulturwandel (Mithg.). Basel, Frankfurt 1988
- Imitationen. Nachahmung und Modell. Von der Lust am Falschen (zs. m. J. Huber u. M. Heller) (Mithg.). Basel, Frankfurt 1989
- Hartmut Zelinsky: Sieg oder Untergang: Sieg und Untergang. Kaiser Wilhelm II., die Werk-Idee Richard Wagners und der „Weltkampf" (Hg.). Reihe „Quer-schüsse", München 1990
- Paul Kruntorad: Phantastischer Realismus und Aktionismus. Zur Rezeptionsge-schichte der österreichischen Nachkriegskunst (Hg.). Reihe „Querschüsse". München 1990
- Grenzziehungen. Ästhetiken in aktuellen Kulturtheorien. Würzburg 1991
- Nicht Stil: Konstruktion. Siah Armajanis Aneignung der Moderne. Museum für moderne Kunst Frankfurt. Frankfurt 1991
- Imitation und Mimesis (Hg.). KUNSTFORUM International, Jg. (1991) Bd. 114

Grahame WEINBREN

New York

Biographie

- Schöpfer von Experimentalfilmen und interaktiven Videos
- Umfangreiche Vortragstätigkeit
- Filmpreise u.a. in Hyères, San Francisco, Berlin, Edinburgh, Milano, Baltimore.

Auswahlbibliographie

- The Journal (Los Angeles Institute of Contemporary Art), 1976 – 1980
- Gosh! (Pasadena), Cinemanews, ArtWeek (San Francisco), 1978 – 1981
- Medium (Germany), Millenium Film Journal (New York City), 1979 – 1983
- Idiolects (Collective for Living Cinema, New York), 1982
- Millenium Film Journal, 1986, 1989
- KUNSTFORUM International (West Germany); New Observations (New York), 1989

Projekte

- interaktive Videos für den U.S. Pavillion der World's Fair, Knoxville/Tennessee, 1982
- „The Erl King", USA und Europa, seit 1986
- „Sonata", Rose Art Museum, Massachusetts, 1991 u. 1992

Vorträge (Auswahl)

- „Visiting Artist Series", Visual Studies Workshop, Rochester; „Interactive Movies: Design", Intertainment Conference, New York; „Integrating Technologies", Media Alliance Conference, New York; „Representing the Real", Sloan Conference, Dartmouth; „Interactive Video: The Erl King", Ascent Conference, Albany, 1988
- „Narrative in Interactive Cinema", Museum of Modern Art, New York, 1989
- „Interactive Video for Museums", Baltimore Museum of Art, Baltimore 1990

Joseph WEIZENBAUM

Cambridge/Massachusetts

Biographie

- * 1923 in Berlin; Prof. Dr.
- 1936 mit den Eltern Auswanderung in die USA
- 1941 Beginn eines Studiums der Mathematik in Detroit
- 1942 Metereologischer Dienst des U.S. Army Air Corps
- 1945 Wiederaufnahme des Studiums
- ab 1953 Arbeit in der Industrie
- 1963 Professor of Computer Science, MIT
- zahlreiche Lehraufträge u.a. Havard Graduate School of Education; Universität Hamburg; Technische Universität Berlin; Johann Wolfgang Goethe-Universität, Frankfurt/M.; Fellow des Institute for Advanced Studies in the Behavioral Sciences, Stanfort Kalifornien (1972–73); Vinton Hayes Research Fellow, Havard University (1973–1974)
- 1988 Emeritierung am MIT
- Arbeitsschwerpunkte: Struktur der Computersprachen; Künstliche Intelligenz – besonders Computerbearbeitung natürlicher Sprachen; kulturelle, psychologische und gesellschaftliche Aspekte der Wechselwirkung zwischen Computer und Gesellschaft

Auswahlbibliographie

- Macht der Computer – Ohnmacht der Vernunft. Frankfurt 1977
- Kurs auf den Eisberg. München 1988
- Sind Computer bessere Menschen? (zs. m. K. Haefner) Zürich 1990
- Prioritäten. Zürich 1991

Peter ZEC

Essen
Design Zentrum
Nordrhein Westfalen

Biographie

- * 1956 in Osnabrück; Dr.
- Studium der Medienwissenschaft, Psychologie und Kunstwissenschaft in Osnabrück
- seit 1983 Konzeption und Organisation von Ausstellungen und Symposien zur Medienkunst. U.a. „Mehr Licht – Künstlerhologramme und Lichtobjekte", Hamburger Kunsthalle, 1985 und „INTERFACE – Elektronische Medien und künstlerische Kreativität", Hamburg 1990
- 1985 – 1986 Leiter des Museums für Holografie und neue visuelle Medien in Pulheim bei Köln
- 1986 – 1988 Leiter des Fachbereichs „Bild" in der Projektgruppe des Zentrums für Kunst und Medientechnologie Karlsruhe (ZKM). Mitverfasser des ZKM-Konzepts 1988
- 1989 – 1991 Geschäftsführer des Verbandes Deutscher Industrie-Designer (VDID), des Bundes Deutscher Grafik-Designer (BDG) und seit 1989 Erster Vorsitzender der Deutschen Gesellschaft für Holografie e.V.
- Leiter des Design Zentrums Nordrhein Westfalen in Essen

Auswahlbibliographie

- „Über das ästhetische Prinzip der Holografie". In: A. Lipp u. P. Zec (Hg.): Mehr Licht – Künstlerhologramme und Lichtobjekte. Hamburg 1985
- Holographie – Geschichte, Technik, Kunst. Köln 1987
- Informationsdesign – Die organisierte Kommunikation. Zürich 1988
- „Über den Einfluß der elektronischen Medien- und Informationstechnologien auf die zukünftige Entwicklung des Designs." In: S. Lengyel u. H. Sturm (Hg.): Design-Schnittpunkt-Essen, Berlin 1990
- „Das Medienwerk – Ästhetische Produktion im Zeitalter der elektronischen Kommunikation". In: F. Rötzer (Hg.): Digitaler Schein. Frankfurt/Main 1991

Namenregister

Sachregister

1. Tag 6. November 1990

10.00 BEGRÜSSUNG:
Prof. Dr. Ingo von Münch
Bürgermeister
Zu INTERFACE:
Prof. Dr. Klaus Peter Dencker
Kulturbehörde Hamburg

DAS PROGRAMM

PARADIGMAWECHSEL IN KUNST, WISSENSCHAFT UND GESELLSCHAFT

10.30 1. Das offene Kunstwerk:
Welchen Einfluß nehmen die neuen
Medien-Technologien auf die
Organisation des interkulturellen Wissens?
Prof. Dr. Derrick **de Kerckhove**, Toronto
Mc Luhan Program in Culture and
Technology, University of Toronto

11.30 2. Das Wissenschaft-Technik-
Industrialismus-Paradigma.
Prof. Dr. Rolf **Kreibich**, Berlin
Institut für Zukunftsstudien und
Technologiebewertung (IZT)

■ PAUSE ■

14.00 3. Ordnung und Chaos ·
Theorie der dynamischen Systeme.
Prof. Dr. Hans-Otto **Peitgen**, Bremen
Institut für dynamische Systeme,
Universität Bremen

15.00 4. Künstlerische Innovation als neue
Produktivkraft.
Michael **Grillo**, Essen
Krupp Industrial GmbH, KDESIGN, Essen

16.00 5. Podiumsdiskussion zur Rolle
des Künstlers im Zeichen von
Wissenschaft und Technik.
Dr. Karl **Clausberg**, Hamburg
Prof. Herbert W. **Franke**, München
Michael **Grillo**, Essen
Prof. Dr. Derrick **de Kerckhove**, Toronto
Prof. Dr. Rolf **Kreibich**, Berlin
Prof. Dr. Hans-Otto **Peitgen**, Bremen
Diskussionsleitung:
Stefan **Bollmann**, Düsseldorf

20.00 ABENDPROGRAMM
1. Walter **Schröder-Limmer**,
Wolfsburg
"Chaos 1 für Orchesterklänge"
Algorithmische Komposition,
Live Performance
2. Manfred **Stahnke**,
Kiyoshi **Furukawa**, Hamburg
Mikrotonale, Elektronische und
Computer-Musik.
"MIDI-GRAFFITI", "SPLENDID
MERIDIANS", "PARTCH HARP"

2. Tag 7. November 1990

STRUKTURWANDEL DER ÄSTHETISCHEN PRODUKTION

9.00 1. Der Streit der Kunstgattungen im Kontext der
Entwicklung neuer Medientechnologien.
Dr. Hans-Ulrich **Reck**, Basel

9.45 2. Berichte aus Forschung und Praxis:
Design und künstliche Intelligenz.
Prof. Dr. Holger **van den Boom**,
Braunschweig
Institut für Visualisierungsforschung und
Computergrafik (IVC),
Hochschule für bildende Künste
Braunschweig

10.15 Über die künstlerische Arbeit mit
interaktiven Bildplatten-Systemen.
Grahame **Weinbren**, New York
Telecomputing.

11.00 Carl Eugene **Loeffler**, San Francisco
Art Com Television, San Francisco

11.30 Holografie: Manufaktur mit High Tech.
Vito **Orazem**, Osnabrück/Ljubljana
Holografielabor Osnabrück

12.00 Schaffung neuer Formen in der Musik.
Jean-Baptiste **Barrière**, Paris
Institut de Recherche et Coordination
Acoustique/Musique (IRCAM)

12.30 Diskussion

■ PAUSE ■

SCHÖPFERGEIST UND KÜNSTLERISCHE INNOVATION

Das neue Selbstverständnis von Künstler
und Kunstwerk.

14.00 1. Der Künstler als Medienproduzent.
Prof. Dr. Roy **Ascott**, Wien/Bristol
Hochschule für angewandte Künste Wien

14.45 2. Praxisberichte:
Neubestimmung der Identität des Künstlers
am Beispiel BTX.
Prof. Richard **Kriesche**, Graz

15.15 Der Künstler als Informant
Ingo **Günther**, New York

16.00 Künstler · Wissenschaftler · Techniker?
Stephan **von Huene**, Hamburg

16.30 Computerkünste · Form als ethisches Fragen.
Prof. Kurd **Alsleben**, Hamburg
Interdisziplinäre Computerei,
Hochschule für bildende Künste Hamburg

17.00 Ponton: Die neue Eloquenz im öffentlichen Raum.
Karel **Dudesek**, Hamburg
Ponton/European Media Art Lab, Hamburg

17.30 Diskussion

19.45 ABENDPROGRAMM
1. minimal club, München
"Theoretisches Fernsehen"; Bearbeitung der
ARD-Tagesschau von 20.00 Uhr
2. Walter **Schröder Limmer,** Wolfsburg
"Todesfuge" und "Die Debatte" -Videomusik mit
vocodierter Sprache
3. Detlev **Fischer**, Hamburg
"SCHWAMM" · Computerliteratur in Hypercard

3. Tag 8. November 1990

NEU-VERKÖRPERUNG UND ELEKTRONISCHE KOMMUNIKATION

Zur Veränderung des (Selbst-) Bewußtseins
des Menschen und zu Visionen eines neuen
Kunst-Menschen.

9.00 1. Der Mensch als "zweiter Gott"
Prof. Dr. Horst **Bredekamp**, Hamburg
Kunsthistorisches Seminar, Universität Hamburg

9.45 2. Automation und künstlerische Kompetenz.
Vilém **Flusser**, Robion/Frankreich

10.45 3. Statements und Forschungsberichte:
Human Interfaces ·
Neue Entwicklungen und Projekte im Bereich der
Mensch-Maschine-Kommunikation.
Richard **Bolt**, Cambridge/USA

11.45 Künstliche Intelligenz als ein Schlüssel zur
elektronischen Produktion von Wissen?
Prof. Dr. Joseph **Weizenbaum**,
Cambridge/USA, M.I.T. Cambridge

12.30 Projekt: Mediales Überlebenstraining.
Mark **Pauline**, San Francisco
Survival Research Laboratories, San Francisco

■ PAUSE ■

14.30 Robotik und Mechatronik.
Prof. Onno **Onnen**, Karlsruhe
Fachhochschule Karlsruhe

15.00 Gleichschaltungsprozesse · Über Normen und
Standards der elektronischen Kommunikation.
Prof. Dr. Friedrich **Kittler**, Bochum
Fachbereich Germanistik, Ruhr-Universität Bochum

15.30 Diskussion

LOKAL - GLOBAL

Wie kann durch Neugründungen von Institutionen
und durch Einzelprojekte Einfluß auf die Entwicklung
neuer Medientechnologien genommen werden?

16.00 Podiumsdiskussion
Jean-Baptiste **Barrière**, Paris
IRCAM Paris
Richard **Bolt**, Cambridge/USA
Media Laboratory M.I.T. Cambridge
Prof. Manfred **Eisenbeis**, Köln
Kunsthochschule für Medien
Dr. Wulf **Herzogenrath**, Berlin
Nationalgalerie
Prof. Dr. Heinrich **Klotz**, Karlsruhe
Zentrum für Kunst und Medientechnologie
Manfred **Lahnstein**, Gütersloh
Bertelsmann AG
Prof. Otto **Piene**, Cambridge/USA
Center for Advanced Visual Studies, M.I.T. Cambridge
Prof. Dr. Peter **Weibel**, Frankfurt
Institut für Neue Medien an der
Frankfurter Städelschule
Diskussionsleitung:
Dr. Peter **Zec**, Osnabrück

INTERFACE I: Ausstellungen und Projekte

■ 1. FIELMANN OPTIC: HOLOGRAMME
6. - 18. November 1990, 10.00 - 18.00 Uhr
Die Fielmann Holografie-Sammlung zählt weltweit zu den
größten Sammlungen ihrer Art. Sie beeinhaltet umfangreiche
Werkgruppen der wichtigsten Künstler dieser neuen
Kunstrichtung. Und außerdem die 1985 von Fielmann
produzierte Hologramm-Reihe mit den größten Holo-
grammen der Welt. Sie zeigen erstmals agierende
Menschen in Lebensgröße.
Ausstellungsobjekte sind u.a. das Weißlicht-Transmissions-
Hologramm "Cristal Beginning" (30x30 cm, 1977) von
Stephen Benton, das Weißlicht-Transmissions-Hologramm
"The New Territories" (30,5x80,2 cm, 1984) von Rudie
Berkhout und die holografische Installation "Großer
Kugeltraum" (100x100 cm, 1990) von Walter Giers.

■ 2. PONTON
EUROPEAN MEDIA ART LAB:
UNIVERSCITY TV - DAS PROJEKT
6. - 8. November 1990, 10.00 - 18.00 Uhr
Nach Intermezzos via Fernsehen, Satellit, Bildtelefon und
Datenkommunikation wird dieses lebendige künstlerische
Netzwerk aus TV, Elektronik, Raum, Umgebung, Personen
u.a. während des INTERFACE-Symposiums arbeiten. Es wird
ein aktives Laboratorium installiert, das vor Ort im Museum
für Kunst und Gewerbe das Live-Sendemodell UNIVERSCITY -
DAS PROJEKT (12.11.90, 19.00 Uhr im Offenen Kanal
Hamburg) vorbereitet.

■ 3. DEUTSCHE BUNDESPOST TELEKOM
VIDEOKONFERENZEN
6. - 8. November 1990, 13.00 - 13.30 u.13.30 -14.00 Uhr
6.11. 13.00 Uhr:
Videokonferenz mit MEDKOM (Medizinische Kommuni-
kation), Hannover - Dipl. Ing. Günter Meier, Berater der
Projektgruppe Glasfaser Fernmeldenetz
6.11. 13.30 Uhr:
Videokonferenz mit der Kunsthochschule für Medien Köln -
Prof. Manfred Eisenbeis u.a.
7.11. 13.00 Uhr:
Videokonferenz mit dem Zentrum für Kunst und
Medientechnologie Karlsruhe (ZKM, Stiftung des öffentlichen
Rechts) - Prof. Dr. Hans-Erhard Lessing u.a.
7.11. 13.30 Uhr:
Videokonferenz mit EKOM (Projektgruppe Entwicklung und
Erprobung breitbandiger Kommunikationsformen), Siegen -
Dipl. Ing. Manfred Scheiter, Projektbetreuer
8.11. 13.00 Uhr:
Videokonferenz mit MediaPark Köln Entwicklungs-
gesellschaft mbH - Dr. Hans Estermann
8.11. 13.30 Uhr:
Videokonferenz mit IB (Projektgruppe Innovationen im
Breitbandbereich), Hamburg - Dipl. Ing. Heinz Mäuseler,
Projektbetreuer

■ 4. KIYOSHI FURUKAWA: "ALICE"
6. -18. November 1990, 10.00 - 18.00 Uhr
Das Computerprogramm "ALICE" bildet nichtlineare Strukturen gleichzeitig in Form von
Bildern (Computergrafik) und Tönen (Computermusik) ab. Grafik und Musik werden als ein Phänomen
behandelt. Ein MIDI-fähiges E-Instrument macht die Musik hörbar und die Grafik wird mit Video-Beam
auf eine Leinwand projiziert.
"ALICE" ist kein fertiges, geschlossenes, von einer Person konzipiertes Kunstwerk. "ALICE" ist eine in Realtime
(Echtzeit) arbeitende Software- offen für die Veränderung durch den jeweiligen Benutzer, der, durch die
Auswahl der fünf Rechenvarianten aus der Menueleiste, das Ergebnis beeinflußt.

■ 5. FRANK FIETZEK: SKULPTUREN/MASCHINEN
6.-18. November 1990, 10.00 - 18.00 Uhr
Das gemeinsame Thema der ausgestellten Arbeiten ist Bewegung und Interaktion. Durch die Verwendung von
Sensoren und Computern sowie der dadurch erreichten Eigendynamik der Skulpturen, stellen sich automatisch
Fragen nach Subjektivität und Bewußtsein.
Ausstellungsobjekte sind u.a. die zweiteilige Skulptur "Subjektive Maschine 3" (50x50x50 cm und 50x50x80
cm, 1990) und die Wandarbeit "Bewegte monochrome Malerei" (1,20x4,00 m, 1990).

■ 6. NORDDEUTSCHER RUNDFUNK: PAINTBOX
6. - 8. November 1990
6.11. 12.00 - 13.00 Uhr; 7.11. 12.30 - 13.30 Uhr, 8.11. 13.30. - 14.30 Uhr
und täglich 16.00 - 17.00 Uhr
Die Redaktion "ARD-aktuell" arbeitet bei der Herstellung von Fernsehcomputergrafiken mit der 'Paintbox'.
Dieses Gerät kann sämtliche grafischen Arbeiten ausführen: zeichnen, stanzen, schneiden, tuschen, kleben,
retuschieren, speichern, setzen und Farben mischen. Es hat inzwischen in den "Tagesschau" und den "Tages-
themen" die konventionelle Grafik auf Papier vollständig abgelöst.
Neben den beiden täglichen Vorführungen steht den ganzen Tag über ein Ansprechpartner für Diskussionen
und individuelle Demonstrationen zur Verfügung.

■ 7. SIEMENS KULTURPROGRAMM: ELEKTRONISCHE KUNST 1987 - 1990
6. - 18. November 1990, 10.00 - 18.00 Uhr
Der Wettbewerb PRIX ARS ELECTRONICA wird vom Österreichischen Rundfunk organisiert und seit 1987 von
Siemens unterstützt. Er umfaßt so vielseitige und unterschiedliche Bereiche wie Computergrafik, elektronische
Musik, Computeranimation und in diesem Jahr erstmalig die Interaktive Kunst.
Der Künstler als Techniker - als Konstrukteur neuer Welten - hat in der Kunstgeschichte eine lange Tradition. In
der zeitgenössischen Kunst geht es nun darum, die Möglichkeiten elektronischer Medien zu erforschen und ihre
Fähigkeiten zur Erschaffung neuer ästhetischer Dimensionen auszuloten.
Ausstellungsobjekte sind u.a. die Installation von Interaktiver Kunst "The Legible City" (1989-1990) von
Jeffrey Shaw, (Australien/Niederlande), die Computeranimation "Footprint" (1990) der Italiener Mario Sasso
und Nicola Sani und die Installation Interaktiver Kunst "Videoplace" (1970-1990) von Myron W. Krueger aus
den USA.

■ 8. INTERDISZIPLINÄRE COMPUTEREI, HOCHSCHULE FÜR BILDENDE KÜNSTE
HAMBURG: StapelLAufN
6.- 8. November 1990, 12.30 - 14.00 Uhr
Geltend machen einer dialogischen Künstlerrolle (Mensch/Mensch). Eine Darbietung, technisch per Computer
im Netz (Telematik) und künstlerisch in poetischer Schwamm-Form.

■ 9. HANS-CHRISTIAN HOLTHUSEN: US-TRAVELDISK
6.-18. November 1990, 10.00 - 18.00 Uhr
US-TRAVELDISK sind die täglichen Aufzeichnungen einer dreimonatigen Reise quer durch die Vereinigten
Staaten. Neben allgemeinen Ortsangaben werden in diesem elektronischen Tagebuch auch sehr persönliche
Erlebnisse und Erfahrungen des Autors beschrieben. Die Hauptebene des US-TRAVELDISK ist das von einem
Sprecher gelesene Tagebuch (AUDIO), begleitet von Bildern und Fotos in einem Fenster auf dem Monitor
(FOTOS), die die Orte der Reise tageweise illustrieren und dem gelesenen Text in einem zweiten Fenster (TEXT).
Der Benutzer kann (allein oder mit Hilfe des Autors) durch Einsatz von Tastatur und Maus interaktiv auf die
Inhalte des Programms zugreifen.